EINZELVERÖFFENTLICHUNGEN DER
HISTORISCHEN KOMMISSION ZU BERLIN

BAND 18

PUBLIKATIONEN ZUR GESCHICHTE
DER DEUTSCH-POLNISCHEN BEZIEHUNGEN
BAND 1

Colloquium Verlag

Berlin 1976

GRUNDFRAGEN DER GESCHICHTLICHEN BEZIEHUNGEN ZWISCHEN DEUTSCHEN, POLABEN UND POLEN

Referate und Diskussionsbeiträge aus zwei wissenschaftlichen Tagungen

Herausgegeben von

WOLFGANG H. FRITZE · KLAUS ZERNACK

Mit Beiträgen von

Władysław Filipowiak, Wolfgang H. Fritze, Witold Hensel, Lech Leciejewicz, Adriaan von Müller, Klaus Zernack, Benedykt Zientara

Colloquium Verlag

Berlin 1976

Gedruckt mit Unterstützung der Deutschen Klassenlotterie, Berlin
Die Schriftenreihe der Historischen Kommission zu Berlin erscheint mit Unterstützung des Senators für Wissenschaft und Kunst, Berlin
Die Arbeitstagung „Frühes Städtewesen zwischen Elbe und Weichsel“ vom 21. bis 23. Juni 1974 wurde mit finanzieller Unterstützung der Stiftung Volkswagenwerk, Hannover, durchgeführt.

Lektorat der Schriftenreihe:

Christian Schädlich

CIP-Kurztitelaufnahme der Deutschen Bibliothek

Grundfragen der geschichtlichen Beziehungen zwischen Deutschen, Polaben und Polen: Referate u. Diskussionsbeitr. aus 2 wiss. Tagungen / hrsg. von Wolfgang H. Fritze; Klaus Zernack. Mit Beitr. von Władisław Filipowiak . . . — Berlin: Colloquium-Verlag, 1976.
(Einzelveröffentlichungen der Historischen Kommission zu Berlin; Bd. 18: Publ. zur Geschichte d. dt.-poln. Beziehungen; Bd. 1)
ISBN 3-7678-0398-4
NE: Fritze, Wolfgang H. [Hrsg.]; Filipowiak, Władisław [Mitarb.]

Satz und Druck: Rudolf Meier, Berlin
Einband: Schöneberger Buchbinderei, Berlin
Schrift: Linotype Garamond. Printed in Germany

VORWORT

Mit dem vorliegenden Sammelband eröffnet die Historische Kommission zu Berlin eine neue Serie im Rahmen ihrer Einzelveröffentlichungen. In unregelmäßiger Folge werden von nun an die „Publikationen zur Geschichte der deutsch-polnischen Beziehungen“ die wissenschaftliche Öffentlichkeit mit den Arbeitsergebnissen der 1973 eingerichteten Abteilung für die Geschichte der deutsch-polnischen Beziehungen vertraut machen. Der vorliegende Band faßt die wichtigsten Referate und Diskussionsbeiträge der beiden ersten wissenschaftlichen Konferenzen zusammen, die die neue Abteilung 1974 und 1975 abgehalten hat.

Im Juni 1974 bot die Eröffnung einer stadtarchäologischen Ausstellung des Archäologischen Museums der Stadt Posen im Museum Dahlem — unter dem Titel „Die Anfänge der Städte in Polen“ — der neuen Abteilung einen willkommenen Anlaß, zu einem deutsch-polnischen stadtgeschichtlichen Symposium einzuladen. Neben der polnischen Ausstellung gaben aber auch die aufschlußreichen Ergebnisse der frühstadtarchäologischen Forschungen in Spandau — dank der Kooperationsbereitschaft des Staatlichen Vertrauensmanns für die kulturgeschichtlichen Bodenaltertümer des Landes Berlin — eine breite Material- und Problemgrundlage für ein Fachleute-Gespräch über das „Frühe Städtewesen zwischen Elbe und Weichsel“. Mit diesem regionalen Umkreis, der die polabisch-slavischen Länder der späteren Germania Slavica mit den altpiastischen Landschaften zusammenschließt, war bewußt ein zentrales Interessenfeld der polnischen wie der deutschen Frühstadtforschung nach dem Zweiten Weltkrieg als Themenrahmen gewählt worden. Wenn nun dieses Forschungsinteresse beider Seiten mehr und mehr ein *gemeinsames* Interesse zu werden beginnt, so liegt das nicht zuletzt an dem historischen Problemgehalt, den diese Fragen für die Frühzeit der deutsch-polnischen Beziehungen aufzuweisen haben. Vor allem unter diesem Gesichtspunkt, der in den Diskussionen der Berliner Tagung vom 20. bis 22. Juni 1974 keine geringe Rolle gespielt hat, haben sich die Herausgeber zu der Publikation der Referate und Diskussionsbeiträge — soweit sie ihnen zur Veröffentlichung überlassen wurden — im zweiten Teil des vorliegenden Bandes entschlossen.

Vorangestellt wird im ersten Teil eine epochenübergreifende und grundsätzliche Erörterung der Aufgabenstellung beziehungsgeschichtlicher Forschung in der Geschichtswissenschaft. Diese Fragen sind im März 1975 auf der zweiten Tagung der Abteilung für die Geschichte der deutsch-polnischen Beziehungen im Kreise der Historischen Kommission diskutiert worden. Die Abteilung verfolgte damit die Absicht — nachdem sie aus gegebenem Anlaß mit einer speziellen geschichtswissenschaftlichen Problematik ihre Tätigkeit begonnen hatte — den Mitgliedern der Kommission das geschichtswissenschaftliche Arbeitskonzept der Abteilung und ihre Auffassung von der Spezifik ihrer beziehungsgeschichtlichen Aufgabenstellung vorzuführen. In erweiterter Form, die auch die Ergebnisse der lebhaften Aussprache zu berücksichtigen sich bemüht, wird dieses „Grundsatzreferat" mit knappen Anmerkungen versehen hier als erster Teil des Sammelbandes veröffentlicht.

Bei der Schreibung der Ortsnamen ist den — sehr unterschiedlichen — Wünschen und Gepflogenheiten der Autoren der Einzelbeiträge Rechnung getragen worden. Mit Hilfe des Ortsregisters am Schluß des Bandes lassen sich im Bedarfsfalle für den deutschen wie für den polnischen Leser alle Ortsnamen identifizieren.

Für finanzielle Unterstützung der Tätigkeit der Abteilung danken die Herausgeber auch an dieser Stelle der Stiftung Volkswagenwerk und der Deutschen Klassenlotterie Berlin. Ferner danken sie den Mitarbeitern der Historischen Kommission zu Berlin, die bei der Organisation der Tagungen und bei der redaktionellen Betreuung dieser Publikation mitgewirkt haben.

Die Widmung des Buches schließlich ist zu verstehen als Dank an denjenigen unserer Fachgenossen, der auf der deutschen Seite Grundlegendes geleistet hat für die Entwicklung einer geschichtswissenschaftlichen Fragestellung in den deutsch-polnischen Beziehungen.

Berlin, im März 1976

Die Herausgeber

INHALT

ERSTER TEIL

Stand und Aufgaben der historischen Forschung zum deutsch-polnischen Verhältnis

ZWEITER TEIL

Frühes Städtewesen zwischen Elbe und Weichsel

REFERATE

DISKUSSIONSBEITRÄGE

ZUSAMMENFASSUNG

ANHANG

VERZEICHNIS DER ABBILDUNGEN

ADRIAAN VON MÜLLER Zur Entwicklung der Stadt Spandau im frühen und hohen Mittelalter

WŁADISŁAW FILIPOWIAK Aus den archäologischen Forschungen über die mittelalterlichen Städte Pommerns

HERBERT LUDAT
ZUM
65. GEBURTSTAG

ERSTER TEIL

Stand und Aufgaben der historischen Forschung zum deutsch-polnischen Verhältnis

Klaus Zernack

Das Jahrtausend deutsch-polnischer Beziehungsgeschichte als geschichtswissenschaftliches Problemfeld und Forschungsaufgabe

(Grundsatzreferat)

Gerät das Prinzip „Polonica non leguntur", das generationenlang die deutsche Einstellung zu der Nachbarnation im Osten bestimmt hat, endlich ins Wanken? Niemand würde dies lebhafter begrüßen als die kleine Schar von Polonisten in unserem Lande. Wenn man noch vor etwa 15 bis 20 Jahren glaubte, mit alarmierenden Buchtiteln wie *Liegt Polen noch in Europa?* an den ostpolitischen Tiefschlaf der politischen Publizistik in der Bundesrepublik rühren zu können, konnte man das erleben, was man heute Frustration nennt. Damals hat man darauf noch weniger geachtet als heute, das heißt, die Polenspezialisten unter uns haben dennoch weitergemacht, und sie sollen, folgt man dem *Handbuch der bürgerlichen Geschichtswissenschaft* aus Ostberlin von 1970, mit ihrer Versöhnungsdemagogie die neue Ostpolitik ideologisch aufzubauen geholfen haben.[1]

Seit diese nun geboren ist, nimmt die Zahl der Experten mit der raschen Feder sprunghaft zu; und gerade das Gebiet der deutsch-polnischen Beziehungen findet immer mehr Kenner, die sich zu Pionierarbeit berufen fühlen. Da wird man dann neuerdings unterrichtet über die Konvention v o n Alvensleben, die also vermutlich ebendort abgeschlossen worden ist und nicht in Petersburg, oder man erfährt, daß der Begriff Großpolen eine Erfindung der polnischen Großmachtchauvinisten der dreißiger Jahre sei. Die mittelalterliche *locatio* wird innovativ als Lokalisierung von Städten verstanden, August der Starke umstands-

[1] Werner Berthold/Gerhard Lozek/Helmut Meier/Walter Schmidt (Hrsg.), *Unbewältigte Vergangenheit. Handbuch zur Auseinandersetzung mit der westdeutschen bürgerlichen Geschichtsschreibung*, Berlin 1970; westdeutsche Ausgabe unter dem Titel: *Kritik der bürgerlichen Geschichtsschreibung*. Handbuch, Köln 1971, dort, S. 283.

los von der Wahrnehmung sächsischer Interessen in seinem polnischen Königtum freigesprochen, Moskau der Republik Polen einverleibt usw. usw. Wissenschaftspublizistischer Dilettantismus dieser Art wird wohl immer die Begleiterscheinung sein, wenn plötzlich, wie in einem kollektiven Aha-Erlebnis, ein lange ausgespartes und wenig beachtetes Feld sich auftut. Und allgemein haben die Betriebsamkeit und das Gerede über die tausendjährige deutsch-polnische Nachbarschaft, die betuliche Suche nach den „Seelenakkorden", der „Schicksalsgemeinschaft", auch ihre guten Seiten und ihren Nutzen. Zumindest sind sie gut gemeint und im ganzen weniger gefährlich als die traditionelle kollektive Nichtwahrnehmung dieses ja zweifellos bestehenden und bedrängenden geschichtlichen Nachbarschaftsproblems.[2]

Für die zuständige Fachwissenschaft stellt sich indessen eine solche populäre und alles in allem durchaus erfreuliche Konjunktur auf ihrem Arbeitsgebiet problematischer dar: So sehr sie an der Popularisierung ihrer Probleme und ihrer Ergebnisse interessiert sein muß, so wenig kann sie es in einem methodisch unkontrollierten, sozusagen freischwebenden und beliebigen Sinne wünschen.[3] Gerade dies aber greift in der gegenwärtigen Entwicklungslage der Massenpublizistik in den Verlautbarungen zum geschichtlichen Hintergrund des deutsch-polnischen Problems um sich und findet auch bereits Eingang in die Wissenschaft, wenn diese sich stellenweise an der Wirkung durch die Medien schon als solcher interessiert zu zeigen scheint. Die Übergänge beginnen dann zu fließen. Demgegenüber muß betont werden: Das wohl unauflösbare, in der methodologischen Struktur begründete Spannungsverhältnis zum Medienbereich, zur Publizistik, muß eine Wissenschaft, die ihrerseits Aufklärung bewirken will, genau und beständig bedenken. Tut sie das, dann grenzt sie sich aber fortwährend ab gegenüber dem ihr methodologisch nicht Gemäßen. Das gilt freilich nicht allein für das Verhältnis

[2] Es kann daher auch nicht der Zweck dieser Auseinandersetzung sein, den Leser hier mit Richtigstellungen amateurhafter Fehler und Mißverständnisse zu langweilen. Hingegen werden — was wichtiger ist — konzeptionell bedeutende und anregende Publikationen zum deutsch-polnischen Problem aus dem außerfachlichen Umkreise an geeigneter Stelle in dem Forschungsbericht (siehe unten Anm. 62, 91, 102, 107) genannt.

[3] Es ist lebhaft zu bedauern, daß sich die Geschichtswissenschaft bei uns den Problemen einer methodisch kontrollierten Popularisierung noch nicht selbst zugewandt hat. So überläßt sie das Feld anderen. Anders die moderne polnische Historiographie, vgl. dazu Klaus Zernack, *Schwerpunkte und Entwicklungslinien der polnischen Geschichtswissenschaft nach 1945*, in: *Historische Zeitschrift*, Sonderheft 5: *Literaturberichte über Neuerscheinungen zur außerdeutschen Geschichte*, München 1973, S. 256.

zur professionellen Publizistik. Auch in den Wissenschaften kann die methodologische Diffusion der einzelwissenschaftlichen Kompetenz die Möglichkeiten kontrollierter Interdisziplinarität gefährden. Wachsamkeit ist deshalb erforderlich. Wie wenig mit schlechten, methodisch unkontrollierten Vermischungen von Erkenntnisansätzen gewonnen ist, hat die Osteuropa-Historie in ihrer eigenen Fachgeschichte erfahren. Und so, wie sich das Fach der Osteuropäischen Geschichte erst allmählich von sehr viel Außerwissenschaftlichem und Außerhistoriographischem in seiner früheren Begründung und Zielsetzung als Ostforschung und Ostwissenschaft hat freimachen können, eben durch Abgrenzung und geschichtswissenschaftliche Verwissenschaftlichung nach dem Zweiten Weltkrieg, so hat die geschichtswissenschaftliche Forschung, die sich mit der Geschichte der deutsch-polnischen Beziehungen beschäftigt, in der gegenwärtigen Situation Anlaß zur genauen methodologisch-methodischen Abgrenzung ihres wissenschaftlichen Standortes in einem Objektbereich, der nicht von ungefähr so starkes öffentliches Interesse zu erwecken begonnen hat. Denn letztlich dient die Wissenschaft diesem öffentlichen Interesse nur dann, wenn sie falschen Ubiquitätsansprüchen mit Sachkompetenz entgegentritt.

Ich möchte diese geschichtswissenschaftliche Standortbestimmung vornehmen mit Hilfe einiger Überlegungen zu dem zurückliegenden Jahrtausend deutsch-polnischer Beziehungsgeschichte, das im folgenden als geschichtswissenschaftliches Problemfeld und Forschungsaufgabe betrachtet werden soll. In der Formulierung meines Themas stecken — wie man leicht erkennt — programmatische Absichten. Und zwar geht es um zwei zentrale Probleme:

1. Ist die Zähigkeit, mit der die geschichtlichen Beziehungen zwischen den zwei europäischen Nationen der Deutschen und der Polen immer wieder deren aktuelles Verhältnis zueinander überlagern, nicht ein Anlaß, die *Beziehungsgeschichte* als einen Wirkungsfaktor *sui generis* geschichtswissenschaftlich zu problematisieren?

2. Ist geschichtswissenschaftlich der *millenäre Bezug* des deutsch-polnischen Problems haltbar, wie er in der Popularisierung so leicht zur Hand ist?

Ich will zunächst versuchen, in einer eingehenderen Erörterung der konzeptionellen Entwicklungen und der Forschungstrends in bezug auf die Grundfragen der europäischen Geschichte in Polen und Deutschland auf diese Fragen eine Antwort zu finden.

I

Die Konstituierung der europäischen Geschichte durch das nationale Prinzip

Meinen Ausgangspunkt möchte ich nehmen bei Überlegungen, die ich in den letzten Jahren mehrfach angestellt habe im Zusammenhang mit Einführungsveranstaltungen zur osteuropäischen Geschichte.[4] Ich mußte dabei immer wieder über die Begriffs- und Periodisierungsdiskussion der Osteuropahistoriker auf den Welthistorikerkongressen von 1923 und 1933 und das Fortwirken dieser Diskussion nachdenken.[5] Die Debatte war ja damals in Gang gekommen aus dem Bedürfnis der historischen Fachwissenschaft, sich von den stark nachwirkenden Überlagerungen durch die alte slavophile (historiosophische) Ideologie von der *einen* slavischen Nation, wie sie seit dem Beginn des 19. Jahrhunderts sich ausgebildet hatte,[6] zu befreien. Es waren, das sollte man in Erinnerung behalten, polnische Historiker, die als erste im osteuropäischen Umkreis programmatisch, gewissermaßen fachtheoretisch, den sprachlichen, slavistischen Gesichtspunkt als historiographisches Regionalgliederungsprinzip für die europäische Geschichte in Frage gestellt haben: nämlich 1923 Oskar Halecki als Kenner der politischen Ideengeschichte Europas und später Marceli Handelsman als Sozialhistoriker.[7] 1932 schloß sich ihnen mit Nachdruck der Prager Joseph Pfitzner auf dem Göttinger Deutschen Historikertag an.[8] In den Stellungnahmen dieser Forscher wurde die Geschichte Ost-

[4] Auf der Grundlage dieser Lehrerfahrungen demnächst meine Einführung in die osteuropäische Geschichte (Beck'sche Elementarbücher).

[5] *VII. Congrès International des Sciences Historiques en Bruxelles*, Brüssel 1923; *VIII. Congrès International des Sciences Historiques en Varsovie*, Warschau 1933; siehe auch die Berichte und Diskussionen in der *Zeitschrift für osteuropäische Geschichte* 8 (N. F., Bd. 4) (1934), S. 77 ff., und 9 (N. F., Bd. 5) (1935), S. 1. ff., sowie im *Bulletin d'information des sciences historiques en Europe Orientale* 6 (1934) ff.

[6] Vgl. die historiographiegeschichtliche Einleitung zu meinem Buche *Die burgstädtischen Volksversammlungen bei den Ost- und Westslaven. Studien zur verfassungsgeschichtlichen Bedeutung der Veče* (= Osteuropastudien der Hochschulen des Landes Hessen, R. 1,33), Wiesbaden 1967, S. 4 ff.

[7] Oskar Halecki, *L'histoire de l'Europe Orientale. Sa division en époques, son milieu géographique et ses problems fondamentaux*, in: *La Pologne au VIe Congrès International des Sciences Historiques à Bruxelles 1923*, Warschau 1924, S. 73—94. Marceli Handelsman, *Monde slave ou l'Europe Orientale*, in: *Bulletin d'information des sciences historiques en Europe Orientale* 3 (1930), S. 124—131.

[8] Gedruckt unter dem Titel: *Die Geschichte Osteuropas und die Geschichte des Slawentums als Forschungsprobleme*, in: *Historische Zeitschrift* 150 (1934), S. 21—85.

europas als Geschichte seiner kulturellen Europäisierung aufgefaßt, das heißt, die Anverwandlung der antiken Weltkultur in ihren christlichen Nachfolgekulturen und deren Ausbreitung über das geographische Europa wurden als das Charakteristische in der Ausprägung des europäischen Geschichtsfeldes gedeutet. Damit lag der Akzent auf Verwestlichung, Gleichmachung, Akkulturation, und nach Meinung der polnischen Historiker und Pfitzners zeigten sich hier übereinstimmende Momente in bezug auf die kulturelle und geschichtliche Stellung Osteuropas, die von stärkerer Geschichtswirksamkeit waren als die in philologisch-slavophiler Tradition gedeutete Spracheinheit. Die wesentlichen kritischen Gedanken der Warschauer Diskussion von 1933 stammten dann auch von Halecki und Handelsman, denen sich Otto Hoetzsch anschloß.[9] Halecki hat dieses Problem nicht mehr losgelassen, und in seinen *Limits and Divisions of European History* von 1950[10] hat er die bisher wohl diskutabelste geschichtsräumliche Einteilung Europas und damit zugleich auch die Begründung des Faches Osteuropäische Geschichte vorgelegt. Das Buch hat auch in der deutschen Nachkriegsforschung für die Neubestimmung der Grundfragen und Aufgaben der Osteuropahistorie wichtige Anregungen gegeben.[11] Das Überzeugende an Haleckis historiographischen Synthesegedanken, an denen sicher vieles angefochten werden kann, und auch — insbesondere was seine verkürzte Sicht auf Rußland angeht — angefochten worden ist,[12] liegt nun vornehmlich in der

[9] Otto Hoetzsch, *Begriffsbestimmung und Periodisierung der osteuropäischen Geschichte. Die osteuropäische Geschichte auf dem VII. Internationalen Historikerkongreß in Warschau II.*, in: *Zeitschrift für osteuropäische Geschichte* 8 (N. F., Bd. 4) (1934), S. 88 ff.

[10] Deutsche Ausgabe unter dem Titel: *Europa, Grenzen und Gliederung seiner Geschichte*, Darmstadt 1957.

[11] Vgl. vor allem Herbert Ludats einschlägige Arbeiten aus den fünfziger Jahren, jetzt bequem zugänglich in Herbert Ludat, *Deutsch-slawische Frühzeit und modernes polnisches Geschichtsbewußtsein. Ausgewählte Aufsätze*, Köln-Wien 1969. (Dazu die aufschlußreiche Rezension Oskar Haleckis in: *Erasmus* 23 [1971], S. 688—692.) — Günther Stökl, Vorwort zu Oskar Halecki, *Grenzraum des Abendlandes*, Salzburg 1956; Günther Stökl, *Das geistige Antlitz Osteuropas*, in: *Denker und Deuter im heutigen Europa*, hrsg. von Hans Schwerte und Wilhelm Spengler, Bd. 1 u. 2 (= Gestalter unserer Zeit, Bd. 1 u. 2), Oldenburg-Hamburg 1954, Bd. 2, S. 271 ff.

[12] Die rußlandspezifische Komponente der Diskussionen über Begriff und Gliederung der osteuropäischen Geschichte erörtert zuletzt Werner Philipp, *Russias Position in Medieval Europe*, in: *Russia. Essays in History and Literature*, hrsg. von Lyman H. Legters, Leiden 1972, S. 18—37, mit — im Unterschied zu früheren Arbeiten — stärkerer Betonung der ursprünglichen Sonderstellung Altrußlands. Die Frage braucht in unserem Zusammenhang, in dem es um die zentralen Gedanken Haleckis, nämlich

Interpretation des *nationalen Elements* als eines *formenden Prinzips* bei der *Ausbildung des historischen Europa* und seiner Geschichtsregionen. In der Fortführung der Warschauer Diskussion hat Halecki schon 1935 geschrieben: „Die europäische Kultur scheint mir eine harmonische Synthese zu sein des Erbes der klassischen Antike einerseits und des Christentums andererseits. Und nicht ohne Zusammenhang vielleicht mit der geographischen Mannigfaltigkeit unseres Kontinents läßt sich die europäische Kulturgemeinschaft mit etwas anderem, etwas Drittem, nicht minder Wichtigem in Verbindung bringen: Mit der Tatsache, daß gerade innerhalb der europäischen Kultur sich die einzelnen Kulturen der besonderen Völker und Nationen selbständig entfalten können, ohne dadurch der Gemeinschaft zu schaden, im Gegenteil, indem sie diese Gemeinschaft noch bereichern ..."[13]

Von dieser Fragestellung her gewinnt Halecki seinen fruchtbaren Ausgangspunkt: den kulturregionalen Gegensatz von Alteuropa und Neueuropa. Alteuropa ist danach das Gebiet des antiken Imperium Romanum und seiner von römischen Einflüssen stark geprägten Randbereiche. Neueuropa hingegen ist alles, was niemals zum Römischen Reich gehört hat. Dieser nicht der alten Welt zugehörige Teil Europas wird erst spät Europa; und zwar wird er es durch die Hervorbringung desjenigen Faktors, der Europa erst im vollen Wortsinne konstituiert: des Faktors der europäischen Nationen. Diese entstehen erst in der Nachfolge des postantiken Fränkischen Reiches und an den Rändern des byzantinischen Imperiums, sind also Zerfalls- und Aufbauprodukte zugleich. Das 9. und 10. Jahrhundert ist die Zeit ihres allgemeinen Durchbruchs. Damit entsteht Neueuropa und das heißt Europa im vollen historischen Sinne.[14]

die Relevanz des nationalen Prinzips für die Entstehung Europas geht, nicht weiter verfolgt zu werden. Vgl. im übrigen auch Manfred Hellmann, *Einheimische und äußere Faktoren bei der Entstehung des mittelalterlichen Rußland*, in: *I Normanni e la loro espansione in Europa nell'alto medioevo.* 18—24 aprile 1968 (= Settimane di studio del Centro Italiano di studi sull'alto medioevo 16), Spoleto 1969, S. 205, sowie die Diskussion der nationalkulturellen Komponenten Altrußlands bei Andrzej Poppe, *Państwo i kościół na Rusi w XI wieku*, Warszawa 1968, S. 206—236.

[13] Oskar Halecki, *Der Begriff der osteuropäischen Geschichte*, in: *Zeitschrift für osteuropäische Geschichte* 9 (N. F., Bd. 5) (1935), S. 5 f.

[14] Vgl. zuletzt den internationalen Sammelband *L'Europe aux IXe—XIe siècles. Aux origines des états nationaux. Actes du Colloque International sur les origines des états européens aux IXe—XIe siècles, tenu à Varsovie et Poznań du 7 au 13 septembre 1965*, publiés sous la direction de Tadeusz Manteuffel et Aleksander Gieysztor, Warschau 1968. Siehe auch Christopher Henry Dawson, *The Making of Europe. An Introduction to the History of European Unity*, London 1932 u. ö. Deutsche Ausgabe unter

Es ist, folgt man diesem sehr produktiven Gedanken, nur eine scheinbare Tautologie, wenn man sagt, daß die Europäisierung Europas Inhalt der Geschichte des letzten Jahrtausends gewesen ist, denn das, was Europa geschichtlich ausmacht, ist seine historische Strukturierung als Geschichte von christlichen Nationen. In diesem Sinne der Europawerdung formiert sich europäische Geschichte als solche erst im Werdeprozeß des außerantiken, außerkarolingischen und außerbyzantinischen Neueuropa; man kann es auch Nationen-Europa nennen. Im wesentlichen sind das zunächst das geographische Osteuropa und Nordeuropa. Aber dieser Neubeginn in Neueuropa ist relevant auch für die alte Kulturwelt: Die Nachfolge des antik-karolingisch-byzantinischen Universalismus tritt auch in Alteuropa das nationale Gliederungsprinzip im Werden der europäischen Nationen an. Indessen: die Kontinuitäts- und direkten Traditionsprobleme, die in Alteuropa die Forschung in ihren Bann geschlagen haben,[15] begegnen dem Neueuropa-Historiker in seinem Umkreis kaum, von Randbereichen im pannonisch-donauländischen und alpenländischen Grenzland und von der Frage der byzantinischen Ausstrahlung abgesehen. Lediglich für unseren Fachnachbarn, den Südosteuropa-Historiker, sind die Kontinuitätsfragen zentral.[16]

dem Titel: *Die Gestaltung des Abendlandes. Eine Einführung in die Geschichte der abendländischen Einheit* [Leipzig 1935 u. ö.] (= Fischer Bücherei 381), Frankfurt/M.-Hamburg 1961, S. 178 ff.; František Graus, *Die Entstehung der mittelalterlichen Staaten in Mitteleuropa*, in: *Historica* 10 (1965), S. 5—65. Vgl. auch dessen abschließende Bemerkungen in dem Beitrag *Die Entwicklung Mitteleuropas im 8. Jahrhundert und die Vorbedingungen der Staatsentwicklung in diesem Gebiet*, in: *I problemi dell'occidente nel secolo VIII* (= Settimane di studio del Centro Italiano di studi sull'alto medioevo 20), Spoleto 1973, S. 481. — Die ethnogenetischen Voraussetzungen für diesen Durchbruch Nationen-Europas behandelt grundlegend Reinhard Wenskus, *Stammesbildung und Verfassung. Das Werden der frühmittelalterlichen gentes*, Köln-Graz 1961.

[15] Dieser Alteuropa-Begriff hat für unseren vorläufig begrenzten Diskussionszusammenhang seinen großen Nutzen. Man sollte freilich nach einer anderen Umschreibung Ausschau halten, um auf die Dauer jede Aufweichung des bewährten Alteuropa Begriffs im Sinne Otto Brunners auszuschließen. — Zum Kontinuitätsproblem vgl.: Hermann Aubin, *Zur Frage der historischen Kontinuität im allgemeinen*, in: *Historische Zeitschrift* 168 (1943), S. 229—262; ders., *Vom Altertum zum Mittelalter. Absterben, Fortleben und Erneuern*, München 1949; Tadeusz Manteuffel, *Kultura Europy średniowiecznej*, hrsg. von Stanisław Trawkowski, Warszawa 1974, für diesen Zusammenhang siehe Kap. I *(Kszaltowanie się społeczeństwa średniowiecznego w zachodnie Europie)*, S. 9—66.

[16] Vgl. Georg Stadtmüller, *Geschichte Südosteuropas*, München 1950. — Zur Eigenständigkeit Südosteuropas als Forschungsgegenstand vgl. zuletzt Mathias Bernath, *Südosteuropäische Geschichte als gesonderte Disziplin*, in: *Forschungen zur osteuropäischen*

Für die übrigen Gebiete ergeben sich vielmehr kulturelle Traditionsprobleme abgeleiteten Charakters als zentrales Forschungsfeld, und zwar die Probleme der Ausstrahlung und Einwirkung der antik-christlichen Kulturwelt auf Neueuropa, das heißt die Probleme der kulturellen Angleichung und Gleichmachung, die mit der Ausbreitung des Christentums beginnen. Also nicht Kulturkontinuität wie im Westen, Süden und Südosten, sondern Akkulturation ist kulturgeschichtlich das Problem für das Arbeitsgebiet des Ost- und Nordeuropa-Historikers, ein fundamentaler Unterschied, der auf einer ersten epochalen Stufe wieder aufgehoben, das heißt europäisch universalisiert wird durch den gleichartigen strukturgeschichtlichen Effekt: die Nationalisierung ganz Europas, die erst den „Aufgang Europas" aus dem ihm Eigenen herbeiführt. Man sieht, daß Hermann Heimpels vielzitierter, aber selten richtig nachvollzogener Satz in ganzem Umfange gilt, nämlich: „Daß es Nationen gibt, ist historisch das Europäische an Europa."[17] Verchristlichung in Gestalt herrschaftlich dynastischer Bekehrungsvorgänge, die Geltung für ganze Herrschaftsgebiete von zum Teil großer ethnogenetischer Geschlossenheit beanspruchen, und durch diese Prozesse in Gang gesetzte Nationsbildung sind daher zumindest von unseren osteuropa-geschichtlichen Erkenntnissen her ganz unbestreitbar an den Anfang zu stellen, wenn es sich darum handelt, das Nationale als universales Wirkungsprinzip der europäischen Geschichte zu erfassen.[18]

Denn Christianisierung mit großräumiger überregionaler Herrschaftsbildung und die allmähliche Ausformung des politischen Nationsbewußtseins der Führungsschichten sind in den zentralen Teilbereichen Osteuropas doch in weitgehender Gleichartigkeit im 9. bis 12. Jahrhundert vollzogen worden. In der politisch-strukturellen Auswirkung bis in die Mitte des 12. Jahrhunderts hinein macht es keinen Unterschied,

Geschichte. Werner Philipp zum 65. Geburtstag von seinen Schülern 20 (1973), S. 135—144. — Für den Bereich des Städtewesens macht die Kontinuitätsfragen deutlich der Sammelband *Die Stadt in Südosteuropa. Struktur und Geschichte* (= *Südosteuropa-Jahrbuch*, Bd. 8), München 1968.

[17] Zitiert nach Reinhard Wittram, *Das Nationale als europäisches Problem. Beiträge zur Geschichte des Nationalitätenprinzips vornehmlich im 19. Jahrhundert*, Göttingen 1954, S. 8.

[18] Wichtig — trotz präsentistischer Züge — Francis Dvornik, *The Making of Central and Eastern Europe*, London 1949; Herbert Ludat, *Die Slaven und das Mittelalter*, in: *Die Welt als Geschichte* 12 (1952), S. 76 ff.; ders., *Die ältesten geschichtlichen Grundlagen für das deutsch-slawische Verhältnis*, in: *Das östliche Deutschland. Ein Handbuch*, hrsg. vom Göttinger Arbeitskreis, Würzburg 1959, S. 135 ff. (beide Arbeiten jetzt auch in dem Anm. 11 genannten Auswahlband).

ob die Christianisierung von Westen oder Osten kommt. Es handelt sich um die Epoche der sozusagen freien dynastischen und aristokratischen Konvertibilität; ein kulturelles Schisma tritt erst als Folge von 1054 auf. Zwar ist zwischen West und Ost im 9. Jahrhundert ein Konkurrenzkampf um das slavische Europa entbrannt, der sich in der Mährenmission der Slavenapostel äußert und damals beinahe zur Etablierung einer dritten kirchlichen Kraft, der slavischen Großkirche, geführt hätte. Damit wäre der Epoche der Christianisierung vielleicht sogar auch eine politische Großnationsbildung geglückt. Svatopluk und die Ungarn haben auf andere Wege geführt, die Wege der kleinräumigen Staatsorganisation der christlichen Einzelvölker. Im 12. Jahrhundert ist — von den baltischen und finnischen Reliktgebieten abgesehen — die Verchristlichung Osteuropas in diesem Sinne vollendet und hat zu einer nationalen gesellschaftlichen Strukturierung der christlichen Herrschaftsbereiche geführt: Nicht in allen, aber in den meisten Herrschaftsbildungen der Frühzeit ist der Prozeß der ersten Epoche, die Europawerdung Neueuropas, abgeschlossen. Heidnische innere Widerstände, ebenso dynastisch-aristokratische Reaktionen sind entweder zurückgeschlagen oder etabliert. Ostslaven-Russen, Polen, Böhmen-Tschechen, Ungarn-Magyaren, Slovenen und Kroaten, Serben, Bulgaren, Deutsche, Dänen und Schweden nehmen an diesem Prozeß der Entstehung der christlichen Völkerfamilie Neueuropas im 9. bis 12. Jahrhundert teil.[19]

II

Kritische Gesichtspunkte zur Nationalismus-Diskussion

So läßt sich an den Ergebnissen und Erkenntnissen der Osteuropageschichtsforschung ein kritischer Maßstab zur Beurteilung der Diskussion über das Nationale als europäisches Problem in der westlichen Forschung gewinnen. Die aktuelle Diskussion in der Bundesrepublik Deutschland ist — im Gegensatz zu der fortwirkenden internationalen Debatte im Spezialfach Osteuropa-Historie — von erstaunlich hermeti-

[19] Siehe die Anm. 14 genannten Arbeiten. Für die südosteuropäischen Völker vgl. zusätzlich Tadeusz Wasilewski, *Bizancjum i Słowianie w IX wieku. Studia z dziejów stosunków politycznych i kulturalnych*, Warszawa 1972. — Siehe außerdem die Artikel unter den osteuropäischen National-Stichwörtern in *Słownik starożytności słowiańskich (Lexicon antiquitatum slavicarum)*, hrsg. von Władysław Kowalenko, Gerard Labuda, Tadeusz Lehr-Spławiński. Bisher 5 Bde (A—R), Wrocław-Warszawa-Kraków 1961 ff.

schen epochalen Spezialisierungen bestimmt. Zwischen den beiden nennenswerten Forschungskreisen, der Nationalismus-Forschungsgruppe (19. Jahrhundert) um Theodor Schieder in Köln, die im engeren Zusammenhang mit soziologisch orientierten Theoretikern — wie Eugen Lemberg etwa — arbeitet, und dem mediävistischen Arbeitskreis, der sich gewissermaßen um einen alten Reichenau-Kern gebildet hat und jetzt in Marburg seinen Sitz hat, besteht keine Kommunikation. Von der Fragestellung her ist es selbstverständlich, daß die Mediävisten wohl über den wirkungsgeschichtlichen Zusammenhang des nationalen Prinzips bis in die jüngste Gegenwart hinein als Folie ihres eigenen Problems nachdenken.[20] Aber umgekehrt ist der Forschungsansatz zum 19. Jahrhundert durch einen Mangel an epochenübergreifender europageschichtlicher Perspektive gekennzeichnet. Das bewirkt meines Erachtens eine starke begriffliche Unsicherheit, die sich bisweilen hinter einem gewissen Dogmatismus verbirgt. Nation wird vielfach hier nur in der epochalen Einengung auf den modernen Nationalismus verstanden, ist somit nur in der Zielorientierung auf den souveränen Nationalstaat historisch existent.[21] Die neomarxistische Variante dazu ist ebenfalls dogmatisch eingeengt: Für sie ist die Nationsfrage nur in der Sicht auf die Bourgeoi-

[20] Vgl. die *Protokolle über die Arbeitstagungen des Konstanzer Arbeitskreises für mittelalterliche Geschichte Frühjahr und Herbst 1965*, Nr. 127 u. 132: *Die Entstehung der europäischen Nationen* (hektograph.); Karl Ferdinand Werner, *Les nations et le sentiment national dans l'Europe médiévale*, in: *Revue Historique*, 94. Jg., Tom. 244 (1970), S. 285—304. — Der Marburger Arbeitskreis kündigt eine eigene Schriftenreihe an: *Nationes. Historische und philologische Untersuchungen zur Entstehung der europäischen Nationen im Mittelalter*, hrsg. von Helmut Beumann und Werner Schröder. Ende 1975 sollte Bd. 1 *(Aspekte der Nationenbildung im Mittelalter. Ergebnisse der Marburger Rundgespräche 1972—1973)* erscheinen.

[21] Siehe die bisherigen Publikationen des Kölner Kreises: *Sozialstruktur und Organisation europäischer Nationalbewegungen.* Unter Mitwirkung von Peter Burian hrsg. von Theodor Schieder (= Studien zur Geschichte des 19. Jahrhunderts 3), München-Wien 1974; sowie: *Staatsgründungen und Nationalitätsprinzip.* Unter Mitwirkung von Peter Alter hrsg. von Theodor Schieder (= Studien zur Geschichte des neunzehnten Jahrhunderts 7), München-Wien 1974. — Weiter gefaßt ist — trotz der auf das 19. Jahrhundert bezogenen Fragestellung — der epochale Ansatz bei Klaus-Detlev Grothusen, *Städtewesen und nationale Emanzipation in Südosteuropa*, in: *Ethnogenese und Staatsbildung in Südosteuropa. Beiträge des Südosteuropa-Arbeitskreises der Deutschen Forschungsgemeinschaft zum III. Internationalen Südosteuropa-Kongreß der Association Internationale d'Études du Sud-Est Européen, Bukarest, 4.—10. 9. 1974*, hrsg. von Klaus-Detlev Grothusen, Göttingen 1974, S. 72 ff. Umfassende und kritische Erörterung der internationalen Forschung über den modernen Nationalismus bei Hans Mommsen/Albrecht Martiny, *Nationalismus, Nationalitätenfrage*, in: *So-*

sie und die kapitalistische Klassengesellschaft denkbar, das heißt, Nationalismus als bürgerliche Klassenideologie ist die einzige historische Kategorie des nationalen Prinzips. Politische Theorie und Soziologie haben hier auch bereits weitgehend den geschichtswissenschaftlichen Ansatz überlagert.[22]

Ein anderes Bild freilich bietet sich beim Blick auf die Forschungslage und den Diskussionsstand im sozialistischen Europa dar. Wer die Dinge ein wenig überblickt, weiß, daß es schon von dieser Diskussionslage her gesehen wichtig ist, auch bei uns das Nachdenken über den Jahrtausendbezug des Nationalen als europäisches Problem nicht aus dem Auge zu verlieren. In Polen und in der Tschechoslowakei sind ganz ohne Frage die wesentlichen Beiträge zum Problem in den letzten zehn Jahren geliefert worden, und zwar in einer sehr ausgewogenen Verteilung auf mediävistische, neuzeitliche und übergreifende Fragestellungen.[23] Es ist

wjetsystem und demokratische Gesellschaft. Eine vergleichende Enzyklopädie, Bd. 4 (1971), Sp. 623—695. — Knappe Orientierung in der vergleichenden Fragestellung bei Emanuel Turczyński, *Kategorien und Probleme der komparativen Nationalismusforschung*, in: *Süd-Ost-Studien* 19 (1972), S. 131 ff.

[22] Als Beispiel für viele: Bassam Tibi, *Nationalismus in der Dritten Welt am arabischen Beispiel*, Frankfurt/M. 1971, § 1: *Zur Genesis der Nationsbildung und des Nationalismus in Europa*, S. 15—23. — Auch Eugen Lembergs Versuch einer soziologischen Theorie des Nationalismus im zweiten Band seiner Arbeit *Nationalismus*, Bd. 1 u. 2 (= rowohlts deutsche enzyklopädie 197/198, 199), Reinbek b. Hamburg 1964, zieht sich von der empirischen Breitenperspektive des ersten (historiographisch gearbeiteten) Bandes (vgl. auch Lembergs Buch *Geschichte des Nationalismus in Europa*, Stuttgart 1950) auf eine sehr schmale Bezugsbasis des Risorgimento-Nationalismus zurück. Freilich geht es Lemberg auch nicht um eine Theorie des nationalen Prinzips in der europäischen Geschichte, sondern um Nationalismus in der modernen Welt. Kritische Anmerkung dazu auch bei P. Böhning, *Die nationalpolnische Bewegung in Westpreußen* . . . (wie Anm. 96), S. 2. Vgl. auch die Rezension von Hans Mommsen, *Eine Theorie des Nationalismus*, in: *Neue Politische Literatur* 11 (1966), S. 72—76.

[23] *Polen:* Benedykt Zientara, *Konflikty narodowościowe na pograniczu niemiecko-słowiańskim w XIII—XIV w. i ich zasięg społeczny*, in: *Przegląd Historyczny* 59 (1968), S. 197—213; Jerzy Szacki, *Ojczyzna — Naród — Rewolucja. Problematyka narodowa w polskiej myśli szlachecko-rewolucyjnej*, Warszawa 1962; Tadeusz Łepkowski, *Polska — narodziny nowoczesnego narodu. 1764—1870*, Warszawa 1967; übergreifend der interdisziplinäre Sammelband: *Swojskość i cudzoziemszczyzna w dziejach kultury polskiej*, Warszawa 1973. — *Tschechoslowakei:* František Graus, *Die Bildung eines Nationalbewußtseins im mittelalterlichen Böhmen. (Die vorhussitische Zeit)*, in: *Historica* 13 (1966), S. 5—49; František Šmahel, *The Idea of the „Nation" in Hussite Bohemia. An Analytical Study of the Ideological and Political Aspects of the National Question in Hussite Bohemia from the End of the 14th Century to the Eighties of the 15th Century*, in: *Historica*

daher nicht verwunderlich, daß auch die sozialwissenschaftliche Theoriebildung in der polnischen Diskussion in ungleich stärkerem Maße die geschichtswissenschaftlichen Arbeiten als Vorarbeiten auch für die eigene Erkenntnisfindung zur Geltung kommen läßt.[24]

Bei uns ist, wie es scheint, in der sogenannten allgemeinen Geschichte, die sichtlich stärker von der spezialistischen Trennung zwischen Mediävistik und Neuzeitforschung geprägt ist, die Situation doch anders beim Blick auf das nationale Problem als in der Osteuropahistorie. Hier ist die Sicht auf das zurückliegende Jahrtausend gleichsam offener, selbstverständlicher, haben doch immerhin drei nationale Geschichtswissenschaften Osteuropas in den letzten hundert Jahren Jahrtausendfeiern ihrer Nationen auszurichten gehabt: Rußland 1862, Ungarn 1896, Polen 1960 ff.[25] Natürlich sind das subjektiv-nationale Antriebe, wie sie ganz evident zutage treten, wenn heute in der osteuropäischen Geschichtsschreibung immer wieder von den zwei großen nationengeschichtlichen Epochen die Rede ist, der frühmittelalterlichen Entstehungsepoche der Nationen und der Epoche der Entstehung der sozialistischen Nationen.[26] Was aber doch das Wesentliche ist — bei aller Einsicht in die aktuelle nationalpolitische Subjektivität dieser Forschungsinteressen: Ein solches subjektives Moment ist seinerseits doch wieder — und zwar durch die

16 (1968), S. 143—247, und unter dem Titel: *The Idea of the Nation in Hussite Bohemia. Study on the Ideological and Political Aspects of the National Question in the Czech Lands from the End of the 14th Cent. to the 1470's*, in: *Historica* 17 (1969), S. 93—197; übergreifend: *Naše živá i mrtvá minulost. 8 esejí o českých dějinách*, Prag 1968; Miroslav Hroch, *Die Vorkämpfer der nationalen Bewegung bei den kleinen Völkern Europas. Eine vergleichende Analyse zur gesellschaftlichen Schichtung der patriotischen Gruppen* (= Acta Universitatis Carolinae. Philosophica et historica. Monographia 24), Prag 1968.

[24] Vgl. zum Beispiel Jerzy Józef Wiatr, *Naród i państwo. Socjologiczne problemy kwestii narodowej*, Warszawa 1969; ders., *Polska — nowy naród. Proces formowania się socjalistycznego narodu polskiego*, Warszawa 1971.

[25] Alle drei Geschichtsjubiläen sind mit einem für westeuropäische Verhältnisse ungewöhnlichen Aufwand betrieben worden. Es müßte sich m. E. lohnen, die Funktion dieser Geschichtsjubiläen in der Forschungsentwicklung der nationalen Geschichtswissenschaften genau zu untersuchen.

[26] Vgl. jüngst die Ostberliner Akademieschrift von Joachim Herrmann, *Die Nordwestslawen und ihr Anteil an der Geschichte des deutschen Volkes* (= Sitzungsberichte des Plenums und der Klassen der Akademie der Wissenschaften der DDR, Jg. 1972, Nr. 5), Berlin 1973, S. 3 ff. — Zum Beziehungsproblem der sozialistischen Nation in der ostdeutschen Historiographie vgl. die Hinweise bei Manfred Hellmann (Hrsg.), *Osteuropa in der historischen Forschung der DDR*, Bd. 1: *Darstellungen*, Düsseldorf 1972, S. 27 ff.

Epochen hindurch — ein Moment von starker objektiver Geschichtswirksamkeit für die Geschichte des nationalen Prinzips. Das ist in der Geschichte des politischen und historischen Denkens seit dem 12. Jahrhundert ebenso zu greifen wie in den verfassungsgeschichtlichen Derivationen des nationalen Prinzips.[27]

Am ehesten wird man die Relevanz des bisher Erörterten und seine Gültigkeit für den millenären Prozeß im Versuch einer Periodisierung der Wirkungsgeschichte des nationalen Prinzips verdeutlichen können, das heißt, indem man sich die Epochen der Auswirkungen jenes konstitutiven Entstehungsfaktors der europäischen Geschichte — eben des Nationsprinzips — vor Augen führt. Denn dieses Jahrtausend ist natürlich nicht linear-evolutionär auf den modernen Nationalismus und seine mögliche Überwindung zugelaufen, eine Vorstellung, die hinter einigen Partien des so wichtigen Buches von Hans Kohn zu stehen scheint.[28]

III

Die Beziehungen zwischen den Trägern des nationalen Prinzips als Wirkungsfaktor in der Geschichte der europäischen Nationen

Vor einem derartigen Periodisierungsversuch des nationalen Prinzips in der europäischen Geschichte[29] ist jedoch zunächst ein zweiter grundsätzlicher Schritt unserer Überlegung zu vollziehen: Wir fragen nach dem historischen Rang des Elements der Beziehungen zwischen den Nationen. Dazu läßt sich zunächst sehr allgemein konstatieren: Die Trägerfaktoren des nationalen Prinzips in der europäischen Geschichte treten aus den verschiedensten Gründen im geschichtlichen Prozeß in Beziehungen zueinander und greifen auf diese Weise in die millenäre Geschichte der europäischen Nationen gestaltend ein. Das kann in bewußter Weise sehr programmatisch geschehen, ebenso wie es unbewußt — selbstläufig — vor sich gehen kann. Zur Explikation dieses allgemei-

[27] Gut herausgearbeitet in den meisten Beiträgen der Reichenau-Diskussion von 1965, siehe oben Anm. 20.

[28] Hans Kohn, *The Idea of Nationalism. A Study in Its Origins and Background*, New York 1945, deutsche Ausgabe unter dem Titel: *Die Idee des Nationalismus. Ursprung und Geschichte bis zur Französischen Revolution*, Heidelberg 1950; dazu die ausführliche Betrachtung R. Wittrams, *Das Nationale* ... (wie Anm. 17), S. 33—50; auch E. Lembergs *Geschichte des Nationalismus* ... (wie Anm. 22) von 1950 kommt solcher Sicht nahe.

[29] Siehe unten Abschnitt VI, S. 28 ff.

nen Satzes können einige konkretisierende historische, das heißt epochal-regional bezogene Beobachtungen dienen:

1. Bereits in der Nationswerdungsphase durch den herrschaftlich gesteuerten Verchristlichungsvorgang wird das Beziehungsmoment deutlich. Das heißt, indem die europäische Geschichte zu eben dieser europäischen Geschichte als Geschichte ihrer christlichen Nationen — in Völkern und Staaten verfaßt — wird und indem die politisch-demographische „Landkarte" Europas um die Jahrtausendwende sich bildet, wirken diese frühen christlichen Nationen bereits in Beziehungen aufeinander ein, ja, sie erreichen ihre spezifische nationale Individualität erst unter der Einwirkung ihrer Beziehungen zu anderen Nationen. Jedoch gehört zur Wahrnehmung der Entwicklungsmöglichkeiten, die die Entstehungssituation Nationen-Europas bietet, die aktive Anteilnahme in allen wesentlichen Bereichen, die die historische Situation des entstehenden Nationen-Europa als christliche Staatenfamilie im Frühmittelalter kennzeichnen: dem kulturell-christlichen (und kirchenorganisatorischen), dem staatlich-herrschaftlichen (höfischen), dem oberschichtlich-aristokratischen Bereich. Im negativen Beispiel wird wohl am deutlichsten, was gemeint ist: Die nichtchristlichen Polaben werden im Beziehungsgeflecht christlicher Nachbarn aufgerieben, weil ihnen als Heiden ein Beziehungsbereich vollständig fehlt, und das wirkt sich sogleich auf die Aktivitätsmöglichkeiten in den anderen Bereichen aus. Ihre heidnische Resistenzkraft führt sie in der Entstehungsphase trotz zentraler Kommunikationslage in eine Isolation, die schließlich die wichtigste Transformation der Epoche, die Nationsbildung, bei den Polaben verhindert.[30] Es ergibt sich positiv: Für die Ausbildung einer Nation sind Beziehungen zu den anderen Nationen — mit unterschiedlicher Intensität freilich, was zu erörtern sein wird — gleichsam unentbehrlich, ja unumgänglich. Eine in diesem Sinne völlig beziehungslose geschichtliche Existenz einer Nation wäre in der christlichen Völkerfamilie des frühen und hochmittelalterlichen Europa mit seiner vollen matrimonialen Konvertibilität der Herrscherhäuser und Aristokratien undenkbar.[31] Das Ausklammern

[30] Wesentliche Beobachtungen und Gedanken dazu hat Herbert Ludat in seinem Buch *An Elbe und Oder um das Jahr 1000. Skizzen zur Politik des Ottonenreiches und der slavischen Mächte in Mitteleuropa,* Köln-Wien 1971, vorgetragen. Zur Bedeutung dieses Buches für die beziehungsgeschichtliche Forschung vgl. unten S. 37, Anm. 76 f. Siehe auch den knappen aber grundsätzlichen Essay Ludats *Elbslaven und Elbmarken als Problem der europäischen Geschichte,* in: *Festschrift für Friedrich von Zahn,* Bd. 1, hrsg. von Walter Schlesinger, Köln-Graz 1968, S. 39—49.

[31] Aufschlußreich dafür Manfred Hellmann, *Die Heiratspolitik Jaroslavs des Wei-*

eines wesentlichen Beziehungsbereichs verhindert die Nationswerdung.

2. Die hochmittelalterlichen großräumigen und engerräumigen Siedlungsbewegungen bewirken eine soziale Verbreiterung der Trägergruppen der Beziehungen zwischen den Nationen ebenso wie der weiträumige Handel in seiner zunehmenden kaufmanns- und verkehrstechnologischen Verbesserung seit dem 12. und 13. Jahrhundert. War es vorher allein der Herrschaftsmittelpunkt, der „Hof“, so macht sich von nun an auch das Städtewesen als ein möglicher Begegnungsort der mobilen Exponenten der europäischen Nationen bemerkbar. Die Beziehungen etwa zwischen den Niederdeutschen und den Skandinaviern wären ohne dieses Moment nicht, was sie sind,[32] und Prag und etwa Zagreb sind als Beispiele — sie sind beliebig gewählt — solcher beziehungsgeschichtlicher Begegnungen zwischen europäischen Nationen, zugleich aber auch als Beispiele für den Schauplatz beziehungsgeschichtlicher Einwirkungen von höchster Plastizität anzusehen.[33]

sen, in: *Forschungen zur osteuropäischen Geschichte* 8 (1962), S. 7—25; sowie H. Ludat, *An Elbe und Oder* ... (wie Anm. 30), Kap. V: *Piasten und Ottonen*, S. 67 ff.

[32] Die Hanseforschung in Deutschland und die Hansebeziehungsforschung in Skandinavien haben diese Probleme eindringlich untersucht, siehe vor allem die gute Verarbeitung in der ersten kritischen Hansegeschichte von Philippe Dollinger, *Die Hanse* (= Kröners Taschenausgabe 371), Stuttgart 1966. Wichtige Spezialarbeiten: Kjell Kumlien, *Sverige och hanseaterna. Studier i svensk politik och utrikeshandel* (= Kungl. Vitterhets historie och antikvitets akademiens handlingar, del 86), Stockholm 1953; Ahasver v. Brandt [u. a.], *Die Deutsche Hanse als Mittler zwischen Ost und West* (= Wissenschaftliche Abhandlungen der Arbeitsgemeinschaft für Forschung des Landes Nordrhein-Westfalen 27), Köln-Opladen 1963; Ahasver v. Brandt, *Die Hanse und die nordischen Mächte im Mittelalter* (= Veröffentlichungen der Arbeitsgemeinschaft für Forschung des Landes Nordrhein-Westfalen. Geisteswissenschaften 102), Köln-Opladen 1962; Johan Schreiner, *Bemerkungen zum Hanse-Norwegen-Problem*, in: *Hansische Geschichtsblätter* 72 (1954), S. 64—78 (mit einem Nachwort von M. Wetki). Vgl. auch Martin Gerhardt/Walther Hubatsch, *Deutschland und Skandinavien im Wandel der Jahrhunderte*, Bonn 1950.

[33] Ernst Schwarz, *Die Volkstumsverhältnisse in den Städten Böhmens und Mährens vor den Hussitenkriegen*, in: *Bohemia* 2 (1961), S. 27—111, hier S. 107 ff.; ders., *Volkstumsgeschichte der Sudetenländer*, T. 1: *Böhmen* (= Handbuch der sudetendeutschen Kulturgeschichte, Bd. 3), München 1965, S. 23 ff., sowie die Erörterung der Prager Nationalitätenproblematik bei F. Smahel, *The Idea* ... (wie Anm. 23), in: *Historica* 16 (1968), S. 154 ff.; Jaroslav Mezník, *Der ökonomische Charakter Prags im 14. Jahrhundert*, in: *Historica* 17 (1969), S. 43 ff. — Klaus-Detlev Grothusen, *Entstehung und Geschichte Zagrebs bis zum Ausgang des 14. Jahrhunderts. Ein Beitrag zum Städtewesen Südosteuropas im Mittelalter* (= Osteuropastudien der Hochschulen des Landes Hessen, Reihe 1: Gießener Abhandlungen zur Agrar- und Wirtschaftsforschung des europäischen Ostens, Bd. 37), Wiesbaden 1967.

3. Das frühneuzeitliche Staatensystem, jenes Mächte-Europa mit seiner beträchtlichen Aktivierung der militärisch-außenpolitischen Unternehmungen für die größerräumigen Reichsbildungen — man denke an das Osmanenreich in Südosteuropa, an das Reich der Habsburger, an die russische Westexpansion im 17. und 18. Jahrhundert —, regte auf mannigfache Art die beziehungsgeschichtlichen Potenzen der europäischen Nationen an. Die Söldnerheere der frühen Neuzeit zum Beispiel in Feindes- und Freundesland haben sicher eine eigene beziehungsgeschichtliche Prägekraft gehabt.[34]

4. Der absolutistische Staatsapparat mit seinem kosmopolitischen Beamtentum, Offizierskorps, seiner Diplomatie und den Anfängen eines aufgeklärten Bildungswesens hat diesen Personalbedarf ja zum Teil auch unter programmatisch nichtindigenen Rekrutierungsgesichtspunkten — weil gegen das Ständewesen und seine Prinzipien gerichtet — gedeckt. Er hat damit einen eminenten Aktivierungsfaktor der Beziehungen der Nationen untereinander geschaffen.[35] Aus der Geschichte der russisch-deutschen Beziehungen zum Beispiel ist dieses Moment überhaupt nicht wegzudenken.[36]

[34] Die kommunikationsgeschichtlichen Verdichtungsimpulse im Durchbruch der frühen Neuzeit gut bei R. Romano, *Imperien und erste Einheit der Welt (1480—1560)*, in: *Die Grundlegung der modernen Welt. Spätmittelalter, Renaissance, Reformation* (= Fischer Weltgeschichte, Bd. 12), Frankfurt/M. 1967, S. 288—327; Josef Engel, *Von der spätmittelalterlichen respublica christiana zum Mächte-Europa der Neuzeit*, in: *Handbuch der europäischen Geschichte*, hrsg. von Theodor Schieder, Bd. 3, Stuttgart 1971, besonders S. 209 ff. — Zur Rolle der Söldnerheere vgl. in Kürze die Frankfurter Dissertation von Michael Möller, *Das Regiment der Landsknechte. Untersuchungen zur Verfassung, Recht und Selbstverständnis in deutschen Söldnerheeren des 16. Jahrhunderts* (= Frankfurter Historische Abhandlungen 12), Wiesbaden 1976.

[35] Unter diesem Gesichtspunkt müßten die einschlägigen sozialgeschichtlichen Forschungsansätze komplettiert werden: etwa Otto Brunner, *Zwei Studien zum Verhältnis von Bürgertum und Adel*, in: *Neue Wege der Verfassungs- und Sozialgeschichte*, 2., verm. Aufl., Göttingen 1968, S. 266—280; Johannes Kunisch, *Der kleine Krieg. Studien zum Heerwesen des Absolutismus* (= Frankfurter Historische Abhandlungen 4), Wiesbaden 1973. Für diesen Zusammenhang dort das Kapitel IV: *Offizierskorps und Generalität*, S. 50 ff. Wertvolle Materialien enthalten die bei Kunisch sozialgeschichtlich ausgewerteten, aber national-herkunftsgeschichtlich angelegten Arbeiten von N. v. Preradovich, siehe J. Kunisch, *Der kleine Krieg ...*, S. 58 ff. — Für das 19. Jahrhundert vgl. Dieter Bangert, *Polnischer Adel — österreichisches und preußisches Heer. Das Verhältnis des polnischen Adels zur k.k. Armee und zur kgl. Preußischen Armee 1816—1914*, in: *Zeitschrift für Ostforschung* 21 (1972), S. 466—521.

[36] Seiner Erforschung hat sich vor allem E. Amburger gewidmet. Siehe Erik Amburger, *Geschichte der Behördenorganisation Rußlands von Peter dem Großen bis 1917* (= Studien zur Geschichte Osteuropas 10), Leiden 1966; ders., *Beiträge zur Geschichte*

5. Schließlich kommen seit der frühen Neuzeit auch in größerem Umfang nichtpersonale Trägermomente der zwischennationalen Beziehungen in Betracht. Zuerst ist zu denken an die Festigung universaler Marktverflechtungen der europäischen Nationen in bestimmten ausgeweiteten und ständig der Ausweitung offenstehenden Wirtschaftsumkreisen. Man kann hier an das große Beispiel der polnischen Getreideproduktion für den Abnehmermarkt der Seemächte erinnern, aber auch an die Abhängigkeit des britischen und niederländischen Schiffsbaus und damit ihres Seehandels vom russischen Holz-, Hanf- und Teermarkt. Hier gilt also, wie gesagt, eine Loslösung von personalen Trägergruppen, die über diesen Handel im Mittelalter noch im wesentlichen disponiert haben. Es geht darüber hinaus aber auch mit der zunehmenden Verflechtung und Verdichtung der Handelskommunikationslinien die Loslösung von einer gleichsam freien Beziehungswahl einher. Die wirtschaftliche Erweiterung schafft sozusagen beziehungsgeschichtliche Sachzwänge.[37]

6. Seit dem Weißen Berg, der Aufhebung des Edikts von Nantes und vollends seit der Großen Revolution spielt die politische Emigration eine beziehungsgeschichtlich beträchtliche Rolle: Die Franzosen in ganz Euro-

der deutsch-russischen kulturellen Beziehungen (= Osteuropastudien der Hochschulen des Landes Hessen, Reihe 1: Gießener Abhandlungen zur Agrar- und Wirtschaftsforschung des europäischen Ostens, Bd. 14), Gießen 1961. — In der DDR haben sich besonders E. Winter und sein Kreis der Erforschung der deutsch-russischen Kultur- und Wissenschaftsbeziehungen im 18. Jahrhundert angenommen, siehe das Verzeichnis der Veröffentlichungen E. Winters von 1924 bis 1965, in: *Ost und West in der Geschichte des Denkens und der kulturellen Beziehungen (Festschrift für Eduard Winter zum 70. Geburtstag)*, hrsg. von Wolfgang Steinitz [u. a.] (= Quellen und Studien zur Geschichte Osteuropas 15), Berlin 1966, S. 5—27, sowie die zahlreichen Nachweise in: *Historische Forschungen in der DDR 1960—1970. Analysen und Berichte. Zum XIII. Internationalen Historikerkongreß in Moskau 1970* (= *Zeitschrift für Geschichtswissenschaft*, 18. Jg. [1970], Sonderband), S. 664 ff. Zu Winters beziehungsgeschichtlicher Konzeption siehe auch M. Hellmann (Hrsg.), *Osteuropa* ... (wie Anm. 26), S. 35, 48.

[37] Besonders gut erforscht sind in dieser Beziehung das Nord- und Ostseegebiet, zuletzt zusammenfassend Artur Attman, *The Russian and Polish Markets in International Trade 1500—1650* (= Publications of the Institute of Economic History of Gothenburg University 26), Göteborg 1973; Pierre Jeannin, *L'Europe du Nord-Ouest et du Nord aux XVIIe et XVIIIe siècles* (= Nouvelle Clio 34), Paris 1969. — Große Beachtung finden diese Fragen in der polnischen Forschung; vgl. zum Beispiel Antoni Mączak/Henryk Samsonowicz, *Z zagadnień genezy rynku europejskiego: Strefa bałtycka*, in: *Przegląd Historyczny* 55 (1964), S. 199—222; *Antoni Mączak, Między Gdańskiem a Sundem. Studia nad handlem bałtyckim od połowy XVI do połowy XVII w.*, Warszawa 1972. Zu den politischen Auswirkungen vgl. Klaus Zernack, *Das Zeitalter der nordischen Kriege von 1558 bis 1809 als frühneuzeitliche Geschichtsepoche*, in: *Zeitschrift für Historische Forschung* 1 (1974), S. 55—79.

pa, die Polen in Deutschland und Frankreich im 19. Jahrhundert, die Russen in Mitteleuropa nach der Oktoberrevolution sind die großen Beispiele.[38]

7. Industrieller Landesausbau und Migration, eine gewissermaßen neue Siedlungsbewegung, die im Zeichen der Anziehungskraft kapitalistischer Entfaltungschancen, aber auch industrieller Erwerbsmöglichkeiten für pauperisierte Bevölkerungsschichten steht, haben in Mitteleuropa und Ostmitteleuropa stark gewirkt.[39] Aber sie bringen auch das

[38] Auf das Desiderat umfassender Emigrationsgeschichtsforschung weist auch E. Lemberg, *Nationalismus* . . ., Bd. 2 (wie Anm. 22), S. 115, hin. Eine planvolle übernationale Forschung, die — wenn sie die beziehungsgeschichtliche Relevanz des Emigrationsproblems erfassen soll — vergleichend vorgehen müßte, hat aber meines Wissens noch nicht eingesetzt. Sie müßte sich etwa auf der Linie der Fragestellung von Fritz Wagner, *Europa im Zeitalter des Absolutismus und der Aufklärung. Die Einheit der Epoche,* § 10: *Internationale Gruppen,* a) *Die europäische Funktion des Hugenottentums,* in: *Handbuch der europäischen Geschichte,* hrsg. von Theodor Schieder, Bd. 4, Stuttgart 1968, S. 118—122, bewegen. Siehe auch Warren C. Scoville, *The Huguenots and the Diffusion of Technology,* in: *Journal of Political Economy* 60 (1952), T. 1, S. 294—311, T. 2, S. 392—411. Vorerst gibt es gute und umfassende Bearbeitungen einzelner Emigrationen, unter denen die französischen, polnischen, angelsächsischen und skandinavischen Forschungen herausragen. Vgl.: H. u. Samuel Bastide, *L'exode des Huguenots* (= Pages d'histoire protestante 3), Vennes-s/-Lausanne 1959; Henri Forneron, *Histoire générale des émigrés pendant la Révolution française,* 2 Bde, 3. Aufl., Paris 1884; ders., *Histoire générale des émigrés,* Bd. 3: *Les émigrés et la société française sous Napoléon Ier,* Paris 1890; Ernest Daudet, *Histoire de l'émigration pendant la Révolution française,* d'après les précédentes publications de l'auteur et de nouveaux documents inédits, 3 Bde, Paris 1904—1907. Marcel Reinhard/André Armengaud, *Histoire générale de la population mondiale,* Paris 1961. — Zur polnischen Forschung vgl. K. Zernack, *Schwerpunkte und Entwicklungslinien* . . . (wie Anm. 3), in: *Historische Zeitschrift,* Sonderheft 5, München 1973, S. 283 ff., ferner Jerzy Zubrzycki, *Emigration from Poland in the Nineteenth and Twentieth Centuries,* in: *Population Studies* 6 (1952/53), Cambridge (Reprint: New York-London), S. 248—272; vgl. auch die Artikel *Emigracja* und *Emigracja polska po powstaniach narodowych,* in: *Wielka Encyklopedia Powszechna PWN,* Bd. 3 (Dep-Franc), Warszawa 1962, S. 415—419. — Für die russische Emigration vgl. Hans-Erich Volkmann, *Die russische Emigration in Deutschland, 1919—1929* (= Marburger Ostforschungen 26), Würzburg 1926; И. К. Окунцев, Русская эмиграция . . . (I. K. Okuncev, *Russkaja ėmigracija* . . .) (wie Anm. 40) (Amerikaemigration).

[39] Allgemein: Andrzej Maryański, *Współczesne wędrówki ludów. Zarys geografii migracji,* Wrocław-Warszawa-Kraków 1966. Speziell: *Ruhrgebiet:* Krystyna Murzynowska, *Polacy w Zagłębiu Ruhry w latach 1890—1914,* in *Problemy Polonii Zagranicznej* 2 (1961), S. 113—136; dies., *Polskie wychodźstwo zarobkowe w Zagłębiu Ruhry w latach 1880—1914,* Wrocław 1972. — Von deutscher Seite: Hans-Ulrich Wehler, *Die Polen im Ruhrgebiet bis 1918,* in: ders., *Krisenherde des Kaiserreichs 1871—1918. Studien zur deutschen Sozial- und Verfassungsgeschichte,* Göttingen 1970,

Ausgreifen über Europa hinaus mit sich, wenn man an die starke Amerikaauswanderung, besonders in der zweiten Jahrhunderthälfte, denkt.[40]

8. Auch aktuelle Aspekte der Beziehungen zwischen den Nationen sind geschichtswissenschaftlich in Betracht zu ziehen, vor allem die Bewußtwerdung der geschichtlichen Bedingtheit der Beziehungen selbst, aber auch deren reflektorische Aktivierung und — bald politische, bald kritische — Funktionalisierung. Hier wird die bewußtmachende Wirkung der Geschichtswissenschaft selbst zum ersten Mal zum beziehungsgeschichtlichen Wirkungsfaktor: freilich eben gegen Widerstände. Dabei ist heute vor allem an die Auswirkung der ideologisch manipulierten

S. 219—236, 384—394; Wilhelm Brepohl, *Industrievolk im Wandel von der agraren zur industriellen Daseinsform, dargestellt am Ruhrgebiet* (= Soziale Forschung und Praxis 18), Tübingen 1957; ders., *Der Aufbau des Ruhrvolkes im Zuge der Ost-West-Wanderung* (= Soziale Forschung und Praxis 7), Tübingen 1948, *Lodz:* Albert Breyer, *Die ersten drei Jahre der großen Einwanderung deutscher Tuchmacher nach Mittelpolen (1820, 1821 und 1822)*, in: *Deutsche Monatshefte in Polen. Zeitschrift für Geschichte und Gegenwart des Deutschtums in Polen*, 15. Jg., Bd. 5 (1938/39), S. 203—244; Edmund Fuchs, *Die polnische Textil-Industrie. Ihre Entwicklung von 1816—1927*, Wirtsch.- u. sozialwiss. Diss., Köln 1927, gedr.: Köln 1928; R. Kaczmarek/Anna Rynkowska, *Początki rozwoju kapitalistycznego miasta Łodzi 1820—1864* (= Materiały do historii miast, przemysłu i klasy robotniczej w okręgu łódzkim, T. 4: Zródła), Warszawa 1960; Gryzelda Missalowa, *Studia nad powstaniem łódzkiego okręgu przemysłowego 1815—1870*, T. 1: *Przemysł*, Łódź 1954; Oskar Kossmann, *Lodz. Eine historisch-geographische Analyse* (= Marburger Ostforschungen 25), Würzburg 1966. *Oberschlesien:* Kazimierz Popiołek, *Rozwój kapitalistycznego przemysłu na Śląsku (1850—1914)*, in: *Konferencja Śląska Instytutu Historii PAN*, Bd. 1, Wrocław 1954; ders., *Rozwój kapitalistycznego przemysłu oraz położenie klasy robotniczej*, in: *Górny Śląsk. Praca zbiorowa* pod red. Kazimierza Popiołka, Mieczysława Suchockiego, Seweryna Wysłoucha, Stanisławy Zajchowskiej, Bd. 1 u. 2, Poznań 1959, Bd. 1. Die beziehungsgeschichtliche Relevanz dieser Probleme ist auf der Breslauer Konferenz über die Geschichte der deutsch-polnischen Beziehungen (siehe Anm. 66) mehrfach betont worden, siehe Protokoll (wie Anm. 66), S. 115 ff.

[40] Marcus L. Hansen, *The Atlantic Migration, 1607—1860. A History of the Continuing Settlement of the United States*, Cambridge, Mass. 1945; Florence E. Janson, *The Background of the Swedish Immigration 1840—1930*, Philadelphia 1931; Nils Runeby, *Den nya varlden och den gamla. Amerikabild och emigrationsuppfattning i Sverige 1820—1860.* (With an English summary.) (= Studia historica Upsaliensia 30), Uppsala 1969; Theodore C. Blegen, *Norwegian Migration to America, 1825—1850*, Northfield, Minn. 1931; Mack Walker, *Germany and the Emigration, 1816—1885*, Cambridge, Mass. 1964. Иван К. Окунцев, Русская эмиграция в Северной и Южной Америке (Ivan K. Okuncev, *Russkaja ėmigracija v Severnoj i Južnoj Amerike*), Buenos Aires 1967; Florian Stasik, *Polska emigracja polityczna w Stanach Zjednoczonych Ameryki 1831—1864*, Warszawa 1973 (dazu kritische Rezension in *Przegląd Historyczny* 66 [1975], S. 93—103).

Aufklärung zu denken, der die Nationen im Zeichen der Blockbildung und des kalten Krieges ausgesetzt waren und sind.[41] Sie werden es bleiben, solange der ideologische Klassenkampf als das notwendige Korrelat friedlicher Koexistenz angesehen und praktiziert wird. Aber auch in den freien Medien darf man die Wirkung einer gleichsam strukturell deformierten Aufklärung sicher nicht zu günstig veranschlagen.

9. Damit ist — allgemeiner historisch gesehen — das Moment berührt, das in allen Epochen mit zwar unterschiedlicher Stärke als beziehungsgeschichtliche Komponente des Nationalverhaltens der Nachbarnation und den anderen überhaupt gegenüber erkennbar wird: die mentalitätsbetonte Selbstfindung — Selbstidentifikation in der Abgrenzung von dem anderen. Innen- und Außensicht können dabei stark auseinandertreten, wie etwa die Zeitgleichheit des Sarmatismus in Polen und der Poleneinschätzung des Theatrum Europaeum im Reich zeigt.[42] Sie gehören aber prinzipiell als Wirkungen des nationalen Prinzips zusammen. Das nationale Prinzip als einmal vorhandenes Bauprinzip der europäischen Lebensverhältnisse scheint von Anfang an eine brauchbare Schablone für die Selbstbeschreibung zu bieten. Keine Frage, daß dies seit der frühesten Geschichtsschreibung, die solches erkennen läßt, im 12. Jahrhundert, stark auf die realen Beziehungen der Nationen zurückwirkt. Aber auch noch in der radikalen Negativierung des anderen, die in der nationalistischen Epoche mit der unbedingten Selbstidentifikation

[41] Ein ungeheures Arbeitsfeld tut sich hier für die geschichtswissenschaftlich begründete Beziehungsgeschichtsforschung auf. Der Sinn einer solchen Forschungsrichtung wird unmittelbar deutlich: Es geht letztlich um die objekthafte Einbeziehung aller bisherigen wissenschaftlichen und publizistischen Erörterungen von zwischennationalen Beziehungsproblemen in die Frage nach ihrer Rolle in der Ausgestaltung von Beziehungen zwischen Nationen. In einer so verstandenen Aufgabenstellung kann die Geschichtswissenschaft Grundlagenwissenschaft sein, wie sich zum Beispiel an der Arbeitsweise und dem methodologischen Konzept der deutsch-polnischen Schulbuchkommission zeigt. In dieser Kommission schreiben die in ihr tätigen Fachhistoriker nicht etwa neue Schulbücher, sondern sie erörtern die zwischennationale Beziehungsrelevanz existierender Schulbuchtexte und messen sie an dem Fortgang der Fachforschung und ihrem methodisch reflektierten Aufklärungsinteresse.

[42] Jerzy Michalski, *Sarmatyzm a europeizacja Polski w XVIII wieku*, in: *Swojskość i cudzoziemszczyzna w dziejach kultury polskiej*, Warszawa 1973, S. 113—168; Janusz Tazbir, *Sarmatyzm a barok europejski:* in: *Rzeczpospolita i świat. Studia z dziejów kultury XVII wieku*, Wrocław 1971, S. 8—22. — Zum Theatrum Europaeum vgl. die Bemerkungen von Klaus Zernack, *Negative Polenpolitik als Grundlage deutsch-russischer Diplomatie in der Mächtepolitik des 18. Jahrhunderts*, in: *Rußland und Deutschland*, hrsg. von Uwe Liszkowski *(Festschrift Georg von Rauch)* (= Kieler Historische Studien 22), Stuttgart 1974, S. 145 ff.

der Sprachnation auftritt, ist ein wesentliches beziehungsgeschichtliches Wirkungsmoment zu sehen.[43]

Das alles sind Elemente und Fälle von beziehungsgeschichtlich relevanten Faktoren, die doch sehr viel weiter und tiefer reichen als die natürlich wichtigen und prägenden, aber traditionellerweise in der Historiographie fast ausschließlich beachteten Diplomatie- und Handelsbeziehungen[44] oder das, was man in der Gegenwart und ihrer Politikwissenschaft internationale Beziehungen nennt.[45] Die Erforschung der Beziehungsgeschichte in den Nationen der europäischen Völkerfamilie muß komplexer aufgenommen werden, und das eben angedeutete, sicher präzisierbare und variierbare Spektrum beziehungsgeschichtlicher Grundfaktoren läßt sich etwa wie folgt systematisieren:

1. Der beziehungsstiftende Faktor des europäischen Gemeinsamkeitsbewußtseins der Zugehörigkeit zu Europa im Christentum als kultureller Grundlage: Dieser Beziehungsfaktor gewinnt kontrastive Komponenten durch die große Aufspaltungsbewegung der christlichen Kirche im mittelalterlichen Schisma und in der Reformation.

2. Das Abgrenzungsbedürfnis zur Unterscheidung der eigenen nationalen-großgruppenhaften Zusammengehörigkeit von anderen Gruppen politischer Struktur, das heißt anderen Nationen. Umgekehrt ist das Bild, das eine Nation von einer anderen hat, ein wichtiger beziehungsgeschichtlicher Wirkungsfaktor.

3. Die territoriale Nachbarschaft zwischen Nationen ist dabei von besonderem Gewicht. Man muß auch im Auge haben, welche starken nationalgesellschaftlichen Energien in den Ausbau und die Festigung einer national günstigen politischen Grenze einzugehen pflegen. Die pol-

[43] Vgl. die Protokolle der Reichenau-Tagungen 1965 (wie Anm. 20) für die älteren Epochen. Zu den modernen Problemen siehe Günther Stökl, *Osteuropa und die Deutschen. Geschichte und Gegenwart einer spannungsreichen Nachbarschaft* (= dtv, Bd. 711), München 1970, S. 28 f.

[44] Neue Wege der historischen Kulturbeziehungsforschung versuchte Fritz Valjavec, *Geschichte der deutschen Kulturbeziehungen zu Südosteuropa*, 2., wesentl. erw. Aufl., 3 Bde (= Südosteuropäische Arbeiten, Bd. 41—43), München 1953—1958, zu gehen.

[45] Vgl. den Sammelband von Ernst-Otto Czempiel (Hrsg.), *Die Lehre von den internationalen Beziehungen* (= Wege der Forschung 120), Darmstadt 1969; *Internationale Beziehungen,* hrsg. von Karl Dietrich Bracher und Ernst Fraenkel (= Das Fischer Lexikon 7), Frankfurt/M.-Hamburg 1969; Joseph Frankel, *Nationales Interesse* (= List-Taschenbücher der Wissenschaft, Bd. 1554: Politik), München 1971. — Kritische Anmerkungen aus geschichtswissenschaftlicher Sicht zur jüngsten Forschung im Bereich der Internationalen Beziehungen bei Klaus Hildebrand, *Imperialismus, Wettrüsten und Kriegsausbruch 1914 (I). Zum Problem von Legitimität und Revolution im internationalen System,* in: *Neue Politische Literatur* 20,2 (1975), S. 160 ff.

nische Forschung hat in dieser Hinsicht sehr viele tiefgehende Beobachtungen beizusteuern.[46]

4. Siedlerische Durchmischung zum Zwecke wirtschaftlicher Aktivität eröffnet im mittelalterlichen Dorf, in der mittelalterlichen Stadt, aber auch im modernen Industrierevier eine starke beziehungsgeschichtliche Wirkung zwischen den Nationen.

5. Die Stellung einer Nation im universalen wirtschaftlichen Verflechtungszusammenhang seit der Zeit, da zumindest im Außenhandel eine Verselbständigung der wirtschaftlichen Kommunikation unter den Nationen um sich greift (16./17. Jahrhundert).

6. Die Niederlassung prominenter einzelner oder kleiner Gruppen im Zusammenhang von Emigrationsbewegungen oder der Tätigkeit kultureller und technischer Spezialisten in fremden Ländern.

7. Außenhandel und Außenpolitik in ihrer Steuerung und beziehungsgeschichtlichen Bewerkstelligung durch die Diplomatie.

8. Die beziehungsgeschichtlichen Wirkungen kriegerischer Auseinandersetzungen: Waffenbrüderschaft einerseits, auf der anderen Seite das Okkupanten- wie das Okkupiertenerlebnis wirken auf die beteiligten Nationen und ihre gegenseitigen Beziehungen tief ein. Man braucht nur an die großen Beispiele des vormodernen Schwedenbildes in Deutschland und Polen in Erinnerung an das 17. Jahrhundert zu denken oder etwa auch — besonders signifikant — an das Preußenbild in Amerika vor dem Zeitalter der Weltkriege.

Aus dem Zusammenwirken dieser Beziehungsfaktoren mit den endogenen, nicht beziehungsbestimmten Formierungsfaktoren der Nation dürfte nun allerdings kaum jenes vielbeschworene völkerpsychologische Bild einer Nation, der Nationalcharakter, auf wissenschaftliche Weise zu ermitteln sein. Aber nur an der populären Vorstellung von den Nationalcharakteren gemessen ist es berechtigt, gleichsam im Gegenzug von der Zufälligkeit der Nationen zu sprechen.[47] Was indessen immerhin verläßlich feststellbar sein müßte für die Geschichtswissenschaft, das wäre doch die Umschreibung der Mentalitäts- und Intentionalitätspotentiale der europäischen Nationen sowohl in ihrer geschichtlichen Gemeinsamkeit — die aus der gemeinsamen Entstehungsgrundlage und dem europäischen Geschichtskontext resultieren — als auch in ihrer jeweiligen nationalen Besonderheit.

[46] Vgl. dazu den Anmerkungsapparat von G. Labuda, *Polska granica zachodnia ...* (wie Anm. 69).

[47] Walter Sulzbach, *Die Zufälligkeit der Nationen und die Inhaltlosigkeit der internationalen Politik* (= Beiträge zur politischen Wissenschaft 9), Frankfurt/M. 1969.

IV

Intensitätsunterschiede europäischer Beziehungsgeschichten

Es ist nun keine Frage, daß solche allgemeinen Bestimmungen, wie sie eben — ohne Anspruch auf Vollständigkeit, eher als ein erster Orientierungsrahmen — getroffen worden sind, in sehr unterschiedlicher Intensität zwischen Nationen auftauchen können. Denn es gibt bilaterale Beziehungsgeschichten von ungleicher historischer Relevanz für die jeweils beteiligten Nationen einerseits und für die europäische Familie andererseits, für die europäische Politik und schließlich für die Weltpolitik. Das hängt von der Position der jeweiligen Beziehungsgeschichte sowohl im räumlich-geographischen Gefüge des Kontinents als auch in dem seines politischen Systems ab. Die Grenznachbarschaft hat natürlich immer höhere Wahrscheinlichkeit für beziehungsgeschichtliche Relevanz als die größere Entfernung der nationalen Kerngebiete voneinander. Doch kann die räumliche Entfernung durch politische Lebenslinien, die aus bestimmten übernationalen, europageschichtlichen (auch universalgeschichtlichen) Voraussetzungen zu erklären sind, auch in ihrer Bedeutung aufgehoben werden. Man braucht dafür nur an das Beispiel des Verhältnisses zwischen Frankreich und Polen in der frühen Neuzeit[48] zu erinnern oder an das Problem der neuzeitlichen russisch-englischen Beziehungen.[49] Andererseits können durch epochalen Wandel einst sehr relevante beziehungsgeschichtliche Bande wesentlich gelockert werden und neue Gestalt gewinnen. Hier wäre das Beispiel Schweden und Rußland im Wandel der Zeiten sehr illustrativ.[50] Schließlich kommen bei den

[48] Gut erarbeitet bei Ferdinand Grönebaum, *Frankreich in Ost- und Nordeuropa. Die französisch-russischen Beziehungen von 1648—1689* (= Quellen und Studien zur Geschichte des östlichen Europa 2), Wiesbaden 1968; Jacek Staszewski, O *miejsce w Europie. Stosunki Polski i Saksonii z Francją na przełomie XVII i XVIII wieku*, Warszawa 1973; Michał Komaszyński, *Polska w polityce gospodarczej Wersalu (1661—1715)*, Wrocław-Warszawa-Kraków 1968.

[49] Matthew S. Anderson, *Britain's Discovery of Russia, 1553—1815*, London-New York 1958; David B. Horn, *Great Britain and Europe in the Eighteenth* Century, Oxford 1967, S. 201 ff.

[50] Einziger Versuch eines Überblicks: Eirik Hornborg, *Sverige och Ryssland genom tiderna. Politiska relationer och krigiska konflikter*, 2. Aufl., Stockholm 1942. Das Buch ist stark präsentistisch und auch meritorisch überholt. Zu der frühneuzeitlichen Kulminationsepoche der schwedisch-russischen Beziehungen siehe zuletzt meinen Forschungsbericht *Von Stolbovo nach Nystad. Rußland und die Ostsee in der Politik des 17. und 18. Jahrhunderts. Zu einigen Neuerscheinungen der sechziger Jahre*, in: *Jahr-*

Intensitätsunterschieden auch jene stark subjektiven Selbstprofilierungen an jenen Beziehungspartnern in Betracht, die meist auch objektiv im Beziehungsfeld einer Nation eine wichtige Position einnehmen. So gibt es von Polen aus gesehen heute nichts Wichtigeres als die Interpretation der eigenen Geschichte aus den Beziehungen mit der deutschen Geschichte. Wir haben unsererseits in Deutschland lange Zeit in solcher Fixierung auf unsere französischen Beziehungen geblickt.[51] Auf längere Sicht müßte sich die geschichtswissenschaftliche Aufgabe als lohnend erweisen, diese gleichsam subjektiven Prioritäten der einzelnen Nationen in bezug auf ihre beziehungsgeschichtlichen Problemstellungen auf eine vergleichende Ebene zu bringen und hier zu überprüfen und historiographisch zu objektivieren. Wie gesagt, das müßte dann seinerseits ein beziehungsgeschichtlicher Faktor werden im Sinne jenes alten, treffenden Rankeschen Gedankens, daß die Wissenschaft besorgt sein müsse, auf das Leben zu wirken, ohne sich in ihrer Wissenschaftlichkeit von der Auswirkung des Lebens auf die Wissenschaft, die es natürlich immer gibt, beeinflussen zu lassen. Ich denke, daß in unserem beziehungsgeschichtlichen Ansatz diese Reihenfolge beachtet worden ist. Die Subjektivität wird als objektiv wirkender Impuls anerkannt, und in der wissenschaftlichen Fragestellung wird das objektive Wirken der nationalen Subjektivitäten objektiviert. Die Unentbehrlichkeit eines solchen historisch-hermeneutischen Ansatzes erweist sich an unserem Gegenstande gerade im Vergleich mit dem „analytischen“ Vorgehen neuerer Richtungen einer „kritischen Gesellschaftsgeschichte“, die meist bei dem wissenssoziologisch ermittelten Subjektivitätsbefund stehen bleibt, ohne dessen historische Wirkung zu problematisieren.[52]

bücher für Geschichte Osteuropas N. F. 20 ⟨38⟩ (1972), S. 77—100; sowie meinen Aufsatz *Das Zeitalter der nordischen Kriege ...* (wie Anm. 37), in: *Zeitschrift für Historische Forschung* 1 (1974), S. 55—79.

[51] Charakteristisch für diese Lage die pointierte Feststellung Mieczysław Rakowskis zur polnischen Deutschlandeinschätzung (die unten S. 27 im Wortlaut wiedergegeben ist) sowie Friedrich Sieburgs berühmte rhetorische Frage „Was hegen wir gegenüber Frankreich? Alles, nur keine Gleichgültigkeit“ aus seinem Buche *Gott in Frankreich? Ein Versuch*, Frankfurt/M. 1929, das für das Problem der Frankreichsicht noch der Kriegsgeneration sehr viele Aufschlüsse bietet. Die deutsche geschichtswissenschaftliche Beurteilung der Zwischenkriegszeit gut bei Johannes Haller, *Tausend Jahre deutsch-französischer Beziehungen*, Stuttgart-Berlin 1930; für die französische Sicht nach dem 2. Weltkrieg Gaston Zeller, *Tausend Jahre deutsch-französische Beziehungen. Ein geschichtlicher Abriß in französischer Sicht (La France et l'Allemagne depuis dix siècles*, deutsch), Baden-Baden 1954.

[52] Es ist darüber hinaus generell fraglich, ob die Konzeption einer „historischen Sozialwissenschaft“ eigenständige geschichtswissenschaftliche Lösungen zu bieten ver-

V

Die Besonderheit der deutsch-polnischen Beziehungsgeschichte

Die deutsch-polnischen Beziehungen stellen nun ohne Frage einen Fall besonderer subjektiver Prioritätensetzung durch einen beziehungsgeschichtlichen Partner dar. Doch gilt diese Intensität des subjektiven Prioritätsfaktors sicher nicht für den gesamten Verlauf der Geschichte der polnisch-deutschen Beziehungen. Vielmehr ist darin erst eine recht rezente Zuspitzung, vielleicht sogar in der ganzen gegenwärtigen Schärfe erst eine Folge der politisch begründeten Aussparung des anderen wichtigen beziehungsgeschichtlichen Partners der Polen, nämlich Rußlands im weitesten geschichtlichen Sinne, zu sehen. Eine weitere Besonderheit aber der beziehungsgeschichtlichen Situation zwischen Deutschland und Polen liegt darin, daß sie in dieser subjektiven Einschätzung und Prioritätssetzung nur in dem Blick von den Polen auf die Deutschen existiert und in der umgekehrten Blickrichtung kaum gesehen wird. Wenn kürzlich ein prominenter polnischer Journalist sagen konnte: „Die Behauptung, daß sich fast jeder Pole zum Experten für deutsche Angelegenheiten berufen fühlt, kann als unbestreitbare Wahrheit gelten",[53] so liegt die beziehungsgeschichtliche Pointe vor allem darin, daß sich in diesem Satz das polnisch-deutsche Verhältnis nicht umkehren läßt. Man kann diesen Intensitätsunterschied in der gegenseitigen Wahrnehmung der beiden Nachbarnationen und die daraus resultierenden beziehungsgeschichtlichen Erschwernisse und Potenzierungen aber zur beziehungsgeschichtlichen Problemstellung machen und die immense geschichtswissenschaftliche, publizistische und politische Denkintensität, die auf der polnischen Seite im Interesse dieser Prioritätssetzung den polnisch-deutschen Beziehungen zugewendet worden ist, als Grundlagenmaterial für unsere beziehungsgeschichtliche Aufgabenstellung ansehen.[54] Im Sinne der geschichtswis-

mag und nicht vielmehr eine Verdoppelung von Soziologie — gleichsam im Präteritum — darstellt. Vgl. dagegen das Vorwort der Herausgeber der neuen *Zeitschrift für Historische Forschung* 1 (1974), S. 1—2.

[53] Mieczysław Franciszek Rakowski, *Klimaty w NRF. Spostrzeżenia i refleksje*, Warszawa 1971, S. 6.

[54] Siehe unten Abschnitt VII, S. 31 ff., wo ein erster knapper Versuch auf der Grundlage des im strengen Sinne historiographischen Schrifttums angestellt wird. Einen sehr brauchbaren Ansatz bietet die Arbeit von Marian Friedberg, *Kultura polska a niemiecka*, 2 Bde, Poznań 1946; vgl. besonders seine Bemerkungen zur Bedeutung der Beziehungsforschung im Vorwort des 1. Bandes, S. 5.

senschaftlichen Problemstellung und Aufarbeitung kommt es dann freilich darauf an, eine Überprüfung dieses polnisch-deutschen Einzelfalles am allgemeinen Kriterienspektrum der Beziehungsgeschichte, wie wir es oben entwickelt haben, zu leisten. Wenn sich die Richtigkeit des Heimpel-Wortes erwiesen hat — „Daß es Nationen gibt, ist historisch das Europäische an Europa“ —, so doch für unseren Überlegungsgang eigentlich erst unter dem Zusatz: Es kennzeichnet die Geschichte der europäischen Nationen als europäische Geschichte, daß sie von ihren Beziehungen untereinander im Bewußtsein ihres Anteils und ihrer Zusammengehörigkeit in der europäischen Geschichte geprägt werden. Das nationale Prinzip als konstitutiver Faktor der europäischen Geschichte wäre undenkbar ohne das ihn selbst kennzeichnende Prinzip der Beziehungshaftigkeit der Nationalgeschichten Europas untereinander.

VI

Die Periodisierung der Geschichte des nationalen Prinzips

Die so verstandene Geschichte des nationalen Prinzips als europäisches Prinzip durchläuft in den zurückliegenden tausend Jahren die folgenden Epochen:[55]

1. Die Epoche, in der an der Schwelle vom 1. zum 2. Jahrtausend aus der ethnogenetischen Phase, die im wesentlichen das erste Jahrtausend umfaßt, durch die Wirkungsfaktoren der Christianisierung, der großräumigen Herrschaftsbildung und der oberschichtlichen politischen Nationsbewußtseinsausprägung die frühen nationalen Individualitäten Europas entstehen. Die politische Gliederung Europas nach dem nationalen Prinzip im 10. und 11. Jahrhundert bringt die bis heute existierende europäische Völkerkarte hervor.[56]

2. Die zweite wichtige Epoche in der Wirkungsgeschichte des nationalen Prinzips ist die der hochmittelalterlichen Kolonisation und ihrer Auswirkungen auf die Nationen. In dieser Epoche beginnt die größerräumige Beziehungsaufnahme unter den Nationen durch weitgreifende Akkulturationsprozesse, in deren Verlauf freilich auch beträchtliche Wandlungen an der ursprünglichen ethnogenetischen Substanz der ersten Epoche vorgenommen werden. Das Phänomen der Neustammbildung

[55] Andere Periodisierungsvorschläge bei Edward H. Carr, *Nationalism and after*, London 1945, S. 2 ff.; E. Lemberg, *Nationalismus* ..., Bd. 1 (wie Anm. 22), S. 35 ff.

[56] *L'Europe aux IXe et XIe siècles* ... (wie Anm. 14), passim.

ist außerordentlich kennzeichnend für diese Phase der Wirkungsgeschichte des nationalen Prinzips. Man könnte von einer nichtnationalistischen Expansionsphase von Nationenkernen im Gefolge technisch-zivilisatorischer Strukturwandlungen sprechen.[57]

3. Die dritte Epoche ist gekennzeichnet durch Konzentrationsprozesse im staatlich-herrschaftlichen Bereich. Es handelt sich um die Entstehung des neuzeitlichen Europa in der Erstarkung der staatlichen Elemente der großregionalen dynastischen Herrschaften, ja teilweise in deren Ausweitung zu größerräumigen Reichsbildungen. In diesem Zusammenhang kann es zur Entstehung oberschichtlicher Reichsnationsvorstellungen — über die ethnischen Grenzen hinaus — kommen.[58]

4. Die vierte Epoche ist dagegen gekennzeichnet durch den Anfang von Vorgängen der Rückkonzentration der Nationsvorstellungen allenthalben auf die ethnographischen Identitäten. Unter der Einwirkung von Naturrechtsdenken und Aufklärung bereitet sich der moderne Nationalismus allmählich vor.[59]

5. In der fünften Phase bricht er voll hervor in der Demokratisierung und volkstumsgemäßen Konzentration auf die nationale Identität. Das

[57] Dazu die neueste Bestandsaufnahme der internationalen Diskussion in dem Reichenau-Band: *Die deutsche Ostsiedlung des Mittelalters als Problem der europäischen Geschichte. Reichenau-Vorträge 1970—1972,* hrsg. von Walter Schlesinger (= Vorträge und Forschungen 18), Sigmaringen 1975.

[58] Der politische Publizist Stanisław Orzechowski (1513—1566) hat für die überethnische Schlachta-Nation der Adelsrepublik die klassische Formel „gente Ruthenus natione Polonus" geprägt. Vgl. zuletzt Janusz Tazbir, *Rzeczpospolita i świat. Studia z dziejów kultury XVII wieku,* Wrocław 1971, S. 23 ff. Im spätmittelalterlichen und frühneuzeitlichen Königreich Ungarn tauchen vergleichbare Phänomene auf (vgl. zuletzt Janos M. Bak, *Königtum und Stände in Ungarn im 14.—16. Jahrhundert* [= Quellen und Studien zur Geschichte des östlichen Europa 6], Wiesbaden 1973, S. 68 f.; ders., Reichenau-Protokoll 132 [wie Anm. 20], S. 111), und auch das nachhussitische Böhmen im Zeitalter der Stände-Renaissance auf dem Wege zum Böhmischen Aufstand von 1618 wird man in diesem Zusammenhang nicht außer acht lassen dürfen, vgl. zuletzt Ferdinand Seibt, *Deutschland und die Tschechen. Geschichte einer Nachbarschaft in der Mitte Europas,* München 1974, S. 111 ff.

[59] Gut erfaßt zum Beispiel bei Walter Schamschula, *Die Anfänge der tschechischen Erneuerung und das deutsche Geistesleben (1740—1800),* München 1973. — Kurt v. Raumer, *Deutschland um 1800. Krise und Neugestaltung 1789—1815,* in: *Handbuch der Deutschen Geschichte,* neu hrsg. von Leo Just, Bd. 3,1, Konstanz 1959. — In Polen bringt die Epoche der stanislawischen Reform vor der zweiten und dritten Teilung diese Neuansätze zum Vorschein, vgl. Klaus Zernack, *Stanislaus August Poniatowski. Probleme einer politischen Biographie,* in: *Jahrbücher für Geschichte Osteuropas,* N. F. 15 ⟨33⟩ (1967), S. 390 f.; Emanuel Rostworowski, *Ostatni król Rzeczypospolitej. Geneza i upadek Konstytucji 3 maja,* Warszawa 1966.

nationale Bewußtsein wird in der Ausweitung über die ständischen Schranken, in denen es zunächst oberschichtlich gebunden war, nun in der Demokratisierung zugleich das alleinige, allmählich alle Stände und Schichten erfassende einigende Bewußtseinsband, es wird zum höchsten ideologischen Wert.[60]

6. Auf dieser Grundlage beruht die sechste Epoche, in der nun die nationalen Bewußtseinsgruppierungen nach ihrer vollen staatlichen Verwirklichung drängen. Die Nationalstaatsbildung als Vorrangsprinzip der europäischen Auseinandersetzungen fällt in diese Epoche, die — mit deutlichen regionalen Phasenverschiebungen — von der revolutionären Krise der Mitte des 19. Jahrhunderts bis an den Ausgang des Weltkriegszeitalters unseres Jahrhunderts reicht.[61]

7. In der siebten und bislang letzten Epoche befindet sich der europäische Nationalismus allen jenen Wandlungsfaktoren ausgesetzt, die seit dem Zusammenbruch des europäischen Staatensystems in der sich wandelnden Welt der großen Weltmächte und ihrer internationalen Blockbildungen in den Vordergrund getreten sind.[62]

[60] Im Mittelpunkt der Argumentation bei E. Lemberg, *Geschichte des Nationalismus* ... (wie Anm. 22), ders., *Nationalismus* ..., Bd. 1 (wie Anm. 22), H. Kohn, *The Idea of Nationalism* ... (wie Anm. 28).

[61] Theodor Schieder, *Der Nationalstaat in Europa als historisches Phänomen* (= Veröffentlichungen der Arbeitsgemeinschaft für Forschung des Landes Nordrhein-Westfalen. Geisteswissenschaften, H. 119), Köln-Opladen 1964; ders., *Typologie und Erscheinungsformen des Nationalstaats in Europa,* in: *Historische Zeitschrift* 202 (1966), S. 58—81.

[62] Anzeichen für einen Übergang in ein postnationales Weltzeitalter gibt es mit der letzten Jahrhundertwende, vgl. dazu zum Beispiel P. M. Kennedy, *The Decline of Nationalistic History in the West, 1900—1970,* in: *Journal of Contemporary History* 8 (1973), No. 1, pp. 77—100; H. Mommsen/A. Martiny, *Nationalismus* ..., in: *Sowjetsystem* ... (wie Anm. 21), Sp. 623 f. Vgl. auch Ernst Schulin in der Einleitung zu dem von ihm edierten Reader *Universalgeschichte* (= Neue Wissenschaftliche Bibliothek 72), Köln 1974, S. 13 ff. — Gleichwohl bleibt auch in der Epoche des Übergangs zur Weltpolitik eine starke Resistenzkraft des nationalen Prinzips zu beobachten, und dies nicht nur in der dritten Welt. Darauf hat vom Standort der politischen Philosophie kürzlich hingewiesen Leszek Kołakowski, *Marxistische Philosophie und nationale Wirklichkeit,* in: *Der revolutionäre Geist* (= Urban-Taschenbücher, Bd. 833: Reihe 80), Stuttgart-Berlin-Köln-Mainz 1972, S. 37—56. Voraussetzungen und Wesen der Epoche der Supermächte erfaßt das bedeutende Buch von Ernst Nolte, *Deutschland und der Kalte Krieg,* München-Zürich 1974.

VII

Der Stand der Diskussion über die Geschichte der deutsch-polnischen Beziehungen

Es dürfte für unseren Diskussionszusammenhang klärend sein, mit einem solchen europäisch universalisierten Periodisierungsrahmen die Periodisierungsgesichtspunkte zu vergleichen, die bisher in der Forschung über die Geschichte der deutsch-polnischen Beziehungen zur Sprache gekommen sind. Das heißt, es erhebt sich die Frage — und sie ist von grundsätzlicher Bedeutung, wenn wir das konstitutive Zusammenwirken von nationalem Prinzip und Beziehungsgeschichte anerkennen —, ob der spezielle Fall Beziehungsgeschichte zwischen Deutschen und Polen in seiner wissenschaftlichen Bearbeitung einen universalen Horizont im Auge hat oder ob sich die wissenschaftliche Behandlung ausschließlich der Besonderheiten des Falles annimmt. Eine Aufgabenstellung von geschichtswissenschaftlichem Rang wäre je immer erst in der Spezialisierung mit universalem Horizont zu sehen (Wittram).

Periodisierungskriterien wird man natürlich in erster Linie dort aufspüren, wo der historiographische Blick auf das ganze Jahrtausend gerichtet ist, das heißt in Syntheseversuchen zur Geschichte der deutsch-polnischen Beziehungen. Dazu gibt es ohne Frage mehr Material und mehr Versuche auf der polnischen Seite als bei uns. Im Sinne einer selbständigen wissenschaftlichen Problemstellung hat die Frage auf deutscher Seite eigentlich ernsthaft nur Herbert Ludat beschäftigt. Frühere deutsche Versuche sind kaum als historiographisch-konzeptionelle und als hinreichend fachwissenschaftlich und das heißt polenkundlich-osteuropageschichtlich begründet anzusehen. Ludat schöpft aus der umfassenden Übersicht über die einschlägige polnische Diskussion und versucht diese in ihren Einzelergebnissen einem gewissermaßen europageschichtlichen Relevanztest zu unterwerfen. In zahlreichen Arbeiten ist er diesen Fragen nachgegangen; am stärksten hat sich sein Bemühen um eine synthetische Auffassung nun des spezifischen deutsch-polnischen Beziehungszusammenhangs im Ablauf des Jahrtausends niedergeschlagen in dem Gießener Vortrag von 1957 *Die deutsch-polnischen Beziehungen im Lichte ihrer geschichtlichen Voraussetzungen.*[63] Hier unterscheidet Ludat

[63] In: *Nachrichten der Gießener Hochschulgesellschaft* 26 (1957), S. 171—196. Leider ist dieser wichtige Aufsatz nicht in den oben Anm. 11 genannten Auswahlband von Aufsätzen Ludats aufgenommen worden.

sechs Epochen der deutsch-polnischen Beziehungsgeschichte, deren mittelalterliche Anteile stärker reflektiert werden als die neuzeitlichen. Das Bild ist folgendes:

1. Staatswerdung, Christianisierung und Festigung der Staatlichkeit: 10. bis 12. Jahrhundert (erste Verwestlichungsphase).

2. 12. bis 14. Jahrhundert: Epoche der Kolonisation und zweite Verwestlichungs- und Angleichungsetappe.

3. Das 15. Jahrhundert mit der politischen Ostwendung Polens und dem Aufhören des deutschen Siedlerstroms, der gewaltlosen Polonisierung des deutschen Bürgertums und der Niederringung des Ordensstaates durch Polen.

4. Die Entstehung der Adelsrepublik als Verfassungssystem in ihrer produktiven Bedeutung für die Beziehungen zu den Nachbarn. Die Universalität der multinationalen Formungsmöglichkeiten wird hier gesehen, und die im Staatsinneren sich abspielenden kulturellen deutsch-polnischen Beziehungen in ihrer ständepolitischen Relevanz an den Rändern der Adelsrepublik werden deutlich gemacht.

5. Die Epoche des Vorrangs der äußeren staatlichen Beziehungen zu Preußen und Österreich im 17. und 18. Jahrhundert, in der sich in der außenpolitischen Zuspitzung aber doch noch ständische deutsch-polnische Solidarität im Kampf gegen den Absolutismus zeigt.

6. Seit den Teilungen der moderne deutsch-polnische Antagonismus mit der katastrophalen Verschlechterung des Beziehungsbildes.

Demgegenüber ist die Kriterienvielfalt auf der polnischen Seite weitaus größer, freilich auch ihre konzeptionell universalisierte historiographische Verarbeitung im Syntheserahmen bei weitem nicht so ausgeprägt wie bei Ludat. Einen besonderen Fall stellt Marian Friedbergs Arbeit *Polnische und deutsche Kultur* von 1946 dar, deren beziehungsgeschichtliche Fragestellung sehr ausgeprägt, aber im wesentlichen auf das Mittelalter beschränkt ist. Dagegen sind die Blickrichtungen auf das Jahrtausend von größerer Einseitigkeit, weil auch von außerhistoriographischer Beeinflussung der Kriterienwahl. Das gilt vor allem für die unter dem unmittelbaren Einfluß der Kriegszeit stehenden Periodisierungsversuche nach Etappen des tausendjährigen Kampfes zwischen Deutschen und Polen bei Zygmunt Wojciechowski[64] und Józef Feldman.[65] Bei Wojciechowski ist der Blick geradezu ausschließlich auf die Elemente von Zuspitzung in den Beziehungen gerichtet, die er sehr programmatisch

[64] *Polska — Niemcy. (Dziesięć wieków zmagania)*, Poznań 1945.
[65] *Problem polsko-niemiecki w dziejach*, Katowice 1946.

und parteilich in die Vorgeschichte der modernen deutsch-polnischen Katastrophe einordnet. Wenn es auch bei Feldman bereits um wesentlich größere Komplexionen von Beziehungselementen geht als in diesem reinen Antagonismusschema Wojciechowskis, so haben doch beide Autoren mit Recht die herbe Kritik der polnischen marxistischen Geschichtswissenschaft nach dem Zweiten Weltkrieg gefunden, als die polnischen Historiker 1950 zu einem eintägigen Kolloquium über die Geschichte der deutsch-polnischen Beziehungen in Breslau zusammenkamen.[66] Es ist das unbestreitbare Verdienst der Breslauer Beratungen, die einseitigen Periodisierungskriterien, die bis dahin in der polnischen Forschung vorherrschend waren, überwunden zu haben und auf stärker universalen wirtschafts-, sozial- und verfassungsgeschichtlichen (mit einem Wort: strukturgeschichtlichen) Grundlagen die Periodisierung versucht zu haben, und zwar ohne dabei nun in einem hyperabstrakten Universalismus dem damals gängigen Stufenschema alle historische Individualität des deutsch-polnischen Beziehungsfalles unterzuordnen. Die Epochengliederung der Breslauer Konferenz ist vielmehr durch denkbar großzügige Kombination universaler und nationaler Kriterien gekennzeichnet. Eine erste Epoche reicht bis ins 13. Jahrhundert: die Grenze ist also mitten an den Höhepunkt der Kolonisationsphase gelegt, was programmatisch gemeint ist,[67] die zweite Epoche rückt mit der Abgrenzung 1320 bis 1454 deutlich die staatlich-politischen und außenpolitischen Auseinandersetzungen um die Wiederfestigung der piastischen Monarchie in dem Dauerkonflikt mit dem Deutschen Orden bis an die Schwelle von dessen Zusammenbruch in den Vordergrund. Die dritte Epoche wird von 1525 bis 1795 gerechnet. Sie wird durchaus als Epoche der inneren Ausgleichsmöglichkeiten im Rahmen des universalstaatlichen Konzepts in der Adelsrepublik verstanden; gewissermaßen als Epoche der beziehungsgeschichtlichen Chancen, die aber aus vielerlei Gründen verpaßt worden sind, was schließlich in der krisenhaften Zuspitzung der Lage der Adels-

[66] *Konferencja naukowa na temat badań nad stosunkami polsko-niemieckimi w przeszłości*, in: *Sobótka*, 5. Jg. (1950), Wrocław 1951, S. 90. Deutsche Ausgabe des Protokolls (unwesentlich gekürzt) durch Herbert Ludat, *Polen und Deutschland. Wissenschaftliche Konferenz polnischer Historiker über die polnisch-deutschen Beziehungen in der Vergangenheit.* Mit einer Einführung von Herbert Ludat: *Der polnische Beitrag zu einem europäischen Geschichtsbild* (= Quellenhefte zur Geschichtswissenschaft in Osteuropa nach dem Zweiten Weltkrieg, Reihe 1: *Polen*, H. 1), Köln-Graz 1963.

[67] Hier schwingt sicher 1950 das präsentistische Moment einer Abschwächung der epochalen Bedeutung des Kolonisationszeitalters, das ja den Höhepunkt der deutschen Siedlungseinwirkung in Polen darstellt, mit. Vgl. Ludats kritische Anmerkungen zu seiner Edition des Protokolls (wie Anm. 66), S. 148—150, 153 f.

republik dem Einbruch der Voraussetzungen für die Teilungen und damit der katastrophalen Verschlechterung der deutsch-polnischen Beziehungen den Weg geebnet hat. In diesem Zeichen, dem des katastrophalen Antagonismus, steht die letzte Epoche, die von 1795 bis 1939 reicht.

Es hat sicher politische Gründe, was im Moment nicht unsere vorrangige Fragestellung ist, wenn sich die Periodisierungsgrundsätze und überhaupt der Blick auf die Geschichte der deutsch-polnischen Beziehungen, wie ihn die Breslauer Konferenz in einiger Schärfe herausgestellt hatte, in den folgenden zweieinhalb Jahrzehnten nicht in vollem Umfange durchgesetzt haben.[68] Der Ansatz wirkt freilich konzeptionell geschichtswissenschaftlich in mehreren Gruppierungen der polnischen Geschichtswissenschaft nach, ohne sich ganz gegen die politischen Funktionalisierungsbedürfnisse von den Erfordernissen der polnischen Deutschlandpolitik her durchsetzen zu können.

Diese sind wieder in besonders starkem Maße in Gerard Labudas Buch über die Geschichte der polnischen Westgrenze hervorgetreten, das den eminent reizvollen Versuch unternimmt, die mobile Grenze zwischen zwei Staaten als ein beziehungsgeschichtliches Problem monographisch zu behandeln.[69] Hier sind denn auch gewissermaßen verkappt beziehungsgeschichtliche Periodisierungskriterien zu finden, denn Stabilität oder Gefährdung der Grenzen sind natürlich aus den Beziehungen der beiden Grenznachbarn zu erklären. Unter diesem Gesichtspunkt scheinen bei Labuda sechs große beziehungsgeschichtliche Perioden auf:

1. Die Phase der festen Grenze im 10. bis 13. Jahrhundert, die trotz deutschen Drucks auf die Grenze besteht.

2. Die Phase des Zusammenbruchs der polnischen Westgrenze im 13. und 14. Jahrhundert.

3. Die Auseinandersetzung um die, wie Labuda sagt, „angeblich" feste Grenze des 14. bis 18. Jahrhunderts.

4. Die Epoche der polnischen Staatslosigkeit und damit Grenzlosigkeit, in der sich das Grenzproblem anders stellt als ein solches der deutsch-polnischen Beziehungsgeschichte. Dennoch sieht Labuda in seiner eigentümlichen Kontinuitätskonzeption[70] auch hier den gesellschaftlichen

[68] Vgl. dazu K. Zernack, *Schwerpunkte und Entwicklungslinien* ... (wie Anm. 3), in: *Historische Zeitschrift*, Sonderheft 5, S. 204 ff.

[69] *Polska granica zachodnia. (Tysiąc lat dziejów politycznych)*, 2. Aufl., Poznań 1974.

[70] K. Zernack, *Schwerpunkte und Entwicklungslinien* ... (wie Anm. 3), S. 258—260.

und politischen Kampf um die Wiederherstellung der Ausgangslage der festen Grenze im Sinne der ersten Phase im Gange.

5. Die Zwischenphase zwischen den Weltkriegen einer scheinbaren Stabilisierung der Grenzen von 1772 (Wiedergutmachung des Teilungsunrechts).

6. Die Epoche, in der nun auch die politisch-instrumentalen Voraussetzungen für die Rückkehr der polnischen Westgrenze an ihre piastenzeitliche Ausgangslage (an Oder und Neiße) geschaffen werden und die Durchsetzung dieser Rückkehr schließlich gelingt.

Eine viel stärkere Komplexität der Kriterien jedoch scheint vorzuliegen in dem jüngst erschienenen Sammelwerk über die deutsch-polnischen Beziehungen in der Historiographie,[71] das in seiner Periodisierung starke Übereinstimmungen mit dem oben dargelegten Schema Ludats aufweist. Dies dürfte wohl darauf zurückzuführen sein, daß dieses Sammelwerk — ähnlich wie es vorhin von Ludats Beschäftigung mit der Geschichte der deutsch-polnischen Beziehungen betont werden konnte — auf dem Hintergrunde eines enormen Ertrags der Einzelforschungen aufbaut. Eine Kriterienselektion für die Periodisierung lag somit nicht im Interesse dieses Buches.

Dessen Wert liegt vielmehr darin, erstmalig den riesigen Ertrag der monographischen Einzelstudien zur Geschichte der deutsch-polnischen Beziehungen berichtsartig zusammengestellt zu haben. Es ist selbstverständlich, daß dieses nur noch in umfassender Zusammenarbeit eines größeren Spezialistenkreises zu leisten war. (Der Versuch ist im übrigen auf zwei Bände berechnet und liegt bisher nur im ersten Bande vor.) Das Buch nimmt in seiner Begründung ausgesprochen auf die Breslauer Konferenz von 1950 Bezug und auch auf ihr Echo in der deutschen Forschung und entwickelt in der Einleitung eine durchaus diskutable Auffassung vom Erkenntniswert von Forschungen über die Erträge beziehungsgeschichtlicher Forschung.[72] Die Fragestellung ist danach etwa die folgende: Was haben beide Seiten zur Erforschung ihrer Beziehungsgeschichte beigetragen und wie ist die Forschungsgeschichte der betreffenden Fragestellung verlaufen. Freilich ist die Erörterung dieser Fragen historiographiegeschichtlich von unterschiedlicher Genauigkeit und auch mit wechselhaftem Vollständigkeitsgrad bearbeitet. Dennoch zeigt sich

[71] *Stosunki polsko-niemieckie w historiografii.* Cz. 1: *Studia z dziejów historiografii polskiej i niemieckiej*, Red.: Jerzy Krasuski, Gerard Labuda, Antoni W. Walczak, Poznań 1974.

[72] Siehe *a. a.* O. die Einleitung von J. Krasuski, S. 9 ff.

bald ein eigentlich durchgängig anderer, untergründiger Leitgedanke, nämlich: Wie beurteilt die deutsche Historiographie die polnische Geschichte? Das heißt, im wesentlichen wird hier also weniger der Ertrag der Beziehungsgeschichtsforschung selbst aufgewiesen und die Geschichte dieser Forschung verfolgt, sondern diese Forschung ist — was ja auch wichtiger ist — als beziehungsgeschichtlicher Wirkungsfaktor gefragt. Indes wird er von einer in die Gestaltung dieser Beziehungen national und funktional engagierten Geschichtswissenschaft als ein solcher interpretiert und: der eigene Standort dieser polnischen Geschichtswissenschaft wird dabei nicht mehr objektiviert! Darin liegt nun wiederum auch der besondere Stellenwert dieses Buches als beziehungsgeschichtliches Objekt, weil es die Dialektik der Beziehungsgeschichte selbst sehr gut widerspiegelt. Eigentlich müßte nun zwangsläufig daraus sich unsere Aufgabe ergeben, hierzu das deutsche Gegenstück zu erarbeiten, nun aber nicht mehr — soweit müßte es unsere historiographische Reflexion bringen können — als primär deutsches Gegenstück im Sinne eines reziproken mechanistischen Beziehungsbegriffs, vielmehr im Sinne einer umfassenden Auseinandersetzung mit dieser aus polnischen Bedürfnissen begründeten Rezeptionsweise beziehungsgeschichtlicher Forschung. Wie das methodologisch und methodisch gemeint ist, habe ich an einem ganz engen ausgewählten Beispiel, nämlich der mittelalterlichen Geschichte der Mark Brandenburg, in der Frankfurter Schlesinger-Festschrift von 1973 zu zeigen versucht.[73] An diesem Falle ist die beziehungsgeschichtliche Besonderheit und Schwierigkeit der Aufgabenstellung einer Bilanzierung des Forschungsstandes sehr deutlich erkennbar.

Blickt man sodann auf den Ertrag der monographischen Arbeiten zu den einzelnen Problemen und Abschnitten der Geschichte der deutsch-polnischen Beziehungen, so fällt natürlich auf, daß der polnische Arbeitsanteil ungleich größer ist. Das liegt an der noch immer primär nationalgeschichtlich bestimmten Programmatik der sehr entwickelten polnischen Geschichtswissenschaft und braucht nicht weiter zu verwundern. Versucht man die Schwerpunkte dieser beiderseitigen Forschungen zu bestimmen — wobei das vornationale ethnogenetische Jahrtausend außer Betracht bleiben kann —, dann fällt einem zuerst die Geschichte der polnischen Westexpansion ins Auge, die Geschichte ihrer Rücknahme und ihres erneuten Vorstoßes, so wie es in Labudas Westgrenzenarbeit jetzt

[73] Klaus Zernack, *Brandenburgische Landesgeschichte in der polnischen Geschichtswissenschaft*, in: *Geschichte und Verfassungsgefüge. Frankfurter Festgabe für Walter Schlesinger* (= Frankfurter Historische Abhandlungen 5), Wiesbaden 1973, S. 1—31.

noch einmal synthetisch beschrieben worden ist. Diese Konzeption ist eigentlich der durchgängige Arbeitshintergrund der polnischen landesgeschichtlichen Forschung über die heutigen Westgebiete (die Länder Preußen, Pommern und Schlesien), die längst nicht mehr vornehmlich in ihrer vorkolonialen Geschichte gesehen werden. Hier wird ein gewaltiger Forschungseinsatz geleistet, der zunächst politisch begründet und legitimiert wird, sich aber doch im Laufe der letzten Jahrzehnte sehr stark wissenschaftlich verselbständigt hat. An den führenden landesgeschichtlichen Fachzeitschriften läßt sich das sehr genau aufzeigen.[74] Diesem Forschungseinsatz steht heute kein vergleichbares deutsches landesgeschichtliches Forschungspotential für Preußen, Pommern und Schlesien mehr gegenüber, was schon von der Quantität her die Angewiesenheit auf die polnischen Forschungsergebnisse erkennen läßt.[75]

Die zweite große Schwerpunktarbeit sehe ich bei den Staatsanfängen und den Fragen der Nationsbildung, und dieser Schwerpunkt steht in der gegenwärtigen Forschungsentwicklung im Zeichen einer sehr günstigen deutsch-polnischen Anteilnahme. Exemplarisch kann man den erreichten Forschungsstand heute studieren in dem Buche von Herbert Ludat *An Elbe und Oder um das Jahr 1000*, in dem mit großer Insistenz und Genauigkeit die beziehungsgeschichtliche Fragestellung der Entstehung eines politischen deutsch-polnischen Beziehungsproblems aus der beiderseitigen expansiven Begegnung im polabischen Zwischengebiet deutlich gemacht worden ist.[76] Die Anregungen und Erträge der polnischen Forschung für diesen konzeptionellen Ansatz werden hier mit Behutsamkeit und kritischem Einfühlungsvermögen aufgearbeitet und bilanziert.[77] Man kann sagen, daß hier die erste Epoche der deutsch-polnischen Beziehungen genau im beiderseitigen Forschungsstande erfaßt ist und ein erstes Stück gültiger Beziehungsgeschichtsschreibung im Sinne unserer hier entwickelten Konzeption vorgelegt worden ist.

[74] K. Zernack, *Schwerpunkte und Entwicklungslinien* ... (wie Anm. 3), S. 309—312, sowie den Anm. 73 genannten Bericht.

[75] Eine Bestandsaufnahme der polnischen landesgeschichtlichen Forschungen über die genannten Länder sowie sorgfältige Berichterstattung über deren Fortgang ist deshalb als eine sehr dringliche Aufgabe für das *Jahrbuch für die Geschichte Mittel- und Ostdeutschlands* der Historischen Kommission zu Berlin in seiner unabweislichen Zuständigkeit für die Landesgeschichte des ganzen Mitteleuropa anzusehen.

[76] Herbert Ludat, *An Elbe und Oder um das Jahr 1000. Skizzen zur Politik des Ottonenreiches und der slavischen Mächte in Mitteleuropa*, Köln-Wien 1971.

[77] Vgl. dazu meine Rezension: *Jahrbücher für Geschichte Osteuropas*, N. F. 23 (1975), S. 137—141.

Als dritter Schwerpunkt wird die Geschichte der hochmittelalterlichen Kolonisation mit großem Einsatz von beiden Seiten betrieben. Es ist die alte Fragestellung nach der vorkolonialen Situation und ihrem Reifegrad und dem Einfluß der Kolonisation und der Überschichtung. In der Fragestellung Evolution oder Revolution, deren Schärfe sicher in letzter Zeit zurücktritt, wird die Diskussion besonders in der städtischen Siedlungs- und Verfassungsgeschichte weitergeführt.[78] Eine recht umfassende Bestandsaufnahme des deutsch-polnischen Kolonisationsproblems im europäischen Rahmen bietet der gerade erschienene Reichenau-Band.[79] Aber auch die älteren Forschungspositionen werden noch mit Verve vertreten, wie wir auch an Kossmanns[80] Arbeit auf der deutschen Seite und an Kaczmarczyks Äußerungen auf der polnischen Seite gut erkennen können.[81]

Die Geschichte des Deutschen Ordens und des Preußenlandes bildet einen weiteren großen Schwerpunkt, bei dem sich trotz erheblicher Konzentration von beiden Seiten auf die alten neuralgischen Streitfragen so etwas wie eine epochal begründete deutsch-polnische Arbeitsteilung abzuzeichnen beginnt.[82] Auf der polnischen Seite läßt sich eine gewisse nationalgeschichtliche Interessenakzentuierung in der Geschichte der Auseinandersetzungen mit dem Ordensstaat von 1309 bis 1466 erkennen,[83] während die moderne deutsche Forschung einerseits die Zeit danach bis in die herzogliche Zeit hinein durch gute verfassungsgeschichtliche Untersuchungen in Angriff genommen hat. Andererseits gibt es in dem Schülerkreise Manfred Hellmanns eine starke Konzentration auf Probleme der Sozialgeschichte.[84] Kürzlich hat es in Thorn eine spezielle Tagung

[78] Siehe dazu den Tagungsbericht „Frühes Städtewesen zwischen Elbe und Weichsel" im zweiten Teil dieses Bandes, S. 47 ff.

[79] Wie oben Anm. 57.

[80] Oskar Kossmann, *Polen im Mittelalter. Beiträge zur Sozial- und Verfassungsgeschichte*, Marburg/Lahn 1971.

[81] Zdzisław Kaczmarczyk, *Kolonizacja niemiecka i kolonizacja na prawie niemieckim w średniowiecznej Polsce*, in: *Stosunki polsko-niemieckie* ... (wie Anm. 71), S. 218—326.

[82] Als Literaturübersicht siehe den Bericht von Marian Biskup, *Rola Zakonu Krzyżackiego w wiekach XIII—XVI*, in: *Stosunki polsko-niemieckie* ... (wie Anm. 71), S. 327—361.

[83] *A. a. O.*, S. 349 ff.

[84] Lothar Dralle, *Der Staat des Deutschen Ordens in Preußen nach dem zweiten Thorner Frieden. Untersuchungen zur ökonomischen und ständepolitischen Geschichte Altpreußens zwischen 1466 und 1497* (= Frankfurter Historische Abhandlungen 9), Wiesbaden 1975; Stephan Dolezel, *Das preußisch-polnische Lehnsverhältnis unter Her-*

deutscher und polnischer Preußenhistoriker gegeben, bei der die Fragen der beziehungsgeschichtlichen Relevanz der Ordensgeschichte in der Diskussion eine starke Beachtung gefunden haben.[85] Die Publikation dieser Tagung steht bevor.

Seit dem 17. Jahrhundert sind die deutsch-polnischen Beziehungen in zunehmendem Maße Belastungen ausgesetzt, die schließlich in die katastrophale Verschlechterung — in der Auswirkungsgeschichte der Teilungen — im späten 19. Jahrhundert hineinführen. Dabei kann man feststellen, daß in der Erforschung des 17. Jahrhunderts noch große Lücken bestehen im Sinne einer wirklich beziehungsgeschichtlich wertvollen Aufarbeitung. Die guten, wenn auch einseitigen Ansätze, die in der Habilitationsschrift von Theodor Schieder aus der Zeit des Zweiten Weltkrieges vorgelegt worden sind,[86] sind eigentlich noch nicht programmatisch weiterentwickelt worden. So ist eine umfassende beziehungsgeschichtliche Untersuchung des Ständetums in Preußen, Livland und Polen, wo sich die Vergleichsmöglichkeiten und der Gleichklang der ständeideologischen Einstellungen und damit die beziehungsgeschichtlichen Einwirkungen am deutlichsten zeigen, noch nicht geleistet.[87] Was hingegen ausgiebig und

zog *Albrecht von Preußen (1525—1568)* (= Studien zur Geschichte Preußens 14), Köln-Berlin 1967; Walther Hubatsch, *Albrecht von Brandenburg-Ansbach. Deutschordens-Hochmeister und Herzog in Preußen 1490—1568* (= Studien zur Geschichte Preußens 8), Heidelberg 1960; Peter Gerrit Thielen, *Die Verwaltung des Ordensstaates Preußen vornehmlich im 15. Jahrhundert* (= Ostmitteleuropa in Vergangenheit und Gegenwart 11), Köln-Graz 1965. — Manfred Hellmann, *Bemerkungen zur sozialgeschichtlichen Erforschung des Deutschen Ordens*, in: *Historisches Jahrbuch* 80 (1961), S. 126—142; Dieter Wojtecki, *Studien zur Personengeschichte des Deutschen Ordens im 13. Jahrhundert* (= Quellen und Studien zur Geschichte des östlichen Europa 3), Wiesbaden 1973.

[85] Grundlage der Aussprache waren — neben Referaten für die Konferenz — gedruckt vorliegende beiderseitige Grundsatzäußerungen, die im Rahmen der Arbeit der Deutsch-polnischen Schulbuchkommission veröffentlicht worden waren: *Deutschland, Polen und der Deutsche Orden* (mit Beiträgen von Marian Biskup, Hartmut Boockmann u. Gotthold Rhode), Sonderdruck aus dem *Internationalen Jahrbuch für Geschichts und Geographieunterricht* 16 (1975), S. 1—31.

[86] *Deutscher Geist und ständische Freiheit im Weichsellande. Politische Ideen und politisches Schrifttum in Westpreußen von der Lubliner Union bis zu den polnischen* (!) *Teilungen (1569—1772/93)* (= Einzelschriften der Historischen Kommission für ost- und westpreußische Landesforschung 8), Königsberg 1940.

[87] Vgl. die knappen grundsätzlichen Bemerkungen bei K. Zernack, *Das Zeitalter der nordischen Kriege* ... (wie Anm. 37), in: *Zeitschrift für Historische Forschung* 1 (1974), S. 67 f. — Einzelaspekte der preußisch (bzw. brandenburgisch-preußisch)-polnischen Beziehungen sind ziemlich gut bearbeitet, vgl. die Hinweise bei H. Ludat, *Deutschland und Polen* ... (wie Anm. 66), S. 158 ff.

vorbildlich in der polnischen Forschung bearbeitet worden ist, das ist die wirtschaftliche und kulturelle Rolle Danzigs in der Adelsrepublik, eine gewissermaßen verkappte beziehungsgeschichtliche Fragestellung, die wohl durchaus auch als solche von polnischer Seite zu werten ist.[88] Woran es noch stark mangelt, das sind Untersuchungen zum Beginn des Partage-Gedankens und der außenpolitischen Einengung der Adelsrepublik durch die Wandlungen der europäischen Großmachtkonstellationen im 17./18. Jahrhundert. Hier liegen erst wenige Detailuntersuchungen vor.[89] Für die Zeit der Teilungen Polens selbst und ihre Folgen in der preußischen und deutschen Innenpolitik und der österreichischen Polenpolitik ist zwar in den Nachkriegsjahren viel Wichtiges an Einzeluntersuchungen auch über größere Zeiträume geleistet worden.[90] Die beziehungsgeschichtliche Stellung und Relevanz aber des Teilungszeitalters und des staatenlosen Zeitalters ist noch immer nicht hinreichend geklärt, was wohl auch zum Teil darin liegt, daß die unterschiedlichen Bewertungen auf beiden Seiten als solche noch nicht zum Gegenstand gründlicherer Auseinandersetzungen gemacht worden sind. Dies ist freilich als die methodologische Grundvoraussetzung für beziehungsgeschichtlich relevante Erörterungen anzusehen.[91] Im wesentlichen herrscht

[88] Hier sind vor allem die Arbeiten von M. Bogucka auszuwerten, siehe meinen Forschungsbericht, *Schwerpunkte und Entwicklungslinien* ... (wie Anm. 3), in: *Historische Zeitschrift*, Sonderheft 5, S. 272; die ältere Forschung bei H. Ludat, *Deutschland und Polen* ... (wie Anm. 66), S. 164 f.

[89] Siehe die Hinweise bei Zbigniew Wójcik, *Zmiana w układzie sił politycznych w Europie środkowo-wschodniej w drugiej połowie XVII wieku*, in: *Kwartalnik Historyczny* 67 (1960), S. 125—154; K. Zernack, *Das Zeitalter der nordischen Kriege* ... (wie Anm. 37), in: *Zeitschrift für Historische Forschung* 1 (1974), S. 67—78.

[90] Vgl. dazu den Forschungsbericht von Dietger Langer, *Die Beurteilung der Teilung Polens in der polnischen Geschichtswissenschaft*, in: *Jahrbücher für Geschichte Osteuropas*, N. F. 22 (1974), S. 580—592, sowie meine oben Anm. 42 genannte Studie *Negative Polenpolitik* .., in: *Rußland und Deutschland* ..., S. 145 ff. — Für die Folgen im 19. Jahrhundert vgl. Siegfried Baske, *Praxis und Prinzipien der preußischen Polenpolitik vom Beginn der Reaktionszeit bis zur Gründung des Deutschen Reiches*, in: *Forschungen zur osteuropäischen Geschichte* 9 (1963), S. 7—268.

[91] Das Problematische an dem diskutablen Versuch von Martin Broszat, *Zweihundert Jahre deutsche Polenpolitik* (= Suhrkamp-Taschenbuch 78), rev. u. erw. Ausg. der 1. Aufl., Frankfurt/M. 1972, liegt vor allem in der Beziehungslosigkeit des Autors zur polnischen Preußen- und Preußen-Deutschland-Historiographie. Einseitigkeiten sind infolgedessen unvermeidlich. Die polnische Seite kennt traditionellerweise diesen Mangel nicht — doch ist ihr Dialog mit einer doch weithin reaktionslosen deutschen Forschung seinerseits ein einseitiges Geschäft. Vgl. Gerard Labuda, *Historiograficzna analiza tzw. niemieckiego „naporu na wschód"*, in: *Wschodnia ekspansja Niemiec w Europie środkowej. Zbiór studiów nad tzw. niemieckim „Drang nach Osten"*, Red.

noch immer die traditionelle Einteilung in den gewissermaßen positiven Vormärz,[92] den erstaunlichen Umschwung von 1848 und danach[93] und schließlich die negative bismarckisch-wilhelminische Epoche,[94] in der die Polenpolitik neuerdings im Rahmen der Imperialismusdiskussion eine gewisse Aufmerksamkeit findet.[95] Beziehungsgeschichtlich wirklich ergiebig ist aber die kürzlich erschienene Bochumer Dissertation von Peter Böhning über die nationalpolnische Bewegung in Westpreußen 1815—1871, weil in ihr das vorherrschende Problem der Epoche, nämlich die

Gerard Labuda, Poznań 1963, S. 14—56. So ist es zweifelhaft, ob man den bisherigen Gang der wissenschaftlichen und populären Erörterung der historischen Probleme der deutsch-polnischen Beziehungen in Deutschland und Polen als „unablässigen polnisch-deutschen Dialog" *(Stosunki polsko-niemieckie* ... [wie Anm. 71], S. 8) bezeichnen kann. Daß er zustande kommen muß und dann auch zur „Reifung des historiografischen Bewußtseins" *(ebda.)* führen wird, ist unbezweifelbar! — Zum Problem des deutsch-polnischen Dialogs auf der Basis DDR-VR Polen vgl. M. Hellmann (Hrsg.), *Osteuropa* ... (wie Anm. 26), *ebda.*

[92] Soeben Eberhard Kolb, *Polenbild und Polenfreundschaft der deutschen Frühliberalen. Zu Motivation und Funktion außenpolitischer Parteinahme im Vormärz*, in: *Saeculum* 26 (1975), H. 1, S. 111—127. Polnischerseits zuletzt Maria Wawrykowa, *Revolutionäre Demokraten in Deutschland und Polen 1815—1848. Ein Beitrag zur Geschichte des Vormärz* (= Schriftenreihe des Internationalen Schulbuchinstituts 19), Braunschweig 1974; vgl. auch dies., *Ruch studencki w Niemczech 1815—1825*, Warszawa 1969; Henryk Kocój, *Niemcy a powstanie listopadowe. Sprawy powstania listopadowego w niemieckiej opinii publicznej i w polityce pruskiej 1830—1831. Zagadnienia wybrane*, Warszawa 1970.

[93] Siehe dazu die zahlreichen Hinweise in meinem Forschungsbericht: *Schwerpunkte und Entwicklungslinien* ... (wie Anm. 3), in: *Historische Zeitschrift*, Sonderheft 5, S. 282—285. Auch die Forschung der DDR hat sich dieser Probleme angenommen; vgl. M. Hellmann (Hrsg.), *Osteuropa* ... (wie Anm. 31), Bd. 1: *Darstellungen*, Bd. 2: *Bibliographie und biographische Notizen*, hier Bd. 1, S. 294 ff.; Bd. 2, S. 323 ff.

[94] Zuletzt polnischerseits Lech Trzeciakowski, *Pod pruskim zaborem 1850—1918*, Warszawa 1973. Recht rege ist auch für diesen Zeitabschnitt die Forschung in der DDR, vgl. M. Hellmann (Hrsg.), *Osteuropa* ... (wie Anm. 31).

[95] Hans-Ulrich Wehler, *Die Polenpolitik im deutschen Kaiserreich 1871—1918*, in: *Politische Ideologien und nationalstaatliche Ordnung. Studien zur Geschichte des 19. und 20. Jahrhunderts. Festschrift für Theodor Schieder zu seinem 60. Geburtstag*, hrsg. von Kurt Kluxen und Wolfgang J. Mommsen, München-Wien 1968, S. 297—316; ders., *Bismarck und der Imperialismus* (= Studien-Bibliothek), 3. Aufl., Köln 1973; ders., *Krisenherde des Kaiserreichs 1871—1918. Studien zur deutschen Sozial- und Verfassungsgeschichte*, Göttingen 1970; Michael Stürmer (Hrsg.), *Das kaiserliche Deutschland. Politik und Gesellschaft 1870—1918*, Düsseldorf 1970. — Eine gut dokumentierte, beziehungsrelevante Detailuntersuchung liefert Helmut Neubach, *Die Ausweisungen von Polen und Juden aus Preußen 1885/86. Ein Beitrag zu Bismarcks Polenpolitik und zur Geschichte des deutsch-polnischen Verhältnisses* (= Marburger Ostforschungen 27), Wiesbaden 1967.

soziale Erweiterung und volksnationale Modernisierung der Nation der Polen aus der Auseinandersetzung mit den staatlichen Sicherungsbedürfnissen der imperialen Teilungsmächte auf dem Hintergrunde einer gründlichen und kritischen Verarbeitung der modernen Nationalismusforschung gedeutet wird.[96] Außerdem ist hier ein wichtiges Exempel beziehungshistoriographischer Kooperation zwischen der modernen deutschen und polnischen Forschung gegeben, insoweit als nun gerade in dieser Fragestellung nach den Organisationsformen und der Ideologie der polnischen Nationalbewegung in den preußischen Teilungsgebieten von der Zugehörigkeit Westpreußens zum preußischen Staatsverbande sich auch die Zuständigkeit der deutschen Forschung herleiten läßt. Das ist gerade in einer umfangreichen polnischen Rezension dieses Buches im *Tygodnik Powszechny* betont worden.[97]

In der modernen Erforschung der sozialen Bewegungen und Parteien zeichnet sich ein weiterer beziehungsgeschichtlicher Schwerpunkt als deutsch-polnischer Forschungsumkreis ab. Wie wenig förderlich die Organisationsprobleme der SPD im bismarckisch-wilhelminischen Reich für die Koordination der nationalen Arbeiterbewegungen gewesen sind, ist von Hans-Ulrich Wehler in seiner Dissertation mit ihrem sehr diskutablen beziehungsgeschichtlichen Ansatz gezeigt worden.[98] Heute muß man wohl konstatieren, daß der konsequente Internationalismus der Partei Rosa Luxemburgs die wesentliche Aufmerksamkeit im Sinne einer beziehungsgeschichtlichen Auswertung der Geschichte der Arbeiterbewegung auf sich zieht. Die Publikationen im Umkreis der Rosa Luxemburg-Forschung zeigen dies deutlich, nicht zuletzt das kürzlich erschienene umfangreiche Buch von Georg W. Strobel über die Partei Rosa Luxemburgs.[99]

[96] Peter Böhning, *Die nationalpolnische Bewegung in Westpreußen. 1815—1871. Ein Beitrag zum Integrationsprozeß der polnischen Nation* (= Marburger Ostforschungen 33), Marburg/Lahn 1973.

[97] Henryk Wereszycki, *Zachodnioniemiecki historyk o „polskim korytarzu"*, in: *Tygodnik Powszechny* 28, Nr. 41 (1342) vom 13. 10. 1974, S. 1—2.

[98] Hans-Ulrich Wehler, *Sozialdemokratie und Nationalstaat. Die deutsche Sozialdemokratie und die Nationalitätenfragen in Deutschland von Karl Marx bis zum Ausbruch des Ersten Weltkrieges* (= Marburger Ostforschungen 18), Würzburg 1962, 2., überarb. Aufl., Göttingen 1971.

[99] Georg W. Strobel, *Die Partei Rosa Luxemburgs, Lenin und die SPD. Der polnische „europäische" Internationalismus in der russischen Sozialdemokratie*, Köln 1974. — Die beiderseitigen Fachorgane für die Geschichte der Arbeiterbewegung, die polnische *Z Pola Walki. Kwartalnik poświęcony dziejom ruchu robotniczego*, Warszawa 1958 ff., und die deutsche *Internationale wissenschaftliche Korrespondenz zur Ge-*

Kaum noch übersehbar sind die Publikationen zu Einzelproblemen der deutsch-polnischen Beziehungen im Zeitalter der beiden Weltkriege.[100] Hier berichtsartig den beziehungsgeschichtlich relevanten Ertrag festzustellen, wäre eine sehr dringliche Aufgabe im Sinne der hier aufgestellten Konzeption. Zu welchen unzulänglichen Ergebnissen auf diesem Gebiete eine orientierungslose Einstellung zur Forschung und bloßes Darauflosarbeiten führt, hat — als ziemlich krasses Beispiel — soeben eine Kölner Dissertation gezeigt.[101] Da aber gerade dieser Zeitraum ebenso wie der Zeitabschnitt nach 1945, für den ja vom Forschungsstande her gesehen prinzipiell Ähnliches gilt, den gutgemeinten, aber oft doch schwach begründeten Aktivitäten von außerfachlicher Seite breit offensteht,[102] sind hier solide synthetisierende Forschungsbestandsaufnahmen auf geschichtswissenschaftlicher Grundlage besonders dringlich.[103]

Auch hierfür sind, wie in der geschichtswissenschaftlichen Forschung überhaupt, die Voraussetzungen auf der polnischen Seite weitaus günstiger als bei uns. Denn Hand in Hand mit der aktiven polnischen Forschung läuft eine intensive Beobachtung und genaue Berichterstattung und infolgedessen sehr rasche Rezeption der deutschen Forschungsinitiativen auf diesen Gebieten. Man muß dabei auch im Auge haben, daß es mit Posen ein organisatorisches Zentrum für das polnische beziehungsgeschichtliche und deutschlandgeschichtliche Interesse gibt. So befindet

schichte der deutschen Arbeiterbewegung, 1965 ff., haben in ihrer Berichterstattung deutsch-polnische Beziehungsprobleme stets vorbildlich berücksichtigt.

[100] Vgl. für die polnische Produktion die Angaben in meinem Bericht *Schwerpunkte und Entwicklungslinien* ... (wie Anm. 3), in: *Historische Zeitschrift*, Sonderheft 5, S. 283, 288 ff.; für die DDR siehe M. Hellmann (Hrsg.), *Osteuropa* ... (wie Anm. 31); für die westdeutsche Historiographie fehlt eine entsprechende Übersicht.

[101] Frank Golczewski, *Das Deutschlandbild der Polen, 1918—1939. Eine Untersuchung der Historiographie und der Publizistik* (= Geschichtliche Studien zur Politik und Gesellschaft 7), Düsseldorf 1974. Siehe dazu meine Besprechung in der *FAZ* vom 23. Mai 1975, S. 11.

[102] So zum Beispiel Volkmar Kellermann, *Brücken nach Polen. Die deutsch-polnischen Beziehungen und die Weltmächte 1939—1973* (= Bonn aktuell 12), Stuttgart 1973, der immerhin eine recht solide gearbeitete Chronik der diplomatischen Abläufe im wesentlichen ohne Problemverknüpfung (für diese vgl. E. Nolte, *Deutschland* ... [wie Anm. 62], S. 167 ff.) bietet.

[103] Allein schon im Hinblick auf die notwendige Komplettierung der verschiedenen Ansätze ist eine geschichtswissenschaftliche Erfassung und Verarbeitung des zeitgeschichtlichen Umkreises dringend erforderlich. Für die Zeit des Zweiten Weltkrieges sind die Vorarbeiten recht gut gediehen. — Für die Epoche nach 1945 nimmt sich neuerdings der Assistent der Abteilung für die Geschichte der deutsch-polnischen Beziehungen im Rahmen eines Forschungsprojekts „Die deutschen Parteien und die polnische Deutschlandpolitik nach 1945“ dieser Aufgaben an.

sich hier der einzige Lehrstuhl für deutsche Geschichte an einer polnischen Universität, außerdem das deutschkundliche Westinstitut (Instytut Zachodni) mit seiner Spezialzeitschrift, dem *Przegląd Zachodni* (Westrundschau), die zum Teil deutlich beziehungsgeschichtliche Aufgabenstellungen wahrnimmt. Sie war bis 1955 stärker auf die älteren Epochen bezogen. Seit 1955 beschäftigt sie sich aber fast ausschließlich mit der gegenwärtigen Situation in Deutschland.[104] Die Posener Initiativen haben neuerdings eine starke Intensivierung erfahren, indem seit dem Jahre 1972 die erste spezielle Zeitschrift für die deutsch-polnische Beziehungsgeschichte, die *Studia Historica Slavo-Germanica,* erscheint. Bis jetzt liegen drei Hefte vor, die vorwiegend neuzeitlichen Problemen gewidmet sind und neben dem Aufsatzteil und einem sehr umfassenden Rezensionsteil einen bibliographischen Teil umfassen, in dem Jahresbibliographien zur deutsch-polnischen Beziehungsgeschichte veröffentlicht werden.[105] Dem Historischen Seminar der Universität Posen ist seit 1971 die Aufgabe einer Koordinierungs- und Planungsstelle für alle deutschlandkundlichen Initiativen im Bereich der polnischen Geschichtswissenschaft und Sozialkunde zugewiesen worden.

Gewiß treten hinter der Bedeutung Posens die anderen Universitätsstädte in den Westgebieten zurück, doch sollte man Breslaus — wo es seit kurzem ein „Zentrum für deutsche Fragen" gibt[106] — und Thorns[107]

[104] Für das Institut Zachodni und seine Publikationen vgl. R. J. Neumann, *Polens Westarbeit* ... (wie Anm. 108), S. 13 ff.

[105] Die allgemeine Überschrift der Bibliographie lautet: *Bibliografia Slavo-Germanica.* (Bisher sind drei Folgen erschienen: in Bd. 2 [1973] für die Jahre 1970—1972, in Bd. 3 [1974] für 1972 mit Nachträgen für 1970 und 1971, in Bd. 4 [1975] für 1972). Unter dieser Rubrik finden sich in römischer Zählung neun Abschnitte (I: Werke allgemeinen Charakters; II: Slavisch-germanische Beziehungen vor der Entstehung des polnischen Staates; III: Polnisch-deutsche Beziehungen vom 10./11. bis 15. Jahrhundert; IV: Polnisch-deutsche Beziehungen vom 16. bis 18. Jahrhundert; V: Polnisch-deutsche Beziehungen bis 1918; VI: Polnisch-deutsche Beziehungen von 1918 bis 1939; VII: Polnisch-deutsche Beziehungen von 1939 bis 1945; VIII: Polnisch-deutsche Beziehungen nach 1945; IX: Sprachwissenschaft). — Von der zweiten Folge an sind die Überschriften der Unterkapitel in „*slavisch*-deutsch" abgeändert.

[106] Wichtig aber ist Breslau vor allem wegen der hervorragenden Bibliotheksverhältnisse in Geschichtswissenschaft (vor allem regionale Zeitschriftenbestände) und Germanistik. Die Breslauer Germanistik dürfte als führend im Bereich der sozialistischen Länder anzusehen sein. Prof. Marian Szyrocki hat ein umfassendes deutsch-polnisches beziehungsgeschichtliches Forschungsprogramm in Gang gesetzt, das in erster Linie der beziehungsgeschichtlichen Auswertung der großen Zeitschriftenbestände (seit dem frühen 19. Jahrhundert) dient. Dem steht auf unserer Seite kaum mehr als der gute Wille gegenüber; vgl. die kleine Studiensammlung von Karl Dedecius, *Deutsche und*

Rolle und Bedeutung in der deutsch-polnischen Beziehungsforschung nicht unterschätzen, und ebenso kommen natürlich die kleineren Forschungsstätten der regionalen Wojewodschaftszentren in Betracht. Welche breite Aktivität in dem größeren Rahmen der polnischen Westforschung seit Kriegsende entfaltet wird, hat ja das wertvolle Informationsbändchen von Rudolf Neumann vor einigen Jahren deutlich machen können.[108] Nach allem, was mir an Beobachtungen und Erfahrungen zugänglich ist, läßt sich erwarten, daß beziehungsgeschichtliche Forschungsaktivitäten im Sinne der oben entwickelten Konzeption auf ihre wesentlichen Gesprächspartner in Polen, Breslau und Thorn treffen dürften.

Freilich muß man im Vergleich mit den polnischen Verhältnissen auf unserer Seite vorerst von einem munteren Wildwuchs sprechen: An den Einzelseminaren für Osteuropäische Geschichte werden Dissertationen und Examensarbeiten mit einschlägigen Themen mehr oder weniger beliebig zugeteilt, eine Absprache unter den Seminaren findet nicht statt. Das hat sicher Vorteile und Nachteile, wobei die letzteren aber doch überwiegen dürften. Zwar nimmt sich in dem allgemeinen Projektfieber und Koordinationseifer, die die Wissenschaft der Bundesrepublik erfaßt haben, ein zurückhaltendes Fachgebiet dann immer sehr sympathisch und vertrauenerweckend aus. Gleichwohl wäre vornehme Zurückhaltung der zuständigen historischen Fachwissenschaft fehl am Platze. Denn man muß einerseits die polnischen Aktivitäten realistisch sehen — sie können auf die Dauer nicht ohne wissenschaftliches Echo bei uns bleiben, weil sich damit der traditionelle Intensitätsunterschied der gegenseitigen Wahrnehmung — durch polnische Aktivität und deutsche Gleichgültigkeit — weiter vertiefen würde. Andererseits verschaffen die politischen Konjunkturen seit 1969/70 den Projektemachern unterschiedlichster Provenienz bei uns auch außerwissenschaftlichen Rückenwind. Es läßt sich auch nicht übersehen, daß die erfreuliche Zunahme des öffentlichen Inter-

Polen. Botschaft der Bücher, München 1971, und die streitbaren, teilweise überpointierten, bisweilen antiquierten, aber doch wichtigen Aufsätze von Arno Lubos, *Deutsche und Slawen. Am Beispiel Schlesiens und anderer Ostgebiete*, Wien 1974.

[107] Thorns Historiker sind heute die aktivsten Forscher auf dem Gebiet der preußischen (west- und ostpreußischen) und der pommerschen Landesgeschichte, deren sehr gut geführte Vierteljahrsschrift *Zapiski Historyczne* nicht nur für die deutsch-polnische Beziehungsgeschichte, sondern auch die Geschichte des gesamten Ostseegebietes unentbehrlich geworden ist.

[108] Rudolf J. Neumann, *Polens Westarbeit. Die polnischen Kultur- und Bildungseinrichtungen in den deutschen Ostgebieten* (= Deutsche Studien), Bremen 1966.

esses an den deutsch-polnischen Beziehungsfragen in größerem Umfange die Aktivität der Medien erforderlich macht. Es ist also nicht als Vorwurf oder Lamento zu verstehen, wenn hier nochmals unterstrichen wird, daß in den Medien unausweichlich die — im besten Sinne des Wortes — dilettierenden Publizisten den Ton angeben. Ferner ist zu beachten, daß der verlegerische Opportunismus weiterhin auf der Welle einer modischen Universitäts- und Fachverdrossenheit dahinschwimmt und daß große Verlage ziemlich unbesehen und unkontrolliert daraufIosdrucken.

Gegenüber diesen Erfahrungen in der Bundesrepublik besteht, wie ich hoffe indirekt klargemacht zu haben, ein geschichtswissenschaftliches, ja darüber hinaus für alle Fachwissenschaften ein methodologisch genaues wissenschaftliches Abgrenzungsbedürfnis. Abgrenzung im fachwissenschaftlich reflektierten Sinne bedeutet ja nicht planvolle Selbstisolierung oder gar kooperationsfeindliche Borniertheit. Vielmehr soll aus der Vergewisserung der eigenen fachlichen Ansätze und Kompetenzen der Blick für die methodologisch gesicherten interdisziplinären Möglichkeiten geschärft und die Gefahr unkritischer Hybridisierung vermieden werden. Ein Vorteil wäre es, in einer solchen Situation eine Koordinierungsstelle, einen Clearingplatz für die geschichtswissenschaftliche Aufgabenstellung der deutsch-polnischen Beziehungsgeschichte zu haben. Mit der Einrichtung der Abteilung für die Geschichte der deutsch-polnischen Beziehungen in der Historischen Kommission zu Berlin ist eine wesentliche organisatorische Voraussetzung dafür geschaffen. Sie gilt es in diesem Sinne zu nutzen. So muß man nach Lage der Dinge in der methodologischen Standortbestimmung für die geschichtswissenschaftliche Forschung und in der Clearing- und Koordinationsfunktion für die einschlägigen Bemühungen in der Bundesrepublik die dringlichste Problemstellung und den vorrangigen Aufgabenbereich für die Berliner Abteilung sehen.

ZWEITER TEIL

Frühes Städtewesen zwischen Elbe und Weichsel

REFERATE

WITOLD HENSEL

Möglichkeiten und Grenzen der Archäologie bei der Erforschung des frühen Städtewesens

Will man über Möglichkeiten und Grenzen der Archäologie bei der Erforschung des frühen Städtewesens[1] zwischen Elbe und Weichsel sprechen, muß man sich zuerst über den Begriff Stadt klarwerden. Ich werde nicht die schon viele Jahre dauernde Diskussion wiederaufnehmen, die über dieses Problem geführt wurde. Wenn wir die rechtlichen Besonderheiten[2] als die einzigen Kriterien für das Bestehen einer Stadt ablehnen, müssen wir uns zugleich der Schwierigkeiten bewußt sein, die eine kurze und alle Momente erschöpfende Definition des Begriffes Stadt bereitet. Aus diesem Grunde werde ich ähnlich verfahren, wie es schon vor mir einige Gelehrte, zum Beispiel H. Łowmiański[3] 1953

[1] Zum Beispiel Witold Hensel, *Anfänge der Städte bei den Ost- und Westslawen*, Bautzen 1967, S. 13 ff.; Gerhard Dilcher, *Rechtshistorische Aspekte des Stadtbegriffs*, in: Herbert Jankuhn/Walter Schlesinger/Heiko Steuer (Hrsg.), *Vor- und Frühformen der europäischen Stadt im Mittelalter. Bericht über ein Symposium in Reinhausen bei Göttingen in der Zeit vom 18. bis 24. April 1972*, T. 1 (= Abhandlungen der Akademie der Wissenschaften in Göttingen, Phil.-hist. Klasse 3,83), Göttingen 1973, S. 33 ff.; Gerhard Köbler, *Civitas und vicus, burg, stat, dorf und wik*, in: H. Jankuhn/W. Schlesinger/H. Steuer (Hrsg.), *Vor- und Frühformen der europäischen Stadt* . . ., T. 1, S. 61 ff.; Herbert Ludat, *Zum Stadtbegriff im osteuropäischen Bereich*, in H. Jankuhn/W. Schlesinger/H. Steuer (Hrsg.), *Vor- und Frühformen der europäischen Stadt* . . ., T. 1, S. 77 ff.; Witold Hensel, *L'étude des villes par l'application des methodes archéologiques*, in: *Bollettino di storia dell arte del centro studi per i nuclei antichi e documenti artistici della Campania Meridionale Salerno Avellino Benevento* 2 (1974), S. 3—12; Anne Lombard-Jourdan, Foires gauloises et origines urbaines, in: *Archéocivilisation*, N.S., Nr. 11—13 (1972—1974), S. 46 ff.

[2] Über die Schwierigkeiten auf diesem Gebiet vgl. beispielsweise G. Dilcher, *Rechtshistorische Aspekte des Stadtbegriffs*, in: H. Jankuhn/W. Schlesinger/H. Steuer (Hrsg.), *Vor- und Frühformen der europäischen Stadt* . . ., T. 1, S. 30 ff.

[3] Henryk Łowmiański, *Podstawy gospodarcze formowania się państw słowiańskich*, Warszawa 1953, S. 179 ff.

und K. Junghanns[4] 1959, getan haben, und versuchen, die Merkmale zu bestimmen, die die Möglichkeit bieten, ein Ortsforschungsobjekt als städtische Siedlung anzuerkennen. Dazu rechne ich in Anlehnung an meine Vorläufer: 1. die wirtschaftliche Eigenständigkeit. Eine besondere Bedeutung haben der Anteil des Handwerks und des Handels, die Marktproduktion, besondere Stadtviertel, wo das Handwerk ausgeübt wurde, und in geringerem Maße die Produktion für den eigenen Verbrauch sowie die Notwendigkeit, einen großen Teil der Lebensmittel von außerhalb zu beschaffen; 2. die räumliche Geschlossenheit; 3. die Wehrhaftigkeit (Befestigung); 4. eine gegenüber der Landes- oder Gebietsverwaltung sowie in militärischer wie auch religiöser Hinsicht — vor allem auf dem Gebiet der kirchlichen Verwaltung — exponierte Stellung und 5. der rechtliche Sonderstatus.[5]

Hierher wird auch die Tatsache gehören, daß in Städten dieses Typus außer der Kriegermannschaft des Fürsten auch andere Kriegsleute stationiert waren.

Bekanntlich sind das alles typische Kennzeichen für die mittel- und westeuropäischen Städte des hohen Mittelalters. So hat zum Beispiel Hektor Ammann[6] die älteren Formulierungen von J. Flach wieder erwähnt und unterstützt. Für Flach unterscheiden sich „die Städte vom

[4] Kurt Junghanns, *Die deutsche Stadt im Frühfeudalismus* (= Deutsche Bauakademie. Schriften des Instituts für Theorie und Geschichte der Baukunst), Berlin 1959, S. 20 ff.

[5] Nach Max Weber sind die „Hauptmerkmale ... folgende: 1. Befestigung, 2. Markt, 3. eigenes Gericht und zumindest teilweise eigenes Recht, besonders aber 4. Verbandscharakter und damit verbunden, 5. mindestens teilweise Autonomie und Autokephalie, die dadurch gegeben waren, daß die Bürger als solche irgendwie an der Besetzung der Behörden beteiligt waren". H. Callies fügt eine richtige Bemerkung hinzu, wenn er sagt: „Welthistorisch wesentlich ist es für ihn, daß dieser Typus der autonomen Stadt nur der europäischen (richtiger: west- und mitteleuropäischen — Witold Hensel) Stadt — und da auch durchaus nicht immer und bis in die Neuzeit hinein — zugehört." Horst Callies, *Der Stadtbegriff bei Max Weber*, in: H. Jankuhn/W. Schlesinger/H. Steuer (Hrsg.), *Vor- und Frühformen der europäischen Stadt ...*, T. 1, S. 59 ff. Ähnliche Überlegungen wie ich hat auch Walter Schlesinger entwickelt: *Der Markt als Frühform der deutschen Stadt*, in: H. Jankuhn/W. Schlesinger/H. Steuer (Hrsg.), *Vor- und Frühformen der europäischen Stadt ...*, T. 1, S. 262. („Es ist vielmehr davon auszugehen, daß der Begriff ‚Stadt' ähnlich wie der Begriff ‚Adel' und andere verfassungs- und sozialgeschichtliche Begriffe, äußerst komplex und in verschiedenen Zeiten und Räumen durch verschiedene Kriterien zu definieren ist.")

[6] Hektor Ammann, *Vom Städtewesen Spaniens und Westfrankreichs im Mittelalter*, in: *Studien zu den Anfängen des europäischen Städtewesens. Reichenau-Vorträge 1955—1956* (= Vorträge und Forschungen 4), Lindau-Konstanz 1958, S. 134.

Dorf durch ihre Befestigung, ihre Wirtschaft, und zwar besonders den Wochenmarkt, und auch ihre Rolle als kirchliches Zentrum. Die Verleihung von Freiheiten, als einer besseren Rechtsstellung, sieht er nicht als wesentliches städtebildendes Element an, wohl aber die Bestrebungen zur Friedenssicherung." Interessant sind auch die zusammenfassenden Feststellungen von E. Ennen[7]: „Die Verleihung des Stadtrechtes, an die mancher vielleicht zunächst denken möchte, ist kaum geeignet, den Anfängen der Stadtbildung auf die Spur zu kommen. Das Stadtrecht konnte erst übertragen und verliehen werden, als die Stadt als besondere Form des Lebens, Siedelns, des Rechtes und der Wirtschaft bereits konzipiert war. Die landesherrlichen Gründungsstädte sind eine späte Erscheinung."

Ernste Zweifel tauchen jedoch auf, wenn wir von dem früheren Zeitraum sprechen, der durch die Stadtwerdung und den Kampf um Rechtsfreiheiten gekennzeichnet wird. Allgemein betrachtet, bezieht sich das auf das frühe Mittelalter, im Hinblick auf das Gebiet zwischen Elbe und Oder jedoch auf das 7./8. bis 12. Jahrhundert unserer Zeitrechnung und in bezug auf das Gebiet zwischen Oder und Bug auf das 6./7. bis 12. Jahrhundert, also auf die Jahrhunderte, in denen sich die feudalen Verhältnisse entwickelten, aber die feudalen Rechtsnormen noch nicht voll ausgebildet waren. Daher besteht heute im allgemeinen kein Zweifel daran, daß man für die gesamte Dauer des Feudalismus nicht alle von mir angeführten Merkmale, die eine Siedlung als Stadt erscheinen lassen, als solche anerkennen kann. Die rechtliche Sonderstellung tritt meistens später auf. Am Anfang der Stadtwerdung sind auch nicht immer ihre Verteidigungsfähigkeit und ihre räumliche Geschlossenheit gegeben. Sehr richtig lenken heute jene Forscher ihre Aufmerksamkeit auf diese Momente, die sich der Geschichte der westeuropäischen Städte widmen, unter anderen H. Ammann, E. Ennen, E. Klebel[8] und W. Schlesinger.[9]

[7] Edith Ennen, *Frühgeschichte der europäischen Stadt* (= Veröffentlichung des Instituts für geschichtliche Landeskunde der Rheinlande an der Universität Bonn), Bonn 1953, S. 294.

[8] Ernst Klebel, *Regensburg*, in: *Studien zu den Anfängen des europäischen Städtewesens . . .*, S. 104.

[9] Walter Schlesinger, *Städtische Frühformen zwischen Rhein und Elbe*, in: *Studien zu den Anfängen des europäischen Städtewesens . . .*, S. 297 ff.; ders., *Burg und Stadt*, in: *Aus Verfassungs- und Landesgeschichte. Festschrift zum 70. Geburtstag von Theodor Mayer*, 2 Bde, Konstanz 1954—1955, Bd. 1, S. 97 ff., und ders., *Der Markt als Frühform der deutschen Stadt*, in: H. Jankuhn/W. Schlesinger/H. Steuer (Hrsg.), *Vor- und Frühformen der europäischen Stadt . . .*, T. 1, passim.

Ein möglichst genaues Bild vom Leben der frühen Stadtsiedlungen ist nur durch die Anwendung aller erreichbaren Methoden der wissenschaftlichen Erkenntnis zu gewinnen. Die Bedeutung der einzelnen Methoden wird sich je nach den zu untersuchenden Problemen und ihren Anforderungen ändern. In jedem Falle gehört neben der traditionellerweise und mit Recht angewandten „historischen" Methode der archäologischen Methode der Vorrang. Wird die Frage richtig angefaßt, verspricht die Anwendung dieser beiden Methoden — genauer gesagt die Anwendung der Forschungsmethoden beider Disziplinen — sowohl die Aufstellung eines richtigen Forschungsplanes und die Erarbeitung eines entsprechenden Fragebogens als auch ein synthetisches Gesamtergebnis. In Übereinstimmung mit der Konzeption meines Vortrages werde ich der archäologischen Methode besondere Aufmerksamkeit widmen.

Wenn wir das Fachgebiet der Archäologie weiter untergliedern, können wir sagen, daß sich mit der Erforschung der Stadtsiedlung außer der Archäologie als solcher die Archäopraxeologie,[10] die Wirtschaftsarchäologie, die archäologische Geographie, die Luftfahrtarchäologie sowie in verhältnismäßig kleinem Umfang die Unterwasserarchäologie befassen.[11]

Die Bedeutung der archäologischen Methode[12] für die Siedlungsforschung hängt in hohem Maße von dem Wert der archäologischen Quellen selbst wie auch von den wissenschaftlichen Bemühungen des Forschers ab. Welchen Wert haben also archäologische Quellen? Wie nahe kommt die Sprache der Archäologie der lebendigen Sprache? Bekanntlich besitzt die Sprache der Archäologie andersgeartete Merkmale als das geschriebene Wort. Das Entziffern dieser Sprache setzt auch eine ganze Reihe von Hilfstätigkeiten voraus. Hinzu kommt noch, daß ein und derselbe Ausdruck der archäologischen Sprache eine viel reichere Bedeutungsfülle besitzt als ein Begriff der „normalen Sprache". Ihre Texte sind an vielen Stellen ausgelöscht, was zusätzliche Schwierigkeiten schafft. Die archäologischen Quellen sprechen viel mittelbarer, als dies bei geschriebenen Quellen der Fall ist. Ich spreche — in Übereinstimmung mit der

[10] Vgl. beispielsweise Witold Hensel, *On archaeological Praxeology*, in: *Folia Orientalia*, Bd. 11 (1969), Kraków 1970, S. 157—161, und ders., *Archeologia i prahistoria. Studia i szkice*, Wrocław-Warszawa-Kraków-Gdańsk 1971, S. 452 ff.

[11] Zur Aufgliederung der Archäologie in verschiedene Zweige vgl. Witold Hensel, *Archeologia żywa*, Warszawa 1973, S. 23.

[12] Vgl. beispielsweise Jean Hubert, *Archéologie médiévale*, in: Charles Samaran (Hrsg.), *L'histoire et ses méthodes* (= Encyclopédie de la Pléiade 11), Paris 1961, S. 1226 ff.

Meinung verschiedener Forscher — von einer viel größeren Mittelbarkeit der archäologischen Quellen und stelle sie nicht den schriftlichen Quellen gegenüber, weil auch diese zunächst interpretiert werden müssen, um zu gesicherten Ergebnissen zu gelangen.[13] Aus dem Mittelalter sind Dokumente bekannt, die sich entweder als Fälschungen späterer Jahre erwiesen haben oder die Bestimmungen enthalten, die überhaupt nicht realisiert worden sind. Wieviel Meinungsstreit[14] verursachen bis heute verschiedene im Mittelalter geläufige Bezeichnungen, wie zum Beispiel civitas, urbs, suburbium, vicus, locus usw.? Von ihrer richtigen Interpretation hängt das Verständnis der entsprechenden Siedlungssituation ab.

Mit weniger Sicherheit spricht man heute auch von der Überlegenheit der geschriebenen über die archäologischen Quellen in bezug auf die Erkenntnis einiger Seiten des historischen Prozesses. Eine gegenteilige Meinung, der man noch ab und zu begegnet, resultiert nicht aus dem Wert der archäologischen Quellen selbst, sondern aus der Praxis ihrer Nutzung, aus der Art und Weise, wie man sie liest. Auf diesem Gebiet bereiten die archäologischen Quellen mehr Mühe und Sorge als geschriebene Quellen. Archäologische Quellen erfordern, wenn man aus ihnen einen möglichst objektiven Inhalt herausschälen will, die Einbeziehung einer größeren Anzahl verschiedener Hilfsdisziplinen. Bei beiden Kategorien müssen wir uns jedoch fast im gleichen Maße vergleichender und retrogressiver Methoden bedienen.[15]

Man unterscheidet im Bereich der archäologischen Quellen komplexe und Einzelquellen. In manchen Fällen kann eine Einzelquelle zur Komplexquelle werden. Komplexe Quellen sind zum Beispiel Siedlungen und Begräbnisstätten. Auf sie bezogen sind Häuser oder Gräber Einzelquellen, aber in bezug auf die Bestandteile ihrer Ausstattung werden sie zu komplexen Quellen. Die komplexe Quelle stellt für die hier behandelten Fragen die grundlegende Quelle dar. Sie ist mit solchen geschriebenen Quellen wie Urkunden, Jahrbüchern oder Chroniken vergleichbar, deren

[13] Vgl. zum Beispiel Hans Jürgen Eggers, *Einführung in die Vorgeschichte* (= Sammlung Piper), München 1959, S. 16 ff.

[14] Vgl. zum Beispiel G. Köbler, *Civitas und vicus ...*, in: H. Jankuhn/W. Schlesinger/H. Steuer (Hrsg.), *Vor- und Frühformen der europäischen Stadt ...*, T. 1, S. 61 ff.

[15] Vgl. zum Beispiel Herbert Jankuhn, *Schlußbetrachtungen*, in: Herbert Ludat (Hrsg.), *Siedlung und Verfassung der Slawen zwischen Elbe, Saale und Oder*, Gießen 1960, S. 222, und Witold Hensel, *Perspectives de la recherche archéologique sur le milieu rural en Europe occidentale du haut moyen âge*, in: *Agricoltura e mondo rurale in occidente nell'alto medioevo. 22—28 aprile 1965* (= Settimane di studio dell Centro italiano di studi sull'alto medioevo 13), Spoleto 1966, S. 700.

einzelne Bestandteile je nach den Erfordernissen der Forschung zwar für sich, jedoch immer mit dem Blick auf das ganze Werk und nicht von ihm losgelöst analysiert werden können. Selbstverständlich ist anders vorzugehen, wenn es sich herausstellt, daß die Teile des Werkes nur durch Zufall miteinander verbunden wurden. Ähnlich verhält es sich übrigens mit der archäologischen Quelle, falls die Forschung feststellt, daß die einzelnen Teile einer gegebenen Komplexquelle nicht zusammengehören. Zu denken ist hierbei an solche Quellen wie Siedlungen oder Begräbnisstätten. Nach Ansicht vieler Forscher spiegelt die archäologische Quelle die Wirklichkeit wider, die eine Gesellschaft nach Normen, die in ihrem Bereich herrschten, gestaltet hat. In gewissem Sinne ist sie unter idealen Interpretationsbedingungen manchen Schriftquellen überlegen. Ich denke dabei vor allem an eine bestimmte Kategorie frühmittelalterlicher Quellen. Die Chroniken spiegeln zum Beispiel keine objektivierte, sondern eine subjektivierte Wirklichkeit wider.

Wenn man die These aufstellt, daß archäologische Quellen den Schriftzeugnissen manchmal überlegen sind, muß man ihre Grenzen klar abstecken und überdies daran erinnern, daß sich geschriebene Quellen in ihren Aussagen über viele Lebensbereiche nicht ersetzen lassen.

Von historischen Quellen, also auch von den archäologischen, fordern wir — wobei wir Fragen, die die Quelle selbst berühren, umgehen —, daß sie uns unter anderem auf Fragen der Wirtschaft, der Gesellschaft, der Politik, des Glaubens, der Kunst und der geistigen Kultur Antwort geben.

Die Archäologie kann, wie ganz richtig geurteilt wird, wesentlich zur Erforschung der Geschichte der materiellen Kultur beitragen — wozu auch das Siedlungswesen gehört —, die in gewissem Sinne ein Teilgebiet der Wirtschaftsgeschichte darstellt.

Das Zusammenwirken von Archäologie und Geographie ist für das Studium der geographischen Bedingtheit der Lage der Städte äußerst nützlich. Auf die Bedeutung dieser Kooperation haben unter anderen J. Dylik, F. Engel[16] und H. Jankuhn mit Recht nachdrücklich hingewiesen. H. Jankuhn hat die Notwendigkeit unterstrichen, bei der Städteforschung auch die Frage des Verkehrsnetzes[17] eingehend zu berücksich-

[16] Franz Engel, *Stadtgeschichtsforschung mit archäologischen Methoden, ihre Probleme und Möglichkeiten. Ein Tagungsbericht,* in: *Blätter für deutsche Landesgeschichte,* Bd. 88 (1951), S. 206.

[17] Vgl. zum Beispiel Teresa Wąsowicz, *Research on the Medieval Rural System in Poland,* in: *Archaeologia Polona,* Bd. 2 (1959), S. 125 ff.

tigen. Die geographische Archäologie kann viele wesentliche Erkenntnisse zu einem meines Erachtens für das Gesamtbild der Stadtwerdung noch wichtigeren Bereich beisteuern. Sie kann nämlich erklären helfen, welche Faktoren die Stadt zusätzlich zu den üblichen Ursachen ins Leben gerufen haben. Unabhängig zum Beispiel vom agrarischen Hinterland erlangten in einzelnen Fällen nahegelegene reiche Vorkommen an solchen Rohstoffen eine besondere Bedeutung, die im frühen Mittelalter begehrt waren. Dazu gehörten Salz, Eisenerz oder auch bestimmte Gesteinsarten, zum Beispiel Schiefer — unter anderem wolhynischer Schiefer —, um nur diese drei Beispiele zu nennen. Verkehrsverbindungen spielten zweifelsohne eine gewichtige Rolle, aber sehr häufig bewirkten gerade örtliche Bodenschätze[18] eine Verdichtung des Wegenetzes in der Nähe von Zentren, die zum Beispiel reich an Bodenschätzen und Mineralien waren.

Archäologische Quellen geben mit hinreichender Genauigkeit sowohl über die technische Seite der Produktion als auch über die Siedlungsformen Auskunft. Die modern aufgefaßte Methode der Planforschung[19] behält bei der Erforschung der Anfänge der städtischen Siedlungen weiterhin ihr Gewicht, und zwar hauptsächlich aus drei Gründen: Erstens gestattet sie, oft in Verbindung mit anderen Quellen, den richtigen Ausgangspunkt für archäologische Untersuchungen zu finden, zweitens bietet sie die Möglichkeit, die räumliche Ausdehnung der frühen Städte mit der der Lokationsstädte zu vergleichen, und drittens läßt sie erkennen, wie lange das Planbild der ältesten Stadtsiedlungen existiert hat. Von großer Bedeutung ist die Erforschung der Lage von Straßenzügen und Plätzen in Siedlungen aller Typen, insbesondere in den Städten. Deren Kenntnis erleichtert die Bestimmung der belebtesten Punkte in den untersuchten Orten. Die Erforschung der räumlichen Lage gestattet es auch, Ausdehnung und Existenz der Bauparzellen in den Städten zu bestimmen und in manchen Fällen auch den Prozeß ihrer Verkleinerung zu verfolgen. Dieser Prozeß ging Hand in Hand mit der Entwicklung von der Dorfansiedlung zur Stadt. Schließlich können aus der Analyse der

[18] Vgl. zum Beispiel H. Łowmiański, *Podstawy gospodarcze* . . ., S. 226.

[19] In dieser Richtung eröffnen sich dank der Ausnutzung von Methoden der modernen Raumplanung neue Möglichkeiten. Vgl. A. Grygorowicz, *Zastosowanie metod planowania przestrzennego do badań dawnych układów osadniczych. (Na przykładzie Krakowa z I połowy XIII wieku)*, Gliwice 1974. Zu den Grenzen der kartographischen Methode vgl. zum Beispiel Karol Modzelewski, *Metody kartograficzne wobec spornych problemów historii społecznej wcześniejszego średniowiecza*, in: *Kwartalnik Historii Kultury Materialnej*, 20. Jg. (1972), Nr. 3, S. 391 ff.

Lage der Häuser oder Gärten zu den Straßen wichtige Schlußfolgerungen gezogen werden. Denn eines der Merkmale der Stadtsiedlung besteht darin, daß neben der dichteren Bebauung die Häuser möglichst nahe an den Straßen errichtet wurden. Das erleichterte den Warenabsatz beziehungsweise die Entgegennahme von Arbeitsaufträgen in den Handwerksbetrieben.[20] Auf Grund der vergleichenden Methode und der Ausnutzung von Ergebnissen der klassischen und der byzantinischen Archäologie eröffnen sich neue Möglichkeiten der Erforschung der Plansysteme der frühmittelalterlichen Städte. Ich denke dabei an die Diskussion über das Thema der eventuell vorhandenen Wurzeln germanischer und slawischer Städte in der antiken bzw. der frühbyzantinischen Welt.

Ziemlich kompliziert ist die Frage, ob ein bestimmtes Produkt aus einer dörflichen oder einer städtischen Werkstatt stammt. In der Geschichte der slawischen Städte gab es wohl keinen Zeitabschnitt der sogenannten Verdörflichung des Handwerks, wie er für den Westen[21] bekannt ist, aber auch hier spielte in der Zeit vor der Entstehung der Städte[21a] der dörfliche[22] oder der Wanderhandwerker eine wichtige Rolle. Man muß zugeben, daß die Kriterien, mit denen die verschiedenen dörflichen und städtischen Handwerker auseinander gehalten werden, in bestimmten Fällen noch Zweifel erwecken. Es erhebt sich ganz einfach die Forderung, diese Kriterien präziser als bisher auszuarbeiten. Doch es gibt verschiedene Fundstücke, die auf das Niveau des technischen Wissens ihrer Hersteller schließen lassen. Auch die allgemeinen Züge der inneren Organisation der Produktion sind feststellbar. Von einer großen Anzahl von Waren kann gesagt werden, ob sie in der Hauswirtschaft hergestellt oder in einer berufsmäßig betriebenen Produktion gefertigt wurden. Es läßt sich auch feststellen, wieviel Spezialtätigkeiten in einer Werkstatt ausgeübt wurden. Auf diese Weise kann die Entwicklungskurve der Spezialisierung im Bereich des Handwerks nachgezeichnet werden.

[20] Vgl. zum Beispiel K. Junghanns, *Die deutsche Stadt im Frühfeudalismus ...*, S. 130.

[21] Vgl. die Analogien im System der schachbrettförmigen Pläne der Städte zum Beispiel in Griechenland, Rom und Byzanz und im Frühmittelalter bei den Slawen (zum Beispiel Mikulčice und Opole). Vgl. zum Beispiel *Studi sulla città antica. Atti del convegno di studi sulla città etrusca e italica preromana* (= Istituto par la storia di Bologna. Convegni e colloqui 1), Bologna 1970, passim.

[21a] Vgl. K. Junghanns, *Die deutsche Stadt im Frühfeudalismus ...*, S. 11.

[22] Vgl. zum Beispiel Witold Hensel, *Forschungsprobleme der polnischen Keramik des frühen Mittelalters,* in: *Prähistorische Zeitschrift,* Bd. 37 (1959), S. 199 ff.

Für die Erforschung der Produzentenorganisationen sind archäologische Quellen nicht so ergiebig. Hier liefern die archäologischen Methoden ein weniger klares Bild. Sie erhellen kaum einige Seiten dieser Frage. Möglicherweise wird sich diese Situation in Zukunft zu ihrem Vorteil verändern, sobald auch die Kriterien der Beurteilung selbst besser herausgearbeitet sein werden. Zur Zeit tappen wir noch ziemlich oft im Dunkeln, und das, was schon sicher schien, erweist sich in hohem Maße als hypothetisch.

Als Beispiel möge hier die Diskussion über die archäologischen Kriterien für die eindeutige Bestimmung der freien und unfreien Handwerker im frühen Mittelalter dienen. Anfangs schien es, daß wenigstens für eine bestimmte Kategorie von Berufen diese Frage auf der Grundlage von Analysen der Töpfermarken verschiedener Erzeugnisse positiv beantwortet werden konnte. Aber bis heute kann man — wenn die Verwendung von Töpfermarken in späteren Zeitabschnitten zur Kenntlichmachung verschiedener Tatbestände beachtet wird — nicht mit Sicherheit entscheiden, ob es sich um Produzentenzeichen oder um Zeichen des Bestellers handelt. Die Behauptung, daß bestimmte Zeichen, zum Beispiel auf den Gefäßböden, neben ihrem magischen Charakter in manchen Fällen die Besteller kennzeichneten, untergräbt sofort die Theorie, daß die mit fürstlichen Zeichen versehenen Gefäße von Töpfern hergestellt wurden, die unmittelbar vom Fürsten abhängig, also höchstwahrscheinlich unfrei waren.[23] Es bleibt künftigen glücklichen Entdeckungen auf dem Gebiet der sogenannten Dienstsiedlungen vorbehalten zu entscheiden, welche Seite recht hat. Auf diesen Zeitpunkt wird man noch warten müssen. Ich kann nur meiner persönlichen Überzeugung Ausdruck geben, daß die Töpfermarken auf die Hersteller als Besitzer der Werkstätten zu beziehen sind. Nicht unwichtig ist die Frage, wer der unmittelbare Produzent war. Der Umstand, daß nur ein gewisser Prozentsatz der Gefäßböden mit Zeichen versehen ist, steht, soweit es sich um freie Werkstätten handelt, vielleicht damit in Verbindung, daß die vom Produzenten gekennzeichneten Gefäße als eine Art Abgabe an die Feudalherren geliefert wurden. Doch bewiesen ist das noch keineswegs. Unabhängig von dieser oder einer anderen Interpretation der Funktion

[23] Vgl. zum Beispiel Witold Hensel, *Die Slawen im frühen Mittelalter. Ihre materielle Kultur,* Berlin 1965, S. 276 ff.; ders., *Słowiańszczyzna wczesnośredniowieczna. Zarys kultury materialnej,* 3. Ausgabe, Warszawa 1965, S. 333 ff.; ders., *U źródeł Polski średniowiecznej,* Wrocław-Warszawa-Kraków-Gdańsk 1974, S. 175 ff., und Barbara Lepówna, *Garncarstwo gdańskie w X — XIII wieku,* Gdańsk 1968, S. 129 ff.

der Töpfermarken kommt vielleicht die Hypothese der Wahrheit sehr nahe, daß die Tatsache ihres Auftretens, besonders ihrer massenhaften Verbreitung, mit dem Prozeß der Urbanisierung zusammenhängt. Ähnliche Erscheinungen sind noch in einigen nichtslawischen Gebieten anzutreffen.[24]

Die Feststellung, daß Handwerker ein und desselben Berufszweiges geschlossen in einem Viertel wohnten, ermöglicht interessante Rückschlüsse auf ihre Organisation. Daß sie sich lange Zeit auf denselben Parzellen hielten, weist auf die Dauerhaftigkeit dieser Erscheinung hin. Dieser Umstand ist von großer Bedeutung besonders für die Bestimmung des Charakters der betreffenden Siedlung. Auf Grund der archäologischen Methode kann jedoch nichts Sicheres über die Einzelheiten der inneren Organisation der Handwerker gesagt werden.

Viel Raum sollte die Forschung der Untersuchung der Konsumtion im weitesten Sinne geben. Das ist ein ungemein wichtiges Problem. Es gewährt nämlich Einblick in die Struktur der Arbeitsteilung innerhalb der Stadtbevölkerung und auch in die Beziehungen zu näheren und entfernteren Wirtschaftszentren. Dazu gehören nicht nur Nahrungsmittel,[25] die Art und Weise ihrer Beschaffung oder Zubereitung sowie die Menge der von den Städten verzehrten Lebensmittel, sondern die Versorgung der Stadtbevölkerung mit den notwendigen Produkten überhaupt und der unmittelbare Verbrauch dieser Güter. Bekanntlich besteht eins der Merkmale der Stadtsiedlungen darin, daß ein großer Teil der Lebensmittel gekauft werden muß. Gerade darum bilden sich in Städten beziehungsweise blühen dort solche spezialisierten Handwerkszweige auf, wie zum Beispiel das Fleischer- und Bäckerhandwerk. Eine wichtige Rolle spielten im Leben der Städte auch Gasthäuser.

Gasthäuser übten verschiedenerlei Funktionen im Leben der frühmittelalterlichen Städte aus, außer positiven auch negative. Das illustrieren unter anderem die sogenannten Dekrete Břetislavs[26] aus dem Jahre 1039, in denen wir lesen: „tabernam que radix omnium malorum unde procedunt furta, homicidia, adulteria et cetera mala“ (der Gasthof, der die Wurzel allen Übels ist, von dem Diebstähle, Morde, Ehebruch und ande-

[24] Barbara Lepówna, *Kilka uwag o znakach garncarskich* (als Randbemerkung zu J. Kirkman, *Potters Marks from Medieval Arab Sites in Kenya)*, in: *Prace i Materiały Muzeum Archeologicznego w Łodzi. Seria Archeologiczna*, Bd. 9 (1963), S. 237 ff.

[25] Vgl. beispielsweise Maria Dembińska, *Les méthodes des recherches sur l'alimentation en Pologne médiévale*, in: *Archaeologia Polona*, Bd. 2 (1959), S. 141 ff.

[26] Václav Vaněček, *Nový text (varianta) Dekretů Břetislavových z r. 1039*, in: *Slavia Antiqua*, Bd. 3 (1951/52), S. 134.

res Übel ausgehen). Gasthöfe, Freibänke und auch Bäckereieinrichtungen können wir in günstigen Fällen bei archäologischen Forschungen erfassen.

Wie die Praxis gezeigt hat, können mit Hilfe der Archäologie wesentliche Teile des städtischen Wirtschaftslebens erhellt werden. Mit der Konsumtion ist auch die Frage des Handels verknüpft. Ganz allgemein unterscheidet man lokalen Handel und Fernhandel. Um das Wesentliche in der Entwicklung der Städte zu erkennen, sollte versucht werden, den Aktivitätsgrad des Lokalmarktes zu rekonstruieren, wobei wir Sonderfälle, zum Beispiel Hafensiedlungen, unbeachtet lassen. Um dieses Ziel zu erreichen, ist es unbedingt notwendig, die Forschungen mit Hilfe der mikrogeographischen Methode[27] durchzuführen. Allgemein gibt die Verteilung der einzelnen Wirtschaftszentren in verschiedenen Gebieten des Landes Auskunft über den Grad der Intensität seines inneren Wirtschaftslebens. Sehr wichtig für die Beschreibung der Handelsaktivität der Städte ist die Lokalisierung ihrer Marktplätze.[28] In einigen Fällen werden Nachforschungen über die Lage der Kirchen und über ihre Patrozinien gute Dienste leisten. Unumgänglich sind schließlich Studien über die örtliche Verteilung von Plätzen, wo die Abgaben gesammelt wurden.

Forschungen über die Entwicklung des Geldmarktes waren von großem Wert für die Klärung dieser Probleme. Die in letzter Zeit in verschiedenen Ländern unternommenen, breit angelegten Untersuchungen zu dieser Frage versprechen die Aufdeckung neuer, wichtiger Tatbestände.[29] Die Wichtigkeit solcher Studien steht außer Zweifel, zumal schon jetzt eine Reihe von neuen wertvollen Ergebnissen vorgelegt wurde. Selbstverständlich stellt der Geldumlauf das empfindlichste Barometer für Veränderungen dar, die sich zum Beispiel in Polen, seitdem dort Städte existieren, das heißt hauptsächlich von der zweiten Hälfte des 10. und besonders vom Anfang des 11. und im 11./12. Jahrhundert abgespielt haben. In Verbindung mit dieser Frage ist es sehr wichtig, die Münzstätten zu lokalisieren.[30]

[27] W. Hensel, *Archeologia i prahistoria* . . ., S. 460 ff.

[28] K. Junghanns, *Die deutsche Stadt im Frühfeudalismus* . . ., S. 24.

[29] Vgl. zum Beispiel Ryszard Kiersnowski, *Pieniądz kruszcowy w Polsce wczesnośredniowiecznej*, Warszawa 1960, passim, und Charlotte Warnke, *Die Anfänge des Fernhandels in Polen 900—1025* (= Marburger Ostforschungen, Bd. 22), Würzburg 1964, passim.

[30] Vgl. Stanisław Suchodolski, *Mennictwo polskie w XI i XII wieku*, Wrocław-Warszawa-Kraków-Gdańsk 1973, S. 77 ff.

Schon bei den Ausführungen über die Organisation des Handwerks wurde auf die soziale Problematik hingewiesen. Die großen Schwierigkeiten bei der Rekonstruktion der herrschenden Normen innerhalb einer Gruppe und der Beziehungen zwischen den einzelnen Gruppen kamen zur Sprache. Das Verhältnis der einzelnen Schichten zueinander können wir hauptsächlich auf Grund zweier Kriterien bestimmen, des Vermögens sowie der räumlichen Lage. Beide beziehen sich sowohl auf Siedlungsobjekte wie auf Grabstätten, die ja übrigens der Begriff Siedlung umfaßt. Die bei archäologischem Quellenmaterial vollkommen natürliche Namenlosigkeit der interpretierten Fundstücke lasse ich beiseite. Also können wir uns die Unterschiede zwischen der Rekonstruktion der Arbeitsorganisation einer Werkstatt und der Organisation ganzer Handwerkergruppen oder anderer sozialer Gruppen auf folgende Weise vorstellen. Im ersten Falle gleicht die Rekonstruktion unter idealen Bedingungen einer guten photographischen Aufnahme. Im anderen Falle ergibt sie unter ähnlichen Umständen ein Bild von impressionistischem Typ.

Auf eine ähnliche Weise ermöglichen es die archäologischen Methoden, Fragen des Glaubens und der Politik zu beleuchten. In beiden Fällen tritt die materielle Seite der genannten Problematik am genauesten hervor, wobei sich auf dem Gebiet des Glaubens eine viel reichhaltigere Fülle von Möglichkeiten bieten wird als auf dem Gebiet der politischen Fragen,[31] wo allerdings gewisse Möglichkeiten bestehen, nicht nur solche politische Ereignisse zu rekonstruieren, wie zum Beispiel Kriege oder Überfälle, sondern wo es manchmal real möglich ist, auch politische Grenzen festzustellen. Verhältnismäßig viel können wir dagegen auf Grund von archäologischen Kriterien zum Thema Kunst und Geisteskultur sagen. Im ersten Fall werden ähnliche Resultate wie im Wirtschaftsbereich erzielt werden können, im zweiten Fall werden die Ergebnisse mit dem auf dem Gebiet der sozialen Problematik Erreichbaren vergleichbar sein.

Für die Geschichte, also auch für die Städtegeschichte, ist die Möglichkeit einer chronologischen Ordnung der einzelnen Ereignisse besonders wichtig. Damit erhebt sich die Frage, ob die Anwendung der archäologischen Methode bei der Städteforschung dieser Forderung Genüge tut. Ich übertreibe nicht, wenn ich behaupte, daß sie es in einem Maße tut,

[31] Ähnlich zum Beispiel Herbert Jankuhn, *Zur Fortführung der Ausgrabungen in Haithabu. Probleme und Ziele*, in: *Zeitschrift der Gesellschaft für Schleswig-Holsteinische Geschichte*, Bd. 87 (1962), S. 34.

das unsere Erwartungen weit übertrifft. An einer Reihe von Objekten können wir die aufeinanderfolgenden Schichtungen verfolgen, die zehn bis fünfzig Jahre, in einigen Fällen auch ein bis fünf Jahre umfassen[32] und an denen die wichtigsten Veränderungen abzulesen sind, die sich dort vollzogen haben. Gestützt auf archäologische Quellen, kann man es wagen, die erfolgreichen und weniger erfolgreichen Zeitabschnitte in der Geschichte der Stadt sowie den Lebensstandard und das Kulturniveau seiner Bewohner zu bestimmen. Die dabei ermittelten Tatbestände geben Auskunft über die Entwicklung von Handwerk und Gewerbe, des Handels, der Architektur, der Kunst und des Glaubens. Diese Forschungen liefern Informationen über die Kenntnis der Schrift und unter besonders günstigen Verhältnissen — wie zum Beispiel in Novgorod — sogar über das Niveau und die Art des Schrifttums.

Archäologisches Quellenmaterial ist auch eine wichtige Grundlage für Forschungen auf dem Gebiet der demographischen Verhältnisse. Verschiedene Ausgangspunkte sind möglich. In der Wissenschaft herrscht die ziemlich einheitliche Meinung vor, daß auf einen „Rauch" (Haus) im frühen Mittelalter durchschnittlich 4 bis 6 Personen kamen. Die auf diese Weise ermittelten Zahlen sind an der Anzahl der Gräber auf den zu der betreffenden Siedlung gehörenden Begräbnisstätten nachprüfbar. Verlockende Resultate lieferten die Untersuchungen der Gräberfunde in Böhmen und Mähren, in der DDR und in der Kiever Rus' dank der verhältnismäßig gut datierten Materialien. Aber auch für die polnischen Verhältnisse, vor allem bis zum Ausgang des 12. Jahrhunderts, ergeben sich aus der Analyse von Begräbnisstätten wichtige zusätzliche Erkenntnisse für die Berechnung der Zahl der Bevölkerung, die in den damaligen Städten wohnte. An anderer Stelle wurde schon erwähnt, daß mit Hilfe der mikrogeographischen Methode die durchschnittliche Bevölkerungszahl eines Gebietes errechnet werden kann. Die zusammengefaßten Teilergebnisse gestatten es, die (natürlich geschätzte) Bevölkerungszahl des betreffenden Landes und den Anteil der Stadtbevölkerung an der Gesamtbevölkerung in den einzelnen Zeitabschnitten mit relativer Genauigkeit zu berechnen.

Eine ziemlich heikle Angelegenheit ist es, die räumliche Größe und Ausdehnung der frühmittelalterlichen Stadt beschreiben zu wollen. Das

[32] Vgl. zum Beispiel Б. А. Колчин, Дендрохронология восточной Европы, in: Археология и естественные науки. Под общ. ред. Б. А. Колчина, Moskau 1965 (B. A. Kolčin, *Dendrochronologija vostočnoj Evropy*, in: B. A. Kolčin [Hrsg.], *Archeologija i estestvennye nauki*, Moskau 1965), S. 62 ff.

Ziel müßte hier sein, die Größe eines Territoriums zu bestimmen, das in dem untersuchten Zeitabschnitt mit ein und demselben Ortsnamen bezeichnet wird. Wir wissen sehr gut, daß es übertrieben ist zu behaupten, der frühmittelalterliche Stadtkomplex sei eine Burg mit einem oder mehreren Suburbien gewesen. Das Territorium war viel größer, in jedem Fall in der Zeit, in der die Städte mit Lokalrecht in Blüte standen. Sowohl Gniezno als auch Poznań sowie Szczecin, Gdańsk und Wrocław können hierfür bis zu einem gewissen Grade als klassische Beispiele gelten. Was Poznań betrifft, gibt das Lokationsdokument ziemliche Gewißheit, daß mit dem Namen Poznań das Gelände der späteren Altstadt auf dem linken Ufer der Warta und die Dominsel bezeichnet wurden. Er erstreckte sich jedoch nicht auf andere Siedlungen am rechten Flußufer, die besondere Namen trugen, zum Beispiel Sródka. Auch dort, wo die geschriebenen Quellen schweigen, läßt sich praktisch die Größe des Stadtkerns, das heißt der Burganlage und des mit ihr zusammenhängenden Suburbiums (der Suburbien), umreißen. Die Bevölkerungsdichte der nächsten Nachbarschaft ist feststellbar. Es ist aber nicht möglich festzustellen, ob die dem Suburbium benachbarten Siedlungen einen integralen Teil der Stadt darstellen oder ob sie ihre Vorstädte waren, beziehungsweise ob sie, falls sie sich um eine andere in der Nähe gelegene Burg scharten, nicht eine abgesonderte Siedlungseinheit mit einem anderen Namen waren.

Sowohl für die demographische Problematik als auch für die Bestimmung des allgemeinen Niveaus der Entwicklung des städtischen Lebens in einem Lande ist von großer Bedeutung die Frage, wie die Stadtsiedlungen verschiedener Art im Lande geographisch verteilt waren. Es handelt sich um die Entfernung zwischen großen Zentren sowie darum, welcher Art die zwischen ihnen gelegenen Siedlungen waren. Das zu wissen, ist ungemein wichtig für die Erforschung des Einzugsbereiches des Lokalmarktes.

Für Polen,[33] die Kiever Rus und einige andere Länder haben Forschungen ergeben, daß die Entfernung zwischen den großen Zentren — wie wir später noch sehen werden — 40 bis 70 km beträgt. Diese Schwankungen hingen nicht nur von den geographischen Gegebenheiten ab, sondern von der mehr oder weniger fortgeschrittenen Verkehrsentwicklung. In dieser Richtung eröffnet die Anwendung von modernen Methoden der Raumplanforschung neue Perspektiven. Ein gutes Beispiel dafür

[33] Vgl. zum Beispiel Witold Hensel, *Najdawniejsze stolice Polski*, Warszawa 1960, S. 210 ff.

bieten die Arbeiten über die Entstehung und Entwicklung der Stadt Kraków.[34]

Ein bevorzugter Platz bei der Erforschung der Stadtsiedlungen kommt auch dem Experiment[35] zu. Verständlicherweise findet es in stärkerem Maße Anwendung bei der Untersuchung der Produktion einzelner Erzeugnisse oder der Konservierungsmethoden für Lebensmittel als bei der Klärung anderer Erscheinungen des städtischen Lebens. Trotzdem scheinen Versuche angebracht, die eine möglichst präzise Bestimmung des Zeitraumes ermöglichen, in dem die einzelnen Abschnitte der Stadt gebaut wurden, wobei zugleich die Zeit ermittelt werden sollte, die zum Fällen einer bestimmten Menge Bauholz benötigt wurde. Derartige Nachforschungen hat man in verschiedenen Ländern unternommen, aber in bezug auf frühmittelalterliche Städte hatten sie bislang keinen systematischen Charakter. Bei derartigen Untersuchungen sollte man auch versuchen, Erfahrungswerte zum Thema „Lebenszeit" von Holzbauten zu sammeln. Diese Frage kann natürlich von verschiedenen Seiten her angegangen werden. Bekanntlich läßt sich in vielen Siedlungen mit übereinanderliegenden Schichten die Lebensdauer der Bauten ziemlich leicht berechnen. Entweder geschieht das auf Grund der in diesen Schichten enthaltenen mobilen Funde oder mit Hilfe naturwissenschaftlicher oder physikalisch-chemischer Methoden. Hierbei handelt es sich vor allem um Bauten auf der Erde. Schwieriger ist die Lebensdauer von Halberdhütten (oder Erdhütten) festzustellen. In dem einen wie dem anderen Falle gibt unter bestimmten Bedingungen eigentlich nur das Experiment Aufschluß über die „durchschnittliche Lebensdauer" der genannten Bauten. Wohlgemerkt ist es dann nötig, die klimatischen Verhältnisse der Zeit zu kennen, in der die experimentell untersuchten Bauten existierten.

Im Bereich des Experimentierens sind demnach zwei verschiedene Wege einzuschlagen: einmal Rekonstruktion des Produktionsprozesses unter Verhältnissen, die denen optimal zu gleichen hätten, die in der Vergangenheit geherrscht haben; zum zweiten bei Prozessen von längerer Zeitdauer Schaffung von künstlich oder laboratoriumsmäßig rekonstruierten Bedingungen für den Verlauf des Prozesses.

Dabei muß man bestrebt sein, möglichst die modernsten Methoden anzuwenden. Das Ziel dieses Referats ist es nicht, sich eingehender mit ihnen zu befassen.

[34] Vgl. Anm. 19.

[35] Vgl. zum Beispiel Zdzisław Rajewski, O *metodyce badán terenowych zespołów osadniczych*, in: *Wiadomości Archeologiczne*, Bd. 26 (1959/1960), S. 95.

Um das Bild zu vervollständigen, sei festgestellt, daß nicht daran zu denken ist, solide Informationen über das Leben der Städte mit Hilfe der archäologischen Methode ohne Zuhilfenahme der modernen physikalisch-chemischen, naturwissenschaftlichen, technischen und statistischen Methoden zu gewinnen.[36] Nur so lassen sich das Alter der untersuchten Objekte, die Umgebung, in der die Städte sich ausgebreitet haben, die Lage der einzelnen Bodenfunde, ihre Funktion und Herstellungsweise feststellen. Große Beachtung verdient die Luftphotographie.[37]

Ich habe natürlich nur einige der wichtigsten und unbedingt notwendigen Mittel der wissenschaftlichen Erkenntnis erwähnt, die die Rekonstruktion des Aussehens und des Lebens der frühen Städte zum Ziel haben. Je präziser die analytischen Forschungen sind, desto genauer wird das Bild sein, das der Lohn dieser Bemühungen ist.

Auch muß im Auge behalten werden, daß die Archäologie nur in Verbindung mit den Erfahrungen anderer Wissenschaften unser Wissen über die Geschichte der Städte wesentlich ergänzen kann. Eine solche interdisziplinäre Kooperation ist unentbehrlich, denn die archäologische Methode (bzw. Methoden) kann uns nur bei der Beantwortung einiger Fragen der städtischen Lebensgeschichte helfen. Sie ist eine Methode, die wie andere zu bestimmten Informationen führt, zugleich aber auch bestimmte Grenzen hat.

[36] Vgl. zum Beispiel Don Brothwell / Eric Higgs (Hrsg.), *Science in Archaeology. A Comprehensive Survey of Progress and Research*, London 1963; Археология и естественные науки. Под общ. ред. Б. А. Колчина, Moskau 1965 (B. A. Kolčin [Hrsg.], *Archeologija i estestvennye nauki*, Moskau 1965), und Статистико-комбинаторные методы в археологии. [Сборник статей]. Под общ. ред. Б. А. Колчина и Я. А. Шера, Moskau 1970 (B. A. Kolčin / Ja. A. Šer [Hrsg.], *Statistiko-kombinatornye metody v archeologii, [Sbornik statei]*, Moskau 1970).

[37] Vgl. zum Beispiel Raymond Chevallier, *Possibilités d'inventaire et de typologie de l'habitat pre-romain en Gaule. Problèmes méthodologiques*, in: *Studi sulla città antica* ..., S. 11 ff.

KLAUS ZERNACK

Die Frage der Kontinuität zwischen dem slavischen und dem deutschen Städtewesen in der Mark Brandenburg

Auf den drei internationalen Reichenau-Tagungen von 1970/1972 über Probleme der sogenannten deutschen Ostsiedlung[1] sind Fragen des Städtewesens nur am Rande diskutiert worden.[2] Dennoch ist es sinnvoll, an den Reichenau-Diskussionen den Ausgangspunkt auch für die folgenden Überlegungen zu gewinnen, und zwar nicht nur wegen der guten internationalen Diskussionsatmosphäre dieser Tagungen. Diese haben vielmehr in doppelter Hinsicht den geschichtswissenschaftlichen Problemrahmen auch für unsere Aufgabenstellung abgesteckt:

1. Die Fragestellung der sogenannten Ostsiedlung wurde als die Frage nach dem universalgeschichtlichen Ort der Siedlungsbewegung aufgefaßt — und das Ergebnis war, daß die hochmittelalterliche Kolonisation in Ostmitteleuropa als ein einzigartiger Höhepunkt der mittelalterlichen Siedlungsbewegung in Europa aufzufassen ist.[3]

2. Diese Feststellung impliziert, daß durch den Fortgang der internationalen Forschungsdiskussion auch bei uns nicht nur der alte — allein deutschtumsgeschichtliche — Blickwinkel grundlegend überwunden worden ist, sondern darüber hinaus überhaupt das Argumentieren mit ethnographischen Zuweisungen und volksgeschichtlichen Ansprüchen zurückgetreten ist hinter kultur- und strukturgeschichtlichem Räsonnement. Das ist ohne Zweifel ein enormer Fortschritt in der Forschung, der sich auch für das Gebiet, über das hier zu sprechen sein wird, die mittelalterliche Mark Brandenburg, auswirkt. Denn diese ist ein Teil jener strukturellen Umwandlungszone, die W. Schlesinger einmal treffend als Germania slavica bezeichnet hat.[4] Die strukturelle Umwandlung in diesem

[1] Die Vorträge dieser drei Tagungen liegen jetzt gedruckt vor: *Die deutsche Ostsiedlung des Mittelalters als Problem der europäischen Geschichte. Reichenau-Vorträge 1970—1972*, hrsg. von Walter Schlesinger (= Vorträge und Forschungen 18), Sigmaringen 1975.

[2] Lediglich der Beitrag von Jiří Kejř, *Die Anfänge der Stadtverfassung und des Stadtrechts in den Böhmischen Ländern*, in: *Die deutsche Ostsiedlung des Mittelalters* ..., S. 439—470, war stadtgeschichtlich orientiert; in anderen Beiträgen und in den Diskussionen tauchten stadtgeschichtliche Probleme nur gelegentlich auf, vgl. die Zusammenfassung des Bandes, *a.a.O.*, S. 800 f.

[3] *A.a.O.*, S. 802.

[4] Walter Schlesinger, *West und Ost in der deutschen Verfassungsgeschichte des Mittelalters*, in: *Festgabe für Paul Kirn zum 70. Geburtstag dargebracht von Freunden und Schülern*, hrsg. von Ekkehard Kaufmann, Berlin 1961, S. 115.

Gebiet dokumentiert sich nicht zuletzt in der kolonialen deutschen Neustammbildung, und diese ist ein Vorgang, der für die Geschichtswissenschaft selbstverständlich zugleich die Frage nach dem Verbleib der vorkolonialen Bevölkerung aufgeworfen hat. Auch in dieser Frage ist die Forschung vorangekommen; sie hat sich fortentwickelt von einer älteren Slavenrestfrage, die in der Kolonisation noch ausschließlich das nichtslavische Neue, das Deutsche, sah, zu einer Problemstellung, die sich auf die Anteile sowohl der autochthonen Bevölkerung als auch der Zuwanderer an dem Kolonisationsvorgang richtet,[5] mit anderen Worten: die hochmittelalterliche Strukturverbesserung und den historischen Umkreis, den Großraum, der durch diese geprägt wird, nämlich Ostmitteleuropa,[6] ins Auge faßt.

Zur hochmittelalterlichen Strukturverbesserung gehört nun als ein erstrangiger Faktor die Urbanisierung, und zwar in jenem mittelalterlichen Sinne verstanden, wie er für die Landschaften außerhalb des alten römischen Kulturbereichs relevant ist. Universalgeschichtlich betrachtet — unter Einbeziehung der antiken Kulturwelt — müßte man den mittelalterlichen stadtgeschichtlichen Horizont eher als einen der Reurbanisierung ansehen. Infolgedessen haben Kontinuitätsfragen innerhalb und außerhalb der alten Kulturwelt jeweils ganz andere Bezugssysteme aufzuweisen.[7]

[5] Vgl. dazu den — ungedruckten — Forschungsbericht von Wolfgang H. Fritze, *Probleme des Fortlebens slawischer Bevölkerung nordostdeutscher Länder im hohen Mittelalter*, in: *Protokoll über die Arbeitstagung des Konstanzer Arbeitskreises für mittelalterliche Geschichte vom 17.—20. März 1970*, Nr. 160 (hektograph.), S. 87—99. Forschungsgeschichtlich hätte hier freilich der landesgeschichtlich-slavistische Ansatz, wie er sich seit den zwanziger Jahren in Berlin in dem Kreis um Willy Hoppe und Max Vasmer herausgebildet hat, genauer berücksichtigt werden müssen. Aus diesem Ansatz ist dann die ostmitteleuropageschichtlich orientierte moderne Auffassung der vorkolonialen und kolonialen Geschichte der ostelbischen Landschaften entstanden, wie sie für die Mark Brandenburg vor allem Herbert Ludat repräsentiert.

[6] Vgl. den Einleitungsvortrag von Walter Schlesinger, *Zur Problematik der Erforschung der deutschen Ostsiedlung*, in: *Die deutsche Ostsiedlung des Mittelalters ...* (wie Anm. 1), S. 30.

[7] An Südosteuropa läßt sich diese Problemlage besonders eindrucksvoll verdeutlichen; vgl. den Sammelband *Die Stadt in Südosteuropa. Struktur und Geschichte* (= *Südosteuropa-Jahrbuch*, Bd. 8), München 1968. — Ferner Klaus-Detlev Grothusen, *Entstehung und Geschichte Zagrebs bis zum Ausgang des 14. Jahrhunderts. Ein Beitrag zum Städtewesen Südosteuropas im Mittelalter* (= Osteuropastudien der Hochschulen des Landes Hessen, Reihe 1: Gießener Abhandlungen zur Agrar- und Wirtschaftsforschung des europäischen Ostens, Bd. 37), Wiesbaden 1967, hier: Kapitel 1: *Das frühe Städtewesen Südosteuropas. Probleme und Forschungslage*, S. 9—63. Siehe auch

Die mittelalterliche Mark Brandenburg gehört zu denjenigen historischen Landschaften, die in ihrem Entstehungsprozeß selbst die Stadien des strukturellen Wandels durch Kolonisation-Urbanisierung besonders gut erkennen lassen. Wenn wir an eine solche Landschaft — wie auf dieser Tagung — die Fragestellung der Kontinuität zwischen dem slavischen und dem deutschen Städtewesen — besser wäre von vorkolonialem und kolonialem Städtewesen zu sprechen — herantragen, so ist in dieser Aufgabenstellung beim heutigen Diskussionsstande natürlich bereits eingeräumt, daß wir von Städtewesen nicht erst mit dem Auftreten der Stadt im Rechtssinne reden.[8] Städtische Funktionen haften auch an vorrechtsstädtischen Einrichtungen, und von deren nichtagrarischer Funktion her, von ihrem Ausmaß, ihrer Entfaltung und ihrer Dauerhaftigkeit, ist das Kontinuitätsproblem in erster Linie aufzunehmen. Das ist nicht, wie ich betonen möchte, dasselbe wie die Frage nach Evolution oder Revolution in der Stadtgeschichte, die in der Forschung noch immer

Słownik starożytności słowiańskich (Lexicon antiquitatum slavicarum), hrsg. von Władysław Kowalenko, Gerard Labuda, Tadeusz Lehr-Spławiński, bisher erschienen T. 1—5 (A—R), Wrocław-Warszawa-Kraków 1961 ff., T. 3, 1967, Artikel *miasta*, bes. S. 234 ff.

[8] Übersichtlich in dem Sammelband von Carl Haase (Hrsg.), *Die Stadt des Mittelalters*, Bd. 1: *Begriff, Entstehung und Ausbreitung* (= Wege der Forschung 243), Darmstadt 1969; ferner soeben: *Vor- und Frühformen der europäischen Stadt im Mittelalter. Bericht über ein Symposium in Reinhausen bei Göttingen in der Zeit vom 18. bis 24. April 1972*, hrsg. von Herbert Jankuhn, Walter Schlesinger, Heiko Steuer, T. 1 (= Abhandlungen der Akademie der Wissenschaften in Göttingen, Phil.-hist. Klasse 3,83), Göttingen 1974; für das östliche Europa den Neudruck einschlägiger Aufsätze von Herbert Ludat, *Deutsch-slawische Frühzeit und modernes polnisches Geschichtsbewußtsein. Ausgewählte Aufsätze*, Köln-Wien 1969; darin der Abschnitt II: *Vorkoloniale Stadt*, vor allem die Bemerkungen und Zusätze, S. 336—344. — Nach Abschluß des Manuskripts für den vorliegenden Beitrag erscheint soeben eine instruktive Studie von František Graus, *Die Vorläufer der Städte auf westslawischem Gebiet*, in: *Settimane di studio del Centro italiano di studi sull'alto medioevo* 21 (1974), S. 231—266, die — neben der umfassenden Literaturübersicht einen wertvollen Beitrag zur Präzisierung der stadthistoriographischen Terminologie leistet. Die neue Unterscheidung von Burgwallstadt und Burgstadt wird sich als sehr forderlich erweisen.

Die letzte monographische Untersuchung des mittelalterlichen brandenburgischen Städtewesens durch Eckhard Müller-Mertens, *Untersuchungen zur Geschichte der brandenburgischen Städte im Mittelalter*, T. 1—4, in: *Wissenschaftliche Zeitschrift der Humboldt-Universität zu Berlin. Gesellschafts- und sprachwissenschaftliche Reihe*, 5. Jg. (1955/56), Nr. 3, S. 191—221, Nr. 4, S. 271—307; 6. Jg. (1956/57), Nr. 1, S. 1—28, orientiert sich zwar durchaus positiv an der Nachkriegsdiskussion über den erweiterten Stadtbegriff, doch behandelt sie das Vorstufen- und Frühstadtproblem nur knapp. Wertvoll sind dabei die Überlegungen zu den — wie Müller-Mertens sagt — „vorstädtischen Erscheinungen des 12. Jhs.".

einigermaßen im Vordergrund steht.[9] Es soll hier vielmehr der Versuch gemacht werden, das Kontinuitätsproblem in einem kultur- und strukturgeschichtlichen Reflexionsrahmen neu zu durchdenken. Man wird im Auge haben müssen, daß die Kontinuitätsfragestellung in diesem Rahmen auch da möglich sein muß, wo wir es mit institutionengeschichtlichen Sprüngen und Brüchen zu tun haben.

Die enormen und steten Fortschritte der regionalen wie der überregionalen vergleichenden Städteforschung, speziell der Vorformenforschung, die Herausarbeitung der stadtlandschaftlichen Umkreise der Frühzeit, die Erforschung der Stadtterminologie etc. geben ein gutes Diskussionsmaterial an die Hand. An dieser breiten Diskussion sind die polnische Wissenschaft ebenso wie die deutsche Wissenschaft in der Bundesrepublik und in der DDR sehr lebhaft beteiligt.[10]

Der Zeitrahmen unserer Betrachtungen umfaßt der Aufgabenstellung gemäß die vorkoloniale Periode und die beginnende Kolonisationszeit mit dem Durchbruch der neuen Rechtsstadt, das heißt also den Zeitraum vom 9. bis zum 13. Jahrhundert. Den territorialen Bezug bilden die Landschaften, aus denen sich die askanische Mark Brandenburg bis zur Mitte des 13. Jahrhunderts aufbaut, also außer der Altmark die brandenburgischen Kernlandschaften zwischen mittlerer Elbe und mittlerer Oder: das Havelland, die Prignitz, die Zauche, der Barnim, der Teltow, ferner das Land Lebus und die Uckermark. Für die Stellung dieser Gebiete in der slavischen Frühzeit lassen sich einige Gesichtspunkte gewin-

[9] Siehe soeben Andrzej Wędzki, *Początki reformy miejskiej w środkowej Europie do połowy XIII wieku* [Die Anfänge der Stadtreform in Mitteleuropa bis zur Mitte des 13. Jahrhunderts]. *Słowiańszczyzna Zachodnia* (= Poznańskie Towarzystwo Przyjaciół Nauk, Wydział Historii i Nauk Społecznych. Prace Komisji Historycznej, t. 27), Warszawa-Poznań 1974, S. 3: „Die Erforschung der Anfänge der slavischen Städte, die sich in der Nachkriegszeit wie nie zuvor entwickelt hat, hat endgültig die Theorie von der evolutionären Entstehung der Städte auf slavischem Boden bestätigt." Auf Wędzkis Buch wird noch einzugehen sein. — Kritisch zur Evolutionstheorie: Karol Buczek, *Targi i miasta na prawie polskim* [Märkte und Städte zu polnischem Recht]. *(Okres wczesnośredniowieczny)* (= Polska Akademia Nauk. Oddział w Krakowie. Prace Komisji Nauk Historycznych, Nr. 11), Wrocław-Warszawa-Kraków 1964, S. 119 ff.; deutscherseits Herbert Ludat, zuletzt in der Studie *Zum Stadtbegriff im osteuropäischen Bereich*, in: *Vor- und Frühformen der europäischen Stadt* ..., hrsg. von H. Jankuhn, W. Schlesinger, H. Steuer ... (wie Anm. 8), S. 85.

[10] Vgl. die Literaturangaben bei F. Graus, *Die Vorläufer der Städte* ..., in: *Settimane* ... (wie Anm. 8) 21 (1974), S. 231—266, sowie die recht umfassende Bibliographie bei A. Wędzki, *Początki reformy miejskiej* ... (wie Anm. 9), S. 244—277. — Instruktive Übersicht der Forschungsmeinungen in dem Artikel *miasta*, in: *Słownik starożytności słowiańskich (Lexicon antiquitatum slavicarum)* ..., T. 3, S. 211—240.

nen, wenn man die Frühstadtproblematik der gesamten Germania slavica sorgfältig beobachtet.[11] Zieht man den verkehrs- und kommunikationsgeschichtlichen Hintergrund des 8. und 9. Jahrhunderts in Nord- und Osteuropa, wie er in letzter Zeit in der Forschung wieder stärkere Beachtung findet, zum Beispiel in der Auswertung der Schatzfunde, in Betracht,[12] dann sind regionale Unterschiede in der Germania slavica nicht von der Hand zu weisen. Es zeigt sich nämlich, daß die mittelmärkischen Regionen in der vordeutschen Zeit nicht zu den verkehrsreichen Gebieten des polabischen Siedlungsbereichs gehören.[13] Mit den Küstengebieten im Norden lassen sie sich in dieser Beziehung nicht vergleichen.[14] Aber man braucht die Außenkommunikation zumindest des hevellisch-brandenburgischen Kerngebiets auch wieder nicht zu unterschätzen: Man denke nur an 789 und den Wilzenfeldzug Karls des Großen,[15] man denke ferner an die Straße Magdeburg-Lebus im 10. Jahrhundert,[16] und die überregionale Bedeutung des hevellischen Zentrums wird deutlich. L. Leciejewicz hat in seinem Buch von 1968 sehr sorgfältig

[11] Dies tut in der jüngeren Forschung vor allem Lech Leciejewicz, *Miasta Słowian Północnopołabskich* [Die Städte der nordpolabischen Slaven], Wrocław 1968; vgl. auch Joachim Herrmann, *Siedlung, Wirtschaft und gesellschaftliche Verhältnisse der slawischen Stämme zwischen Oder/Neiße und Elbe. Studien auf der Grundlage des archäologischen Materials* (= Deutsche Akademie der Wissenschaften zu Berlin. Schriften der Sektion für Vor- und Frühgeschichte 23), Berlin 1968; sowie ders. (Hrsg.), *Die Slawen in Deutschland. Geschichte und Kultur der slawischen Stämme westlich von Oder und Neiße vom 6. bis 12. Jahrhundert. Ein Handbuch*, 2. Aufl., Berlin 1972.

[12] L. Leciejewicz, *Miasta Słowian Północnopołabskich* ... (wie Anm. 11), S. 18 f.; vgl. auch Klaus Zernack, *Der europäische Norden als Städtelandschaft der Frühzeit*, in: *Beiträge zur Stadt- und Regionalgeschichte Ost- und Nordeuropas. Herbert Ludat zum 60. Geburtstag*, hrsg. von Klaus Zernack (= Osteuropastudien der Hochschulen des Landes Hessen, Reihe 1: Gießener Abhandlungen zur Agrar- und Wirtschaftsforschung des europäischen Ostens, Bd. 55), Wiesbaden 1971, S. 22 f.

[13] L. Leciejewicz, *Miasta Słowian Północnopołabskich* ... (wie Anm. 11), S. 35 ff.; J. Herrmann, *Siedlung, Wirtschaft und gesellschaftliche Verhältnisse der slawischen Stämme* ..., (wie Anm. 11), S. 120 ff.

[14] L. Leciejewicz, *Miasta Słowian Północnopołapskich* ..., S. 35 ff.; ders., *Kształtowanie się pierwszych miast u Słowian nadbałtyckich* [Die Entstehung der ersten Städte bei den Ostseeslaven], in: *Slavia Antiqua* 17 (1970), S. 99 ff.

[15] Für seine Stoßrichtung auf Brandenburg — stets umstritten in der Bemühung um eine Lokalisierung der civitas des Dragvitus — tritt zuletzt erneut ein Herbert Ludat, *An Elbe und Oder um das Jahr 1000. Skizzen zur Politik des Ottonenreiches und der slavischen Mächte in Mitteleuropa*, Köln-Wien 1971, S. 15 f. mit Anm. 66, 67, 72.

[16] Joachim Herrmann, *Magdeburg-Lebus. Zur Geschichte einer Straße und ihrer Orte*, in: *Veröffentlichungen des Museums für Ur- und Frühgeschichte Potsdam* 2 (1963), S. 89 ff.

die Lage der mittelmärkischen Regionen zwischen den unterschiedlich strukturierten Verkehrswirtschaftsräumen im Norden (Abodriten, Nordwilzen, Pomoranen und Großpolen) und dem Mittelgebirgsbereich im Süden (Sorbenland, Schlesien, Kleinpolen) beschrieben.[17] In dieser Interpretation erweist sich das Gebiet unseres Interesses als ein Übergangsgebiet, das in sich selbst doch wieder beträchtlich differenziert ist, wie sich bei der Registrierung und Auswertung der Schatzfunde feststellen ließ. So sind die Heveller, die Nieletici, die Ukranen, die Linonen Stämme mit zahlreichen Schatzfunden, während die Sprewanen, die Reczanen, die Dossanen dagegen nur geringe Schatzfunde aufzuweisen haben.[18]

Vergleicht man dann aber unsere Region mit dem Küstenbereich generell vom Standpunkt der „stadtbildenden" Impulse aus, die von solchen Fernverbindungen ausgehen können, dann ist eine Verspätung gegenüber dem Norden mit seiner Küstennähe nicht zu verkennen. Erst im 11. und am Anfang des 12. Jahrhunderts findet die mittelmärkische Region offenbar vollen Anschluß an die nordosteuropäische Verkehrsentwicklung, weil jetzt auch Zentralorte kleinerer Regionen, nicht nur die wenigen überregionalen Plätze, Schatzfunde aufzuweisen haben. Darauf werden wir noch zurückkommen, weil diese Problematik in einem größeren stadtgeschichtlichen Zusammenhang, dem der „Wikenzeit", steht.

Im 9. und 10. Jahrhundert aber, der Zeit beträchtlichen Handelsaufschwungs in Nordosteuropa,[19] scheint unsere Region nur eine periphere oder sogar untergeordnete Rolle zu spielen. Wir müssen also fragen, ob sich hier andere Faktoren finden, die die nichtagrarische Siedlung und die frühstädtische „Urbanität" fördern. Denn ein generelles Fehlen stadtähnlicher Siedlungen[20] von der Art, wie sie andere westslavische Regionen kennen, wird man allein aus der dünneren Fernhandelskommunikation unseres Gebietes noch nicht herleiten wollen. Vielmehr sind natürlich die zentralen Plätze auch des „vorstaatlichen" politischen Lebens, die Stammesmittelpunkte der Frühzeit, intensiv auf ihre urbanitätsfördernde Potenz zu befragen. Wir kennen, teils durch frühe schriftliche Erwähnung im 9. und 10. Jahrhundert, da nämlich, wo politische

[17] L. Leciejewicz, *Miasta Słowian Północnopołabskich* ... (wie Anm. 11), S. 35 ff.

[18] *A. a. O.*, S. 41 ff.

[19] Siehe oben Anm. 12.

[20] So Gerd Heinrich in der Einleitung zu *Handbuch der historischen Stätten Deutschlands,* Bd. 10: *Berlin und Brandenburg,* hrsg. von Gerd Heinrich, Stuttgart 1973, S. XXII.

Berührungen mit dem Westen bestanden, teils durch archäologischen Nachweis eine Anzahl dieser alten Stammeszentren. Joachim Herrmanns große Untersuchung von 1968 bildet heute die beste Materialgrundlage für diese Fragen.[21] Danach kommen in Betracht:

1. Lenzen, das Zentrum der Linonen, seiner strategischen Position an der Elbe wegen im 9. und 10. Jahrhundert bekannt und stark umkämpft (929 Lunkini urbs).[22] Im 11. Jahrhundert gewinnt es Bedeutung als eine der Residenzen des christlichen Abodritenfürsten Gottschalk, der hier ermordet wird. In der Mitte des 11. Jahrhunderts bereits hat es hier ein Kloster gegeben.[23]

2. Havelberg, das Zentrum des Stammes Nieletici, weist ebenfalls eine günstige strategische Lage auf, die frühzeitig zu Kämpfen führt. Vermutlich beziehen sich Nachrichten zu 809 über Unternehmungen der Sachsen und Abodriten gegen die Smeldingenburg (maxima civitas) auf Havelberg.[24] Auch die deutsche Herrschaft zeigt frühes Interesse an der Sicherung des Platzes, was 948 zur Errichtung des Bistums Havelberg führt.[25]

3. Brandenburg als Zentrum der Heveller im engeren Sinne und darüber hinausgehend wahrscheinlich auch der südlich und südöstlich angrenzenden Stammesgebiete (Ploni), das vielleicht schon 789 das Ziel des Feldzugs Karls des Großen gewesen ist. (Die Kontroverse in der Forschung darüber ist bekannt.) Es ist ein Stammeszentrum mit deutlich überregionaler Ausstrahlung und Verkehrsbedeutung ebenso wie von strategischem Interesse.[26]

4. Liubusua, das vielgenannte Zentrum der Lusizi, dessen Lage nur vermutet werden kann. Joachim Herrmann macht jetzt Freesdorf bei Luckau sehr wahrscheinlich.[27] Für die sogenannte Stammeszeit, das heißt

[21] Wie Anm. 11.

[22] Widukind, lib. 1, c. 36.

[23] Willy Hoppe, *Lenzen. Aus tausend Jahren einer märkischen Stadt. 929—1929*, Lenzen 1929.

[24] *Annales Regni Franc.* a. 809.

[25] Johannes Schultze, *Die Prignitz. Aus der Geschichte einer märkischen Landschaft* (= Mitteldeutsche Forschungen 8), Köln 1956, S. 31; Gottfried Wentz, *Das Bistum Havelberg* (= Germania sacra, Abt. 1,2), Berlin-Leipzig 1933.

[26] J. Herrmann, *Siedlung, Wirtschaft und gesellschaftliche Verhältnisse der slawischen Stämme* (wie Anm. 11), S. 186; A. v. Müller, *Brandenburg*, in: *Handbuch der historischen Stätten* ..., Bd. 10 (wie Anm. 20), S. 135 f. (mit Grabungsliteratur und Grundriß).

[27] J. Herrmann, *Siedlung, Wirtschaft und gesellschaftliche Verhältnisse der slawischen Stämme* ... (wie Anm. 11), S. 314 ff.

die Zeit vor dem Eindringen der deutschen Herrschaft und dem Beginn ihrer Auswirkungen, muß man wohl das Lusizigebiet unserem Betrachtungsumkreis, das heißt der Zwischenregion im Sinne der oben erörterten Regionalisierung, zurechnen.

5. Köpenick, der Mittelpunkt des Spreewanen-Gebietes, im 9. und 10. Jahrhundert ohne schriftlichen Beleg, den wir nur für den Stamm haben. Doch liegt der archäologische Nachweis einer Burganlage in dieser Zeit vor, und Kämpfe um diese Burg um die Jahrtausendwende lassen sich ebenfalls archäologisch wahrscheinlich machen. Ob der Platz eine überregionale Bedeutung gehabt hat, ist freilich nicht sicher.[28]

6. Lebus, der Mittelpunkt des Stammes Leubuzzi, das einen ähnlichen Quellenbefund aufweist wie Köpenick, aber eine deutlich politische Förderung durch den polnischen Herrschaftsstaat nach 963 erfährt und somit eine herausgehobene Rolle spielt.[29]

7. Prenzlau, das archäologischerseits als Stammesmittelpunkt der Ukranen angesehen wird, vor allem in Ausdeutung des topographischen Befundes.[30]

8. Archäologisch frühe Anfänge, im 9. und 10. Jahrhundert, haben die vermutbaren Stammesmittelpunkte auch bei einigen kleineren Stammesgebieten, wie Altruppin bei den Zamzici und Wusterhausen bei den Dossanen.[31] Doch läßt sich deren urbanitätsfördernde Bedeutung erst in einer späteren Entwicklungsphase, im 11. und 12. Jahrhundert, aufzeigen, als die Burgen sich stark vergrößerten, das heißt auf einen Durchmesser von über 80 m anwuchsen.[32] Das fällt zeitlich zusammen mit der offenbar dichter werdenden verkehrstechnischen, administrativen und

[28] Joachim Herrmann, *Köpenick. Ein Beitrag zur Frühgeschichte Groß-Berlins* (= Ergebnisse der archäologischen Stadtkernforschung in Berlin 1) (= Deutsche Akademie der Wissenschaften zu Berlin. Schriften der Sektion für Vor- und Frühgeschichte 12), Berlin 1962.

[29] Vgl. die Interpretation in dem Artikel *Lebus* von Herbert Ludat, in: *Handbuch der historischen Stätten* . . ., Bd. 10 (wie Anm. 20), S. 253 f. (mit Grundriß).

[30] L. Leciejewicz, *Miasta Słowian Północnopołabskich* . . . (wie Anm. 11), S. 69; Emil Schwartz, Artikel *Prenzlau*, in: *Handbuch der historischen Stätten* . . ., Bd. 10 (wie Anm. 20), S. 320 ff. (mit Grundriß); E. Müller-Mertens, *Untersuchungen zur Geschichte der brandenburgischen Städte* . . . (wie Anm. 8), in: *Wissenschaftliche Zeitschrift der Humboldt-Universität zu Berlin. Gesellschafts- und sprachwissenschaftliche Reihe*, 5. Jg. (1955/56), Nr. 3, S. 207.

[31] L. Leciejewicz, *Miasta Słowian Północnopołabskich* . . . (wie Anm. 11), S. 123 f.; J. Herrmann, *Siedlung, Wirtschaft und gesellschaftliche Verhältnisse der slawischen Stämme* . . . (wie Anm. 11), S. 186.

[32] J. Herrmann, *ebda.*

wirtschaftlichen Durchdringung der Stammesgebiete zwischen Elbe und Oder und der Entstehung mehrerer kleinregionaler Zentren auch innerhalb der Stammesgebiete. Dafür ließe sich auf Spandau[33] und auf Mittenwalde[34] als Beispiele hinweisen. Es wird darauf zurückzukommen sein.

Wir erkennen also für die Frühzeit, das 9. und 10. Jahrhundert, nur eine relativ kleine Zahl zentraler Orte, für die man freilich aus ihrer Zentralität gewisse Rückschlüsse auf ihre stadtbildende Potenz ziehen kann. In dieser Zentralität sind mehrere Funktionen dieser Plätze vereinigt: Sie sind meist Fürstensitz, Zentrum politischer Administration, auch oft kultischer Mittelpunkt, und sie haben eine strategische Bedeutung als Paßort, gelegentlich auch als Markt für Nah- und Fernhandel. Diese Funktionshäufung ist nun ohne Frage mit einem gewissen Bedarf an siedlerisch-demographisch-diensttechnischer Ausstattung solcher Plätze verbunden. Die Abwicklung der wirtschaftlichen Versorgung der Burg in allen ihren möglichen Funktionen, eventuell auch der des Marktes am Ort, das alles läßt suburbane Entwicklungsmöglichkeiten an diesen zentralen Plätzen zu. In Brandenburg ist das archäologisch nachweisbar,[35] ebenso in Lebus.[36] Dabei spricht viel für die Hypothese, diese frühen suburbanen Entwicklungen in erster Linie von den herrschaftlich-zentralörtlichen Bedürfnissen her begründet zu sehen, das heißt: das eventuelle Dienstsiedlungselement nicht gesondert in eigenen Organisationsabläufen unterzubringen, sondern es als eine Funktion des suburbanen Komplexes anzusehen. Denn es zeigt sich, daß die Bedürfnisse suburbaner nichtagrarischer Wirtschaftstätigkeit zu Versorgungszwecken zentraler Plätze in dem Maße ansteigen, wie die herrschaftlich administrative Strukturierung eines Gebietes zunimmt, oder anders: wie sich die Funktionen weniger zentraler Plätze mit der steigenden herrschaftlichen Durchdringung auf eine größere Anzahl von Plätzen mit zentraler Lage und Entwicklungsmöglichkeiten verteilen. Für diesen Vorgang werden ganz gewiß politische Einflüsse von außen, wie die kurze deutsche

[33] Vgl. dazu den Beitrag von Adriaan v. Müller, unten S. 94 ff.

[34] Bruno Krüger, *Zur ältesten Besiedlung des Pennigsberges bei Mittenwalde, Kreis Königswusterhausen*, in: *Märkische Heimat* 4 (1960), Sonderheft 1: *Festschrift für Karl Hohmann zum 75. Geburtstag. Dargebracht von seinen Freunden und Fachkollegen*, S. 49—55.

[35] Wie Anm. 26; L. Leciejewicz, *Miasta Słowian Północnopołabskich* ... (wie Anm. 11), S. 71—74.

[36] Siehe die zahlreichen Grabungsberichte Wilhelm Unverzagts in der Zeitschrift *Ausgrabungen und Funde*, Berlin 1958—1969.

Herrschaft und ihre Marken- und Burgwardorganisation vor 983,[37] aber auch die Einwirkungen der polnischen Herrschaft in den östlichen Teilen des Gebietes zwischen Elbe und Oder und die Anfänge der Burgbezirksorganisation von Polen aus[38] eine Rolle gespielt haben. Das heißt, die urbanitätsfördernden Elemente und Anstöße, die aus der Situation der polabischen Welt zwischen dem Deutschen Reich und dem Piastenstaat zu verstehen sind, worauf Labuda[39] und Ludat[40] immer wieder eindringlich hingewiesen haben, die Einflüsse der mächtigen Nachbarn also, sollten nicht unterschätzt werden. An dem Aufschwung von Lebus ist dies geradezu nachweisbar.[41]

Damit erreichen wir den politisch-geschichtlich wichtigen Zeitabschnitt zwischen 983/1000 und dem Beginn der deutschen Herrschaftsausweitung im 12. und 13. Jahrhundert. Es ist offensichtlich, daß die siedlungsgeschichtlichen und demographischen Verdichtungsvorgänge im Bereich der nichtagrarischen Siedlung in Mitteleuropa und Osteuropa seit dem 11. Jahrhundert auch die polabische Welt erreicht haben, wenngleich eine genauere chronologische Zuweisung der Einzelbefunde noch Schwierigkeiten macht. Leider ist auch der überaus aufschlußreiche sprachliche Vorgang nicht genau zu datieren, den Herbert Ludat nachgewiesen hat in der Übernahme des deutschen Begriffs Wik in das Polabische und Sorbische zur Bezeichnung der suburban sich entfaltenden Burgstadt. Kürzlich hat Ludat seine Auffassungen nochmals präzisiert: „Etwa zwischen der Jahrtausendwende und dem Regierungsantritt Friedrich Barbarossas,

[37] Wolfgang H. Fritze, *Beobachtungen zur Entstehung und Wesen des Lutizenbundes,* in: *Jahrbuch für die Geschichte Mittel- und Ostdeutschlands* 7 (1958), S. 13 ff. — gegen die älteren Auffassungen, wonach sich das Burgwardsystem nur in den sorbischen Gebieten und in dem südlichen Grenzstreifen des Bistums Brandenburg ausgewirkt habe.

[38] Klaus Zernack, *Köpenick und das Land Zpriauuani in voraskanischer Zeit,* in: *Jahrbuch für die Geschichte Mittel- und Ostdeutschlands* 9/10 (1961), S. 21 ff.

[39] Gerard Labuda, *Osiągnięcia i postulaty historiografii polskiej w zakresie dziejów Słowiańszczyzny Zachodniej* [Ergebnisse und Postulate der polnischen Historiographie im Bereich der Geschichte der *Westslaven*], in: ders., *Fragmenty dziejów Słowiańszczyzny Zachodniej* [Fragmente der Geschichte der Westslaven], Bd. 1, Posen 1960, S. 32.

[40] Besonders eindringlich in seinem jüngsten Buch: *An Elbe und Oder . . .* (wie Anm. 15); hier vor allem Kapitel II: *Brandenburg und die Hevellerdynastie*, S. 9—17.

[41] Herbert Ludat, *Lebus,* in: *Handbuch der historischen Stätten . . .*, Bd. 10 (wie Anm. 20), S. 253 ff. Joachim Herrmann, *Das Land Lebus und seine Burgen westlich der Oder,* in: *Varia archaeologica. Wilhelm Unverzagt zum 70. Geburtstag dargebr.* (= Deutsche Akademie der Wissenschaften zu Berlin. Schriften der Sektion für Vor- und Frühgeschichte 11), hrsg. von Paul Grimm, Berlin 1964, S. 271 ff.

also in dem Zeitraum nach dem Rückschlag der ottonischen Politik im lutizisch-obodritischen Markengebiet und dem Niedergang der letzten autochthonen Mächte zwischen Elbe und Oder, muß dieser Wik-Begriff von allen hier ansässigen Slawen — dank ihrer engen und intensiven Beziehungen zu den Deutschen — als Terminus zur Bezeichnung ihrer eigenen, meist im Schutze von Burgen sich entwickelnden Wirtschafts- und Handelszentren für geeignet und brauchbar gehalten und übernommen worden sein. Eine spätere Entlehnung kommt unter dem Gesichtspunkt der stadtgeschichtlichen Entwicklung darum nicht in Frage. Selbst in den Anfangszeiten der Ostkolonisation ist das Appellativum Wik als namenbildendes Element im Gegensatz zu burg, tal und market nicht mehr über die Oder gelangt."[42]

Auch die Archäologen deuten diese zweite Epoche der autochthonen Polabengeschichte (11. und 12. Jahrhundert) als die frühstädtische Entfaltungsphase.[43] In Leciejewiczs Interpretation verliert jetzt die brandenburgische Polabenregion ihren Sondercharakter und schließt sich urbanitätsgeschichtlich stärker an die Entwicklung der Küstenregion an. Dem entspräche der terminologische Befund also vollkommen, wenn wir in ihm die Entwicklungstendenz dieser stadtgeschichtlichen Phase festgehalten sehen. Die archäologische Forschung hat nun die frühstadtbildenden Elemente sorgfältig zusammengetragen. Es ergibt sich eine eindrucksvolle Bilanz, besonders im Küstenbereich, wo die nichtzentralen Orte nunmehr ebenfalls in die stadtgeschichtliche Entwicklung eintreten.[44]

Aber es sind Bedenken zu erheben, wenn die Archäologie heute aus den stadtfördernden Faktoren überhaupt das Element Dienstsiedlung ganz herausläßt, offensichtlich weil Bruno Krügers Thesen von 1962 zum Kietz-Problem in Brandenburg als beweiskräftig angesehen werden.[45] Wenn man die oben vorgetragenen Überlegungen zu der Frühphase und den suburbanen Entfaltungsmöglichkeiten an den zentralen Orten vor Augen hat,[46] gar nicht zu reden von den frappierenden Ergebnissen der

[42] Herbert Ludat, *Wik im Slavischen*, in. *Festschrift für Walter Schlesinger*, Bd. 1, hrsg. von Helmut Beumann (= Mitteldeutsche Forschungen 74/I), Köln-Wien 1973, S. 73 f.

[43] J. Herrmann (Hrsg.), *Die Slawen in Deutschland* ... (wie Anm. 11), S. 195 ff.

[44] L. Leciejewicz, *Miasta Słowian Północnopołabskich* ... (wie Anm. 11), S. 115 ff.

[45] Bruno Krüger, *Die Kietzsiedlungen im nördlichen Mitteleuropa. Beiträge der Archäologie zu ihrer Altersbestimmung und Wesensdeutung* (= Deutsche Akademie der Wissenschaften zu Berlin. Schriften der Sektion für Vor- und Frühgeschichte 11), Berlin 1962.

[46] Siehe oben S. 70 ff.

tschechischen und polnischen Forschung zu den Dienstsiedlungsorganisationen in den frühen Fürstenstaaten Böhmen, Polen und Ungarn,[47] dann läßt sich sagen, daß auf eine gründliche Diskussion des Dienstleistungsbedarfs im Zusammenhang der suburbanen Entwicklung nicht verzichtet werden kann. Es ist deshalb erforderlich, auf die Kietz-Frage, die von Herbert Ludat in den Zusammenhang der Vorstufen und Frühformen der Städte gestellt worden ist,[48] einzugehen. Erst kürzlich hat sich Ludat nochmals grundsätzlich dazu geäußert: „Ins Sorbische und Ostseeslawische ist offenbar lange vor dem Einsetzen der Siedelbewegung, spätestens in der ersten Hälfte des 12. Jahrhunderts, aus dem Deutschen die Bezeichnung Wik entlehnt worden im Sinne von ‚Markt' und ‚Stadt', woran eine Reihe von Ortsnamen für alte Mittelpunkte sowie die Mitteilung der Interpolation in der großpolnischen Chronik von der Mitte des 14. Jahrhunderts erinnern; die zahlreichen Wiken auf ostdeutschem Boden, in und neben vielen Städten Mecklenburgs und Pommerns, die durch ihren rechtlichen, wirtschaftlichen und demographischen Charakter meist noch deutlich die altertümliche Verbindung mit der landesherrlichen Burg erkennen lassen und oft noch Dienstsiedlungen dargestellt haben, gehören ebenfalls in diesen Zusammenhang. Als eine Parallele dazu könnte man wohl auch die vornehmlich südlich von den Wiken weit verbreitete Institution der Kietze in den Landschaften zwischen Elbe und Netze ansehen, für die ich, sofern sie nicht neueren Datums sind, trotz der Einwände von B. Krüger, der in ihnen die Ergebnisse einer Re-

[47] Karol Buczek, *Książęca ludność służebna w Polsce wczesnofeudalnej* [Die fürstlichen Dienstleute im frühfeudalistischen Polen] (= Polska Akademia Nauk. Oddział w Krakowie. Prace Komisji Nauk Historycznych 1), Wrocław-Kraków 1958; Karol Modzelewski, *La division autarchique du travail à l'échelle d'un État: L'organisation „ministériale", en Pologne médiévale,* in: *Annales. Economies, societes, civilisations* 19 (1964), 2. Hlbbd., S. 1125—1138; ders., *The Service Handicraft and Towncreating Processes in Poland,* in: *Ergon,* Bd. 3 (fasc. suppl. zu) *Kwartalnik Historii Kultury Materialnej* 10 (1962), S. 376 f.; vgl. ferner Dušan Třeštík/Barbara Krzemieńska, *Zur Problematik der Dienstleute im frühmittelalterlichen Böhmen,* in: *Siedlung und Verfassung Böhmens in der Frühzeit,* hrsg. von František Graus und Herbert Ludat, Wiesbaden 1967, S. 70—98; Hansgerd Göckenjan, *Hilfsvölker und Grenzwächter im mittelalterlichen Ungarn* (= Quellen und Studien zur Geschichte des östlichen Europa 5), Wiesbaden 1972.

[48] Herbert Ludat, *Die ostdeutschen Kietze* (= Veröffentlichungen des Vereins für Geschichte der Mark Brandenburg), Bernburg 1936; ders., *Vorstufen und Entstehung des Städtewesens in Osteuropa. Zur Frage der vorkolonialen Wirtschaftszentren im slavisch-baltischen Raum* (= Osteuropa und der deutsche Osten, 3, 4), Köln-Braunsfeld 1955, S. 41 ff.

organisation bei der Gründung deutscher Städte in askanischer Zeit sehen will, an meiner Auffassung als slavische Institution aus vorkolonialer Zeit festhalten möchte; sie tragen trotz der häufig erfolgten Verlegungen deutlich den Stempel alter vorkolonialer Dienstsiedlungen in der Nähe von slavischen Verwaltungszentren und bilden in diesem Sinne auch ein integrales Element der ursprünglichen nichtagrarischen Wirtschaftszentren im Zeitalter der Burgstädte. Ich habe diese Kietze und Wiken schon früher mit den Hakelwerken, Lischken und Palten im baltischen Raum in Parallele gestellt, weil auch sie die Funktion von Burgmärkten und Burgstadtsiedlungen vor und nach dem Einsetzen der deutschen Ostkolonisation wahrgenommen haben."[49]

Gerade aber den vorkolonialen, slavenzeitlichen Ursprung der Kietz-Institutionen und ihren Zusammenhang mit suburbanen Frühstadtelementen bestreitet Krüger in seiner Untersuchung von 1962, während er der verfassungsgeschichtlichen Einordnung als Dienstsiedlung, die Ludat erarbeitet hat, zustimmt.[50] Es ist schon von daher deutlich, daß das eigentlich geschichtswissenschaftliche Problem retrospektiver Strukturanalyse in seiner methodischen Schwierigkeit von Krüger nicht hinreichend reflektiert wird. Krüger glaubt, mit ausgewählten archäologischen Stichproben geschichtswissenschaftliche Beweise antreten zu können. Sein Vorgehen erweckt also den — gewiß laienhaften — Zweifel des Historikers: Nur in 12 Kietzen sind Suchschnitte angelegt, sonst lediglich Oberflächenfunde ausgewertet worden. Die untersuchten Stellen sind Köpenick, Wriezen, Altruppin, Brandenburg, Storkow, Lebus, Fahrland, Biesenthal, Zossen, Bad Freienwalde, Frankfurt an der Oder und Liebenwalde. Aus diesen Untersuchungen ergibt sich nach Krüger: Die alten Kietze „können nur in einer Periode entstanden sein, in der das frühdeutsche Keramikinventar im Verbreitungsgebiet der Kietze bereits Eingang gefunden und Fuß gefaßt hatte. Die alte These vom slawischen Alter der Kietze, die in keiner einschlägigen Arbeit bewiesen worden ist, kann vom archäologischen Material her nicht akzeptiert werden."[51] Soweit der allgemeine Schluß, der aus den übereinstimmenden Befunden im Quellenmaterial gezogen wird. Die Abweichungen davon werden zwar registriert, aber nicht ausgedeutet. Es heißt nämlich kurz zuvor:

[49] H. Ludat, *Zum Stadtbegriff im osteuropäischen Bereich*, in: *Vor- und Frühformen der europäischen Stadt* ..., hrsg. von H. Jankuhn, W. Schlesinger, H. Steuer ... (wie Anm. 8), S. 89 f.

[50] B. Krüger, *Die Kietzsiedlungen* ... (wie Anm. 45), S. 96, 106 f., 136.

[51] *A. a.* O., S. 135.

„Auf der überwiegenden Mehrzahl der alten Kietze ist als ältestes Fundmaterial ausschließlich blaugraue frühdeutsche Keramik gefunden worden. Nur in den Orten, die bereits bei den Slawen Mittelpunkt gewesen sein müssen (Brandenburg, Lebus und Stolpe), konnten auch slawische Keramikreste in einem Umfang geborgen werden, der auf eine Besiedlung des Geländes in slawischer Zeit schließen läßt."[52] Weitere Gedanken wendet Krüger nicht an diesen Befund. Dabei ist dies für eine komplexe Interpretation der suburbanen Siedlungsprobleme jedenfalls wichtig. Es kommen weitere Zweifel hinzu: Die Geländebegehung zeigte dem Verfasser, daß die enge topographische Beziehung zwischen Burg und Kietz vor allem für das Verhältnis zu den frühdeutschen Burgen zutrifft. Dabei muß festgestellt werden, daß Krüger das Phänomen der topographischen Beziehung überaus eng gefaßt hat und gerade im Umgang mit den topographischen Daten große Sorglosigkeit walten läßt. Schon eine Entfernung von 500 m und mehr zwischen Burg und Suburbium gelten für Krüger als Beweis, daß kein topographischer Zusammenhang mehr besteht. Natürlich ist es außerordentlich schwierig, die Stelle zu eruieren, an der der alte Kietz vermutlich gelegen hat, und weil es dafür keine exakte Methode gibt, haben Grabungsergebnisse auch nur eine begrenzte Aussagefähigkeit. Die innere Wahrscheinlichkeit von Kietzverlegungen durch die deutschen Landnehmer muß ebenfalls außerordentlich hoch veranschlagt werden. Da die Burgen zum Teil verlegt wurden, dürfte auch mit den zu ihnen gehörigen Dienstsiedlungen so verfahren worden sein. Und auch da, wo die deutschen Herren die örtlichen Verhältnisse unter Beibehaltung des slavischen Burgplatzes neu ordneten, zum Beispiel bei Städtegründungen, wäre es vorstellbar, daß sie die Kietze neu angelegt haben. Solange solche Bedenken nicht mit überzeugenden Argumenten zerstreut werden können, wird die historische Forschung der ihr methodisch und sachlich geläufigeren Beweisführung Ludats doch noch mehr Vertrauen schenken müssen. Ludat hat ja 1936 in seinem Buche sehr sorgfältig die Stellen, die man unter Verlegungsverdacht stellen müßte, registriert. Für ein ohnehin nur in der retrospektiven Ausdeutung zum Sprechen zu bringendes Material muß stets das ganze Ensemble der Fragestellung präsent sein. Unter diesen Anspruch gestellt, ist Krügers Katalog der Kietz-Siedlungen noch sehr mangelhaft. Es sind allein 25 Positionen in diesem Katalog aufzufinden, die sich zumindest als ungeeignet für Krügers kolonialaskanische Kietz-These erweisen. Gewiß wird es Kietze gegeben haben, vielleicht sogar in großer Zahl, die erst

[52] *A. a.* O., S. 134.

später, in der Kolonialzeit angelegt worden sind, aber das besagt nichts für die verfassungsgeschichtliche Problemstellung.[53] Nochmals: Wenn man an der slavisch-autochthonen Struktur und der verfassungsgeschichtlichen Deutung Ludats festhalten will, dann kann man auch die Möglichkeit seiner Altersbestimmung nicht preisgeben. Das heißt, daß aus der starken Vermehrung dieser Einrichtung in der frühen Phase der askanischen Kolonisation nicht geschlossen werden darf, daß die Einrichtung erst jetzt entstanden ist. Institutionell Neues, „Koloniales", zeigt auch nur das Schulzenamt! Das bedeutet aber: es wird zumindest weiter darauf ankommen, an jedem einzelnen Platz, der durch — ja immer spätere — echte Kietz-Bezeugung gekennzeichnet ist, die örtlichen Verhältnisse sehr genau zu prüfen, um die prinzipiell möglichen vorkolonialen urbanen Entwicklungsanteile eines Dienstsiedlungselements festzustellen.

Daß dies generell mit im Spiele ist bei dem enormen Verdichtungsprozeß des 11. bis 12. Jahrhunderts bei den Polaben, scheint mir konstatierbar. Das Aufkommen und Heranwachsen kleinregionaler Zentralorte ist ja, wie die archäologische Bestandsaufnahme zeigt,[54] gut faßbar. Sie werden, genauso wie die alten Stammeszentren in ihrer überregionalen Zentralität, durch ihre Verkehrsbedeutung kontinuierliches Siedlungsinteresse auf sich ziehen und für die engerräumigen und verdichteten Verwaltungsbedürfnisse der neuen politischen Ordnung der askanischen Kolonisationszeit gleichsam die Punkte vormarkieren, an denen die landesherrliche Städtepolitik des 13. Jahrhunderts dann anknüpfen kann. Zu einem guten Teil, wir werden noch darauf zurückkommen, wird jedenfalls das vermehrte nichtagrarische Siedlungsniveau der Wik-Zeit das spätere Lokationsinteresse am Platze anregen.

In dem schrittweisen Expandieren des deutschen politischen Einflusses vom Westen, wie er sich in der askanischen Nordmark und im hevellischen Fürstentum Pribislav Heinrichs zeigt, ebenso wie des polnischen vom Osten, der sich in der Lebuser Bistumsgründung äußert, und in der weiteren Verdichtung der Kommunikationslinien der polabischen Welt

[53] In seiner ausführlichen Rezension kommt auch Wolfgang H. Fritze (in: *Jahrbuch für die Geschichte Mittel- und Ostdeutschlands* 12 [1963], S. 286—289) zu dem Urteil, daß Krügers Untersuchungsergebnisse nicht das slavische Alter des Kietzes als Einrichtung widerlegen, wohl aber den vorkolonialen Ursprung der meisten konkreten Kietzsiedlungen. Doch stimmt Fritze der Abtrennung der Kietze vom vorkolonialen Stadtproblem zu. Vgl. hingegen die kurze Rezension von Klaus Zernack, in: *Zeitschrift für Agrargeschichte und Agrarsoziologie* 11 (1963), H. 1, S. 110.

[54] L. Leciejewicz, *Miasta Słowian Północnopołabskich* ... (wie Anm. 11), S. 115 ff.

tritt nun auch ein vermehrtes Kaufmannsinteresse an geeigneten regionalzentralen Orten des Slavenlandes zutage. Auch dies ist ein Vorgang, der in der Küstenregion zwischen Alt-Lübeck und Stettin deutlicher greifbar ist als in den südlichen Lutizen-Zonen, mit denen wir es in unserer Erörterung zu tun haben. Aber wie schon eben angedeutet, gerade in der Ausbildung dieses Burgstadthorizontes holt unser Gebiet ein wenig auf. J. Herrmann hat für die nordwestslavische Mittelregion die Existenz von einigen Burgen aus dem 11. und der ersten Hälfte des 12. Jahrhunderts nachgewiesen, die sich von den anderen dadurch unterscheiden, daß sie größer sind und eine stärkere Bebauungsdichte aufweisen.[55] Leciejewicz möchte sie zu den Kleinraummittelpunkten stellen.[56] Zwar reichen einige dieser Burgen mit ihren Anfängen schon in die Frühphase des 9. und 10. Jahrhunderts zurück, aber erst in der späteren Phase, im 11. und 12. Jahrhundert, blühen sie auf. Das gilt für Köpenick[57] wie für Wusterhausen,[58] wie für Altruppin[59] und nun auch für die Hevellerburg Spandau.[60] Bei den Spreewanen werden Mittenwalde[61] und Zossen[62] in Betracht zu ziehen sein, und für einen weiteren Betrachtungsumkreis müssen Jüterbog[63] und Beelitz[64] einbezogen werden. Für alle diese Plätze gilt nun das Kriterium der zentralen Lage in geschlossenen Siedlungsregionen und an Schlüsselpunkten der Kommunikation, am häufigsten am Zusammenfluß zweier Flüsse. Jetzt werden auch Sil-

[55] Joachim Herrmann, *Die vor- und frühgeschichtlichen Burgwälle Groß-Berlins und des Bezirkes Potsdam* (= Handbuch vor- und frühgeschichtlicher Wall- und Wehranlagen 2) (= Deutsche Akademie der Wissenschaften zu Berlin. Schriften der Sektion für Vor- und Frühgeschichte 9), Berlin 1960, S. 54 f.

[56] L. Leciejewicz, *Miasta Słowian Północnopołabskich* ... (wie Anm. 11), S. 123 f.

[57] J. Herrmann, *Köpenick* ... (wie Anm. 28), S. 62 f.

[58] J. Herrmann, *Die vor- und frühgeschichtlichen Burgwälle* ... (wie Anm. 55), S. 153 f.

[59] Dietmar-Wilfried Buck, *Die ur- und frühgeschichtlichen Wehranlagen des Kreises Neuruppin*, Neuruppin 1965, S. 13 ff.

[60] Siehe den Beitrag von Adriaan v. Müller, unten S. 94 ff.

[61] Siehe Anm. 34.

[62] J. Herrmann, *Die vor- und frühgeschichtlichen Burgwälle* ... (wie Anm. 55), S. 205, Klaus Zernack, *Zossen*, in: *Handbuch der historischen Stätten* ..., Bd. 10 (wie Anm. 20), S. 408.

[63] J. Herrmann, *Die vor- und frühgeschichtlichen Burgwälle* ... (wie Anm. 55), S. 142 f.; Walter Schlesinger, *Forum, villa fori, ius fori. Einige Bemerkungen zu Marktgründungsurkunden des 12. Jahrhunderts aus Mitteldeutschland*, in: *Aus Geschichte und Landeskunde. Forschungen und Darstellungen. Franz Steinbach zum 65. Geburtstag gewidmet von seinen Freunden und Schülern*, Bonn 1960, S. 408 ff.

[64] Bernhard Elsler, *Entstehung und Frühgeschichte der Stadt Belzig*, in: *Kreiskalender für den Kreis Zauch-Belzig 1942*, 16. Jg., S. 42—51.

berschatzfunde an diesen Stellen greifbar. Die Askanier, bzw. in den südlichen Landschaften die Erzbischöfe von Magdeburg, haben an allen diesen Orten ihre Administrationszentren aufgebaut.

Karlheinz Blaschke hat nun 1967 in sehr subtilen Untersuchungen zum Vorkommen des Nikolauspatroziniums im vorrechtsstädtischen Entwicklungszusammenhang geradezu einen Typus von Nikolaisiedlungen — um eine „Kaufmannskirche“ — im ganzen östlichen Mitteleuropa herausgearbeitet.[65] Es ist hier ein klarer Verwestlichungsimpuls zu erkennen. Die Nikolaisiedlungen sind durchaus den Kaufmannswiken Nordwestdeutschlands vergleichbar, müssen aber auf ihre topographische und funktionelle Stellung im vorgefundenen Milieu genauestens befragt werden. Für unsere Region sind die wichtigsten Beispiele aus Blaschkes Material natürlich Spandau, der Funktionskomplex Lebus-Frankfurt/Oder sowie Berlin. Aber auch Brandenburg-Altstadt ist wohl dazuzustellen.[66] Natürlich ist in diesen Vorgängen vor allem die wirtschaftsgeschichtliche Kehrseite der zunehmenden politischen Durchdringung der Slavengebiete zwischen Elbe und Oder durch die fremden territorialen Gewalten in West, Süd und Ost zu sehen. Urbanitätsgeschichtlich aber interessiert in erster Linie das Problem, wo solche Kaufmannssiedlungen entstehen und wie an den Stellen, an denen sich die Niederlassung an einem vorgefundenen Zentralort nachweisen läßt, das Zusammenwirken des vorhandenen mit dem neu hinzutretenden Element im urbanen Werdeprozeß beschaffen ist.

Daß aber die politische Erschließung des Slavenlandes durch die expandierenden Nachbarmächte und das wachsende Verkehrs- und Handelsinteresse auch neue Punkte mit zentraler Funktion in dem sich

[65] Karlheinz Blaschke, *Nikolaipatrozinium und städtische Frühgeschichte*, in: *Zeitschrift der Savigny-Stiftung für Rechtsgeschichte*, Kanon. Abt. 53 (1967), S. 273 ff. E. Müller-Mertens, *Untersuchungen zur Geschichte der brandenburgischen Städte* ... (wie Anm. 8), in: *Wissenschaftliche Zeitschrift der Humboldt-Universität zu Berlin. Gesellschafts- und sprachwissenschaftliche Reihe*, 5. Jg. (1955/56), Nr. 3, behandelt die Nikolaisiedlungen in Prenzlau (S. 207 f.), Berlin (S. 213 f.) und Frankfurt/O. (S. 215 ff.).

[66] Jedenfalls wird 1249 die villa Luckenberg in die Altstadt einbezogen. Diese villa Luckenberg weist schon 1173 eine Nikolaikirche auf, die bis dahin zur Parochie Parduin gehörte, in diesem Jahre aber dem Domkapitel inkorporiert wurde, K. H. Blaschke, *Nikolaipatrozinium* ... (wie Anm. 65), in: *Zeitschrift der Savigny-Stiftung für Rechtsgeschichte*, Kanon. Abt. 53 (1967), S. 279 f. mit weiterer Literatur; E. Müller-Mertens, *Untersuchungen zur Geschichte der brandenburgischen Städte* . . . (wie Anm. 8), in: *Wissenschaftliche Zeitschrift der Humboldt-Universität zu Berlin. Gesellschafts- und sprachwissenschaftliche Reihe*, 5. Jg. (1955/56), Nr. 3, S. 202.

wandelnden Kommunikationsgefüge ins Auge fassen konnten, das zeigt der Fall Berlin. Die archäologischen Funde und die Forschungsdiskussion der letzten Jahrzehnte haben deutlich werden lassen, daß hier strategische, verkehrstechnische und kommerzielle Motive zur nichtagrarischen Erschließung eines Platzes geführt haben, der bis vor dem Eindringen der askanischen Expansion in dieses Gebiet offenbar siedlungsleer gewesen ist.[67] Um 1200 — wenn nicht früher — ist hier mit der Anlage einer Marktsiedlung um eine Nikolaikirche begonnen worden, deren vermutlich zweiter Bau bereits um 1230 entstanden ist und durch seine Größe auffällt.[68] Blaschke sieht in ihm eine Kaufmannskirche.[69] Der Vorgängerbau aus dem ausgehenden 12. Jahrhundert ist wegen der zahlreichen christlichen Bestattungen an diesem Platz zu vermuten. Ich habe an anderer Stelle Argumente dafür zusammengetragen, warum anzunehmen ist, daß eine solche Siedlung nicht nur aus deutschen Ankömmlingen bestanden haben wird.[70] Das Problem der Namenstradierung, die Frage der nichtkaufmännischen Dienstfunktionen und im Zusammenhang damit des demographischen Milieus des Umlandes, alle diese Fragen sind von der Kritik, die meine Auffassungen gefunden haben, nicht hinreichend bedacht worden.[71] Die gleichzeitig mit meinem Aufsatz

[67] Otto-Friedrich Gandert, *Älteste Geschichte des Berliner Raumes,* in: *Heimatchronik Berlin* (= Heimatchroniken der Städte und Kreise des Bundesgebietes 25), Köln 1962, S. 5 f.; Herbert Hampe, *Zur Frühgeschichte Berlins,* in: *Probleme des frühen Mittelalters in archäologischer und historischer Sicht.* Red. Heinz Arno Knorr (= Protokoll der Tagung der Fachgruppe Ur- und Frühgeschichte der Deutschen Historiker-Gesellschaft 3), Berlin 1966, S. 94—100; Adriaan v. Müller, *Berlin vor 800 Jahren. Städte, Dörfer, Wüstungen von der Gründung bis zum 14. Jahrhundert* (= Schriften zur Berliner Kunst- und Kulturgeschichte 11), Berlin 1968.

[68] Edgar Lehmann, *Bemerkungen zu den beiden Vorgängerbauten der spätgotischen Nikolaikirche zu Berlin,* in: Erwin Reinbacher, *Die älteste Baugeschichte der Nikolaikirche in Alt-Berlin* (= Deutsche Akademie der Wissenschaften zu Berlin. Schriften der Sektion für Vor- und Frühgeschichte, Bd. 15. Ergebnisse der archäologischen Stadtkernforschung in Berlin, T. 2), Berlin 1963, S. 84 f.

[69] K. H. Blaschke, *Nikolaipatrozinium ...* (wie Anm. 65), in: *Zeitschrift der Savigny-Stiftung für Rechtsgeschichte,* Kanon. Abt. 53 (1967), S. 278 f.

[70] Klaus Zernack, *Randbemerkungen zur Diskussion über die Anfänge Berlins,* in: *Festschrift für Friedrich von Zahn,* Bd. 1 u. 2 (= Mitteldeutsche Forschungen 50, 1 u. 2), Köln-Graz 1968—1971, Bd. 1: *Zur Geschichte und Volkskunde Mitteldeutschlands,* hrsg. von Walter Schlesinger, S. 353—367; siehe auch E. Müller-Mertens, *Untersuchungen zur Geschichte der brandenburgischen Städte ...* (wie Anm. 8), in: *Wissenschaftliche Zeitschrift der Humboldt-Universität zu Berlin. Gesellschafts- und sprachwissenschaftliche Reihe,* 5. Jg. (1955/56), Nr. 3, S. 212 ff.

[71] Johannes Schultze, *Noch einmal „die Anfänge Berlins"*, in: *Jahrbuch für die Geschichte Mittel- und Ostdeutschlands* 20 (1971), S. 239—244.

publizierten Überlegungen Blaschkes bestärken mich nun freilich doch in meiner Auffassung, denn Blaschkes demographische Berechnungen und seine Rekonstruktion der Altersstruktur der ersten Berlin-Siedlung lassen ebenfalls die Zusammensiedlung von deutschen Ankömmlingen mit slavischen Bewohnern aus der Umgebung vermutbar erscheinen. Leider haben wir für Frankfurt/Oder, dessen vorrechtsstädtische Nikolaisiedlung mit ihren Anfängen ja noch vor 1226 zurückgeht, keine vergleichbare Quellenlage für bevölkerungsgeschichtliche Rückschlüsse. Hier ist aber vor allem interessant der hohe urbanitätsgeschichtliche Entwicklungsstand an der mittleren Oder in dem Komplex Lebus-Frankfurter Nikolaisiedlung lange vor der askanisch-magdeburgischen Herrschaftsübernahme (1249/50) und der Konkurrenzkampf zweier so gewichtiger Marktorte in enger Nachbarschaft. Ebenso ist das Hineinwirken schlesischer stadtpolitischer Initiativen zu beachten.[72]

Ganz zweifellos bedeutet die Lokation mit der Stadtrechtsverleihung einen Qualitätswandel der nichtagrarischen Siedlung in rechts- und verfassungsgeschichtlicher, vielfach auch topographischer und partiell demographischer Hinsicht, daß man wohl von einem institutionellen Umbruch an vielen Stellen sprechen muß.[73] Ich habe keine Bedenken, mich in dieser (institutionengeschichtlichen) Hinsicht der herrschenden Lehre, wie sie in letzter Zeit auch von H. Ludat und K. Buczek, minder differenziert auch von W. Kuhn ausgesprochen worden ist, anzuschließen.[74] Freilich muß man an jedem Orte und in jeder Geschichtslandschaft genau unter-

[72] Ernst Huth, *Neue Erkenntnisse zur Entstehung und Entwicklung der Stadt Frankfurt (Oder) auf Grund archäologischer Befunde*, in: *Probleme des frühen Mittelalters* ... (wie Anm. 67), S. 84—93; sowie die Artikel *Frankfurt/O.* von Heinrich Stümbke u. Gerd Heinrich und *Lebus* von H. Ludat, in: *Handbuch der historischen Stätten* ... (wie Anm. 20), Bd. 10, S. 177 f., 253 f. Ausführlich E. Müller-Mertens, *Untersuchungen zur Geschichte der brandenburgischen Städte* ... (wie Anm. 8), in: *Wissenschaftliche Zeitschrift der Humboldt-Universität zu Berlin. Gesellschafts- und sprachwissenschaftliche Reihe*, 5. Jg. (1955/56), Nr. 3, S. 215 ff.

[73] Dies schwingt wohl mit in dem polnischen Begriff przełom lokacyjny, den L. Leciejewicz, *Miasta Słowian Północnopołabskich* ... (wie Anm. 11), S. 190, konstruktiv verwendet; siehe unten Anm. 75. Vgl. jetzt auch die klare Einschätzung der „Stadtgründung" als institutionsgeschichtlicher Umbruch bei Karlheinz Blaschke, *Studien zur Frühgeschichte des Städtewesens in Sachsen*, in: *Festschrift für Walter Schlesinger* ... (wie Anm. 42), Bd. 1, hrsg. von H. Beumann, S. 339 f.

[74] H. Ludat, *Zum Stadtbegriff im osteuropäischen Bereich*, in: *Vor- und Frühformen der europäischen Stadt* ..., hrsg. von H. Jankuhn, W. Schlesinger, H. Steuer ... (wie Anm. 8), S. 85, K. Buczek, *Targi i miasta* ... (wie Anm. 9), S. 119 ff.; Walter Kuhn, *Die deutschrechtlichen Städte in Schlesien und Polen in der ersten Hälfte des 13. Jahrhunderts*, Marburg 1968.

scheiden, denn immer wieder trifft man auf beträchtliche Unterschiede im Grad des Zusammenwirkens der urbanitätsgeschichtlichen Antriebsfaktoren, und dies kann auch Unterschiede in der urbanitätsgeschichtlichen Wirkung der Lokation von Rechtsstädten hervorbringen.[75] Die mittelmärkischen Gebiete sind gekennzeichnet durch den Vollzug der Kolonisation im Einklang — Schritt für Schritt — mit der Herrschaftsausbreitung des neuen askanischen Landesherren. Anders ausgedrückt: In dem entstehenden Territorialstaat Mark Brandenburg beginnt in Auswirkung auch der Handhabung der kolonisatorischen Instrumente sogleich die koloniale Neustammbildung.[76] Die demographisch-assimilatorische Wirkung steht in diesen Landschaften im Stadtwerdungsprozeß gänzlich im Vordergrund. Das ist anders in Gebieten geschlossener, staatlich gefestigter autochthoner Landesherrschaft, wo die Lokation als ein Instrument des Landesausbaus auch stellenweise zum völligen demographischen, rechtlichen und topographischen Neuanfang führen kann, das heißt Städtegründungen aus punktuell — freilich kaum räumlich-funktional — wilder Wurzel zuläßt. Dann wird man wohl von institutioneller Revolution sprechen müssen. Also es besteht ein Unterschied zwischen den Stadtlandschaften mit fremdherrschaftlicher Überschichtung und stammlicher Assimilation durch Kolonisation und solchen, in denen die autochthon herrschaftliche Initiative sich nur des fremden Instrumentariums zur strukturellen Verbesserung (Landesausbau) bedient.

Vielleicht hat dies seinen Niederschlag gefunden in der terminologischen Differenz, die H. Ludat für die Westslaven aufzeigen konnte in seinen Untersuchungen zum Wik-Begriff im Polabisch-Slavischen und zum mĕsto-Begriff in den östlich benachbarten kolonialen Landschaften.[77] Offen bleibt in gewissem Umfang für Ludat die Frage, wie im Polabischen die Nichtübernahme des westslavischen Terminus mĕsto für Rechtsstadt, dagegen die Beibehaltung des Begriffes Wik auch als Be-

[75] Die Methode der regionalen und mikroregionalen Differenzierung gut bei L. Leciejewicz, *Miasta Słowian Północnopołabskich* ... (wie Anm. 11); seine wichtigen Schlußfolgerungen S. 192 ff. — Hingegen betont A. Wędzki, *Początki reformy miejskiej* ... (wie Anm. 9), S. 3, stärker die Elemente evolutionärer Übereinstimmung im ganzen von der Rechtsstadtausbreitung erfaßten ostmitteleuropäischen Bereich, um daraus die Folgerung einer kontinuierlich verlaufenen Stadtreform abzuleiten.

[76] Walter Schlesinger, *Die mittelalterliche Ostsiedlung im Herrschaftsraum der Wettiner und Askanier*, in: *Deutsche Ostsiedlung in Mittelalter und Neuzeit*, Köln-Wien 1971, S. 44—64.

[77] Siehe oben S. 74 f., mit Anm. 42.

zeichnung für die Rechtsstadt erklärbar ist. Müßte man nicht von der Kontinuitätsfragestellung her gesehen fragen können, ob hier nicht die rasche Siedlereinwanderung und der deutsche Zuzug in die neuen Rechtsstadtgemeinden die Durchsetzung des deutschen terminus technicus auch bei den Slaven bewirkt hat, das heißt, daß die neue Sache dann auch in der neuen Sprache bezeichnet worden wäre. Dann wäre der terminologische Befund in der Germania slavica ein typisch neustammlicher, und andere sprachlich-nomenklatorische Bedürfnisse bestanden im piastisch-polnischen Staatsgebiet. Andererseits müßte natürlich auch die Frage zulässig sein, ob nicht die Wiken-Bezeichnung für die vorrechtsstädtischen Burgstädte eben einen so tragfähigen Sachterminus abgegeben hat, daß man damit auch die neue Rechtsstadt für hinreichend gekennzeichnet halten konnte. Das stünde dann in Parallele zu gewissen terminologischen Kontinuitätsphänomenen im südosteuropäischen und im nordeuropäischen Bereich.[78]

Für den Herrschaftsausbau mit Hilfe von Rechtsstädten, wie er dann innerhalb der nächsten zwei Generationen seit 1250 die Mark Brandenburg zu einer städtereichen Landschaft mit ca. 100 Städten macht,[79] für diesen Herrschaftsausbau durch Strukturwandel ist die Mark Brandenburg ein vorstrukturiertes Land. Die Plätze überregionaler oder mikroregionaler Zentralität sind erprobt, die neue Einrichtung, das Instrument der Strukturverbesserung, kann hier aufgestülpt werden. Das führt zu Bevölkerungsanstieg, zu wirtschaftlicher Verbesserung, zur Erhöhung der Einnahmen für den Landesherrn und auf die Dauer zu einer beträchtlichen ständepolitischen Formierung des städtischen Bürgertums.[80]

[78] Für Südosteuropa vgl. Klaus-Detlev Grothusens *Exkurs „die Bezeichnung für ‚Stadt' im Ungarischen und Südslawischen"*, in: ders., *Entstehung und Geschichte Zagrebs bis zum Ausgang des 14. Jahrhunderts. Ein Beitrag zum Städtewesen Südosteuropas im Mittelalter* (= Osteuropastudien der Hochschulen des Landes Hessen, Reihe 1: Gießener Abhandlungen zur Agrar- und Wirtschaftsforschung des europäischen Ostens, Bd. 37), Wiesbaden 1967, S. 58—63; H. Ludat, *Zum Stadtbegriff im osteuropäischen Bereich*, in: *Vor- und Frühformen der europäischen Stadt* ..., hrsg. von H. Jankuhn, W. Schlesinger, H. Steuer ... (wie Anm. 8), S. 88 ff.; — für den Norden siehe K. Zernack, *Der osteuropäische Norden* ..., in: *Beiträge zur Stadt- und Regionalgeschichte* .. (wie Anm. 12), S. 37—39.

[79] Gerd Heinrich, *Geschichtliche Einführung*, in: *Handbuch der historischen Stätten* ..., Bd. 10 (wie Anm. 20), S. XXX. Herbert Helbig, *Gesellschaft und Wirtschaft der Mark Brandenburg im Mittelalter* (= Veröffentlichungen der Historischen Kommission zu Berlin, Bd. 41), Berlin 1973, S. 38 ff.

[80] E. Müller-Mertens, *Untersuchungen zur Geschichte der brandenburgischen Städte* ... (wie Anm. 8), in: *Wissenschaftliche Zeitschrift der Humboldt-Universität zu*

Es ist also ohne Frage im urbanitätsgeschichtlich-funktionalen Sinne von Kontinuität zwischen dem *vorkolonialen* und dem *kolonialen* Städtewesen in der Mark Brandenburg zu sprechen, und es dürfte deutlich geworden sein, daß diese Präzisierung der Thematik dieses Beitrags auch die gemeinte Problemlage genauer trifft.

Berlin. Gesellschafts- und sprachwissenschaftliche Reihe, 5. Jg. (1955/56), Nr. 4, S. 271 ff., H. Helbig, *Gesellschaft und Wirtschaft der Mark Brandenburg ...* (wie Anm. 79), S. 40 ff.

Adriaan von Müller

Zur Entwicklung der Stadt Spandau im frühen und hohen Mittelalter

(Stand der archäologischen Forschungen im Jahre 1975)

Seit nunmehr etwa zehn Jahren wird in Berlin [West] ein Forschungsprogramm zur Klärung mittelalterlicher Siedlungsvorgänge unter Beteiligung von Archäologen, Historikern und Siedlungsgeographen durchgeführt.[1]

Im Mittelpunkt der Arbeiten stand der Versuch, Klärung in der Frage des Kontaktes und des möglichen Zusammenlebens zweier Bevölkerungsgruppen, der ansässigen slawischen und der neu hinzukommenden deutschen Gruppe, herbeizuführen. Dabei interessierte es besonders, in welcher Weise der ältere slawische Bevölkerungsteil an der Städtebildung im gerade eingedeutschten Gebiet östlich der Elbe beteiligt war und welche Rolle er bei der ländlichen Siedlung übernahm. Um diesen Fragen nachgehen zu können, mußte der Forschung wegen der für die Frühzeit der deutschen Ostsiedlung, also für die Zeit des 12. und 13. Jahrhunderts, fast vollständig fehlenden Schriftzeugnisse neues, diesmal archäologisches Quellenmaterial erschlossen werden.

[1] Adriaan v. Müller, *Hochmittelalterliche Siedelvorgänge östlich der Elbe,* in: *Jahrbuch Preußischer Kulturbesitz 1967* 5 (1968), S. 213 ff.; ders., *Vorzeitforschung,* in: *Jahrbuch Preußischer Kulturbesitz 1973* 11 (1974), S. 107 ff.

Was die ländliche Siedlung anbetrifft, so wurden mehrere kleine und eine umfangreichere Untersuchung auf dem Gebiet des nördlichen Teltow im Süden des West-Berliner Stadtgebietes durchgeführt.[2] Auf sie einzugehen kann nicht Aufgabe dieses Aufsatzes sein. Vielmehr sollen sich die nachfolgenden Ausführungen ausschließlich auf die städtische Siedlung konzentrieren. Um solchen Fragen nachzugehen, bot sich das Gebiet von Berlin-Spandau an. Die dort im Laufe der letzten Jahrzehnte durchgeführten Ausgrabungen bildeten allmählich einen der Schwerpunkte archäologischer Forschung in West-Berlin überhaupt. Ihre Ergebnisse stellen vieles in den Schatten, was außerhalb des Berliner Stadtgebietes in vergangener Zeit erreicht werden konnte.

Spandau findet in Urkunden des frühen Mittelalters keine und in solchen des hohen Mittelalters erst verhältnismäßig spät Erwähnung. Im Jahre 1197 ist in einem Schutzbrief Markgraf Otto II.,[3] den er dem Kapitel zu Brandenburg ausstellt, erstmals ein Everhardus, advocatus in Spandove, als Zeuge genannt. Es besteht kaum ein Zweifel, daß es sich bei diesem Everhardus um den markgräflichen Burgvogt gehandelt hat, woraus auf das Vorhandensein einer Burg geschlossen werden darf. Aus dieser Urkunde geht jedoch nicht die Lage der Burg und schon gar nicht die Existenz einer Kaufmanns- und Handwerkersiedlung oder gar einer Stadt Spandau hervor. Von der Stadt erfahren wir erst im Jahre 1232,[4] als die Markgrafen Johann und Otto einen Gnadenbrief ausstellen, in dem der Stadt die Genehmigung zum Bau einer Flutrinne erteilt wird. Weiter wird verfügt, daß alle aus dem Lande Teltow, von dem Glin und vom Barnim in Spandau ihr Recht nehmen. Aus dieser verhältnismäßig schlechten Urkundenlage ergab sich die Aufgabe der Berliner Archäologie, sowohl im Altstadtgebiet von Spandau als auch auf dem Gelände der vermuteten frühaskanischen Burg, dem Bereich der heutigen Zitadelle, zu graben (Abb. 1). Aber auch das Gebiet des so-

[2] Adriaan v. Müller, *Zur hochmittelalterlichen Besiedlung des Teltow (Brandenburg). Stand eines mehrjährigen archäologisch-siedlungsgeschichtlichen Forschungsprogramms*, in: *Die deutsche Ostsiedlung des Mittelalters als Problem der europäischen Geschichte. Reichenau-Vorträge 1970—1972*, hrsg. von Walter Schlesinger (= Vorträge und Forschungen 18), Sigmaringen 1975, S. 311 ff.

[3] *Regesten der Markgrafen von Brandenburg aus askanischem Hause*, bearb. von Hermann Krabbo und Georg Winter (= Veröffentlichungen des Vereins für Geschichte der Mark Brandenburg), Berlin-Dahlem 1955, Nr. 494.

[4] *A. a.* O., Nr. 607. Die Urkunde muß als verfälscht gelten, enthält aber einen echten Kern, siehe Johannes Schultze, *Das Stendaler Markt- und Zollprivileg Albrechts des Bären*, in: *Blätter für deutsche Landesgeschichte* 96 (1960), S. 58 f.

genannten Burgwalles, etwa 1,5 km südlich der Altstadt gelegen, mußte mit in die archäologische Forschung einbezogen werden, da mit Recht vermutet werden konnte, daß dort in slawischer Zeit der Vorläufer der askanischen Burg gelegen hat.

Die Ausgrabungen setzten aus Geldmangel zunächst allerdings nur zögernd im Altstadtgebiet zu Beginn der fünfziger Jahre ein. Seit 1955 wurden erste Sondierungen vorgenommen, und im Jahre 1962 begannen nachfolgend umfangreiche archäologische Untersuchungen auf dem Burgwall. Im Bereich der Zitadelle wurde mit intensiveren Arbeiten noch später, erst im Jahre 1969 begonnen. Im folgenden sollen die bisherigen Ergebnisse der drei archäologischen Forschungsschwerpunkte im weiteren Stadtgebiet von Spandau vorgelegt werden.

Der Burgwall, in der ältesten Schriftquelle vom Jahre 1424[5] als Borgwall bezeichnet, liegt etwa 1 km südlich des Alten Marktes von Spandau auf einer alten Talsandinsel nahe dem westlichen Rande der breiten Havelniederung. Die Insel war in slawischer Zeit und noch später vom hochgelegenen Havelufer durch einen etwa 12—15 m breiten und stark strömenden Havelarm getrennt. Als Rest dieses Armes hat sich der Burgwallgraben erhalten. Gegenüber der Burgwallinsel mündete früher der südlichste Arm der Spree in die Havel. Das Gelände des Burgwalls hat seit Beginn des Jahrhunderts immer wieder Funde geliefert, die meist in Privathand verblieben. Da die eigentliche Befestigung nicht mehr sichtbar war und weitgehend zerstört zu sein schien, wurden nicht selten Meinungen geäußert, daß eine Ausgrabung an diesem Platz nicht lohnend sei.[6] Diese Ansicht fand zunächst Bestätigung in dem Bericht Max Muths über seine erste systematische Grabungskampagne auf dem Burgwall 15 im Jahre 1961,[7] denn nach dem Übersichtsplan dortselbst nahm Max Muth an, daß ein größerer Teil der Burg durch Veränderung des Havellaufes fortgespült worden sei. Dennoch schien eine großangelegte Untersuchung wegen des ausgezeichneten Erhaltungszustandes der einzelnen Bauphasen und der reichen Funde lohnend. So gab es auf dem weiteren Spandauer Stadtgebiet bald keinen Platz mehr, an dem von den Archäologen intensiver geforscht wurde als auf dem Burgwall

[5] Daniel Friedrich Schulze, *Zur Beschreibung und Geschichte von Spandow*, im Auftrage der Kirche und der Stadt hrsg. von Otto Recke, Bd. 1 u. 2, Spandau 1913, Bd. 2, S. 14.

[6] Zum Beispiel Wilhelm Unverzagt in mündlichen Äußerungen.

[7] Max Muth, *Vorbericht über die Versuchsgrabung auf dem Burgwall in Spandau*, in: *Berliner Blätter für Vor- und Frühgeschichte* 10 (1963), S. 5 ff.

(Abb. 2). Unter Einsatz erheblicher finanzieller Mittel[8] gelang es hier, inzwischen die Geschichte der Befestigungsanlage über einen Zeitraum von nahezu 500 Jahren zu beleuchten.

Das Gelände des Burgwalles ist seit langem schon parzelliert, ein Umstand, der großflächige Untersuchungen nicht zuläßt. Erst die Einengung Berlins, hervorgerufen durch die politischen Verhältnisse der Epoche nach dem Zweiten Weltkrieg, brachte diesbezüglich eine Wende. Auf dem als Bauland wegen seines sumpfigen Untergrundes eigentlich ungeeigneten Gelände des Burgwalls entstanden nun allmählich doch einzelne Einfamilienhäuser. Es bestand Gefahr für die solange unberührt in der Erde ruhenden Reste der slawischen Anlage. So galt es schnell einzugreifen, um wenigstens Aufschluß über die zeitliche Abfolge der einzelnen Bauphasen zu erhalten, auch wenn die Ausgrabungsflächen mehr oder weniger weit voneinander entfernt lagen und die Einzelergebnisse mosaiksteinchenweise zusammengetragen werden mußten. Niemand ahnte bei Beginn der Untersuchungen allerdings, daß die Ergebnisse der langjährigen Ausgrabungen alle Erwartungen bei weitem übertreffen würden.[9]

Der Schwerpunkt der Arbeiten lag zunächst im nordwestlichen Teil der Burgwallinsel. Ohne daß bis zum heutigen Tage bereits abschließende Auswertungsergebnisse der vergangenen Grabungskampagnen vorlägen, soll im folgenden eine Analyse des Bekannten versucht werden.[10]

Vermutlich schon im 7. Jahrhundert n. Chr. ließen sich auf der oben geschilderten, von zwei Havelarmen umflossenen, sehr kleinen Sandinsel unmittelbar gegenüber der alten Spreeinmündung slawische Bauern nieder. Weitere, dicht benachbarte Inseln scheinen zunächst unbewohnt gewesen zu sein. Die auf der bewohnten Insel zur Verfügung stehende Siedlungsfläche betrug kaum mehr als 25 × 25 m. Während die Insel auf drei Seiten von mehr oder weniger stark strömendem Wasser umgeben war, trennte sie von der südlichen Nachbarinsel wohl nur ein

[8] Die Ausgrabungen auf dem Burgwall und auf der Spandauer Zitadelle wären nicht möglich gewesen ohne die hilfreiche Unterstützung der Berliner Klassenlotterie, die die Finanzierung des kostspieligen Unternehmens übernahm. Ihr sei dafür herzlich gedankt.

[9] In den Jahren 1963—64 wurde die Grabung auf dem Burgwall 15 vom Verfasser durchgeführt; die örtliche Grabungsleitung hatte G. Mahr. 1965—66 setzten O.-F. Gandert und F. Maczijewski die Untersuchungen dort fort. 1969 begannen der Verfasser und V. Nekuda die Grabung auf dem Burgwall 12—14. Seit 1971 werden die Ausgrabungen auf dem Burgwall von K. Muči durchgeführt.

[10] Vgl. auch Adriaan v. Müller, *Die slawischen Burgen von Spandau*, in: *Ausgrabungen in Berlin* 2 (1971), S. 89 ff.

flacher, zeitweise wasserführender Havelarm. Gegen den im Frühjahr steigenden Havelspiegel suchten sich die Inselbewohner durch die Anlage von Uferbefestigungen zu schützen. Teils bestanden diese aus Flechtwerk, teils aus kräftigen Balkenlagen. Von den Häusern dieser frühen Siedlungsphase sind nur noch Reste erhalten, da sie beim Bau der ersten nachfolgenden Befestigung großenteils beseitigt worden waren. Die ältesten Bauten hatte man aus aneinander gereihten Holzbrettern errichtet, deren zugespitzte untere Enden hier und da noch in der Erde steckten.

Schon im frühen 8. Jahrhundert entstand an dieser Stelle die erste Befestigung. Höhe und Breite der rings am Rande der Insel errichteten Holzmauer lassen dabei eine ordnende Hand vermuten. Man möchte schon zu diesem Zeitpunkt an einen Adelssitz denken. Die etwa 2 m breite Mauer bestand aus dicht bei dicht in Schichten verlegten Holzstämmen und einer zur Wasserseite vorgezogenen Holzberme. Diese erste Anlage war vier- oder rechteckig konzipiert, doch hatte man sie entweder nicht vollenden können, da während des Baues ein Brand ausbrach, der die Bewohner zum fluchtartigen Verlassen der Insel gezwungen hatte, oder die Westseite der fertigen Anlage wurde durch einen Brand gründlicher zerstört als die übrigen Befestigungsteile.

Bald nach der Vernichtung unserer Burg 1 muß der Aufbau von Burg 2 begonnen worden sein. Auf Grund der Keramik wurde sie schon früher dem 8. Jahrhundert zugewiesen. Neuerdings fand diese Datierung durch zwei Radiokarbonwerte Bestätigung. Die Burg war zum ersten Mal von einem kleinen Wall geschützt. Seine Höhe betrug jedoch nur 1 m, die Vorderfront verlief flach, die Rückfront steil. Die Erdschüttung des Walles wurde hier durch eine Wand von übereinander gelegten Holzstämmen gehalten. Auf der Höhe des Walles stand eine Holzwand, hinter der die Verteidiger Platz fanden. Als zusätzliches Annäherungshindernis diente eine auf drei Seiten vorgeschaltete Front von schräg gestellten Palisaden. Unmittelbar hinter dem Wall konnten Getreidespeicher nachgewiesen werden, die auf der Innenseite der Burg ringsum liefen. Das Tor, dessen ins Wasser gefallene Reste erhalten blieben, lag auf der Westseite der Anlage. Auch diese zweite Befestigung zeigte teilweise eine eckige Form. Bislang kannte man nur ovale oder runde Burgen aus slawischer Zeit, obwohl uns der arabische Kaufmann Ibrahim ibn Jacqub, der die slawischen Länder im Jahre 965/66 n. Chr. bereiste,[11] auch von eckigen Anla-

[11] Georg Jacob, *Arabische Berichte von Gesandten an germanische Fürstenhöfe aus dem 9. und 10. Jahrhundert.* Ins Deutsche übertragen und mit Fußnoten versehen (= Quellen zur deutschen Volkskunde, H. 1), Berlin-Leipzig 1927, S. 12.

gen berichtet. Im Innern der Burg standen in Spandau Blockhäuser. Auch Burg 2 ist eines Tages durch Brand zerstört worden. Es bedeutete eine weitere Überraschung, als bei der Ausweitung der Untersuchungen auf die oben geschilderte Nachbarinsel, Grundstück Burgwall 23, Reste einer ähnlichen, wohl aber von der auf der Kernburg entdeckten Anlage unabhängigen Befestigung der Phase 2, die eine Siedlung schützte, gefunden wurden.[12] Man kann sich besonders wegen der geringen Wallhöhe des Eindrucks nicht erwehren, daß die Erdbefestigung auch als Damm gegen das Havelwasser diente. Die Grabungsergebnisse der Jahre 1974/75 — die Untersuchungen fanden auf dem Grundstück Burgwall 20 statt[13] — lassen erkennen, daß es sich bereits um eine neben der Burg liegende „frühstädtische" Siedlung gehandelt hat. Sie bestcht aus Häusern von etwa 4 × 4 m Umfang, die in ihrer Größe nahezu genormt sind. Teils waren sie dicht bei dicht in Abständen von 40 cm errichtet, teils trennen 1,5—2 m breite, bohlenbelegte Straßen die einzelnen Bauten voneinander. Die in die Häuser eingebrachten starken Sandschichten legen den Schluß nahe, daß eine stetig fortschreitende Vernässung zum Aufwohnen gezwungen hat. Die Straßen wuchsen nicht in gleichem Maße in die Höhe. Zu Ende der Phase 2 — vermutlich im ausgehenden 8. oder beginnenden 9. Jahrhundert — muß ein Höhenunterschied zwischen Hausböden und Straße von etwa 30 cm bestanden haben.

Insgesamt gelang auf dem Grundstück Burgwall 20 der Nachweis von sieben Häusern. Geht man von einer gleichmäßigen Bebauung des in der Phase 2 außerhalb der eigentlichen Burg gelegenen und durch Wehranlagen geschützten Baugrundes aus, so könnten zur Siedlung mehr als 40 Häuser gehört haben.

Die auf der Ostseite der Insel festgestellte flache Wallbefestigung mit aufgesetzter Palisade ließ sich auf der Westseite nicht nachweisen. Hier war die Siedlung von einer sehr starken Flechtwand geschützt, die auf der Innenseite von einer zweiten flachen Flechtwand im Abstand von etwa 1 m begleitet wurde. Die Flechtwandbefestigung bindet an eine in Blockbautechnik errichtete Bastion an. Diese gehört bereits zur westlichen Toranlage, von der aus eine Brücke zum Festland führt. Das Tor, in seinen unteren Bauteilen wegen der Lage im Grundwasser gut erhalten, ist nach den geltenden Festungsbauprinzipien errichtet. Die Torfahrt

[12] Klara Muči, *Vorbericht über die Untersuchung auf dem Spandauer Burgwall 23*, in: *Ausgrabungen in Berlin* 4 (1973), S. 117 ff.

[13] Ein erster vorläufiger Bericht ist durch die Ausgräberin K. Muči in Vorbereitung (*Ausgrabungen in Berlin* 5 [1974]).

wird von zwei parallel verlaufenden Befestigungsriegeln flankiert, so daß ein eindringender Gegner lange Zeit von zwei Seiten unter Beschuß genommen werden konnte. Auffällig ist, daß von beiden nebeneinander liegenden Befestigungen dieser Zeit, der Burg und der benachbarten „frühstädtischen" Siedlung, jeweils eine Brücke zum Festland führte.

Im Bereich der eigentlichen Burg auf dem Nordende der Burgwallinsel sitzt Phase 3 unmittelbar auf den Zerstörungsschichten der Phase 2 auf. Im übrigen Siedlungsgebiet der Phase 2 ist die 3. Phase bisher noch nicht nachweisbar. Zunächst hatte man die alte, schon verfallene Torgasse von Burg 2 zugefüllt, um dann mit Hilfe von Baumstämmen neuen Baugrund zu fundamentieren. Dieser mußte allerdings dem Fluß erst abgerungen werden, um den Wall am Fuß verbreitern und damit erhöhen zu können. Das Tor wurde gegenüber dem der Burg 2 um etwa 6 m nach Süden versetzt und mit einem in das offene Wasser hinausgehenden Podest versehen, an das die zum Festland führende Brücke unmittelbar heranlief.

Auf die Anlage 3 folgt im nördlichen Teil der Insel die dem 10. Jahrhundert angehörende Burg 4. Im südlichen Teil konnten aus dieser Phase wieder keine Siedlungs- oder Befestigungsreste entdeckt werden. Bei Burg 4 kam es nicht mehr zu einer nennenswerten Erweiterung der Anlage, wohl aber zu nochmaliger Aufhöhung des Walles. Als zusätzliche Verstärkung hatten die Erbauer auf der Torseite eine kräftige, eng gesetzte Front von halbierten Eichenstämmen eingerammt. Wie ihre Vorgänger ist auch die Burg 4 durch Brand zugrunde gegangen.

Schon während des Bestehens unserer Burgen 2—4 waren die Bewohner gezwungen, den eigentlichen Siedlungsraum ständig aufzuhöhen, um sich vor Überschwemmungen zu schützen. Das geschah durch Einbringen von 20—30 cm starken, sterilen Sandschichten. Im Laufe des 10. Jahrhunderts nun scheint sich der Wasserstand derartig verändert zu haben, daß man zu rigoroseren Maßnahmen gezwungen war. Vor dem Bau der 5. Burg von Spandau, die um die Mitte des 10. Jahrhunderts entstanden sein kann, transportierte man unzählige Wagenladungen mit Sand aus der Umgebung auf das Burggelände und erhöhte damit den Siedlungsraum der älteren Anlagen, die ohnedies etwas höher aufgewohnte benachbarte südliche Insel mußte mit solchen Sandmassen nicht oder nur teilweise überdeckt werden. Beide Inseln wurden miteinander verbunden, indem man die Senke des dazwischen verlaufenden Altwassers zufüllte, so daß nunmehr eine etwa 1 m über dem normalen Havelhochwasserstand liegende 160 m lange und 70 m breite Siedlungsfläche gewonnen war. Wie schon bei den Phasen 3 und 4 besteht auf der nördlichen Spitze der jetzt größeren Insel eine Burgbefestigung. Der südliche Teil ist nun auch wieder besiedelt, aber nur von einer umlaufenden Doppelpalisade geschützt, die an eine gleiche als Vorbefestigung der Burg errichtete Anlage anschließt. Mit Sicherheit führte im Bereich der Burg eine Brücke vom Festland auf die Insel.

Starke Brandreste, besonders auf dem südlichen Teil der Insel, machen deutlich, daß Anlage 5 vollständig dem Erdboden gleichgemacht worden sein muß. Man könnte dabei vielleicht an das Jahr 983 denken,[14] als die deutsche Herrschaft östlich der Elbe durch den Slawenaufstand ein jähes Ende fand. Wohl bald nach der Zerstörung begannen allem Anschein nach die Bewohner von Spandau mit dem Wiederaufbau. Von nun an schützte man aber auch die bis dahin schwächer befestigte Siedlung neben der Burg durch eine hohe, 3 m starke Holz-Erde-Mauer (Abb. 3). Zunächst wurde der Brandschutt ausplaniert und mit ihm die unteren Lagen von Holzkästen, die dicht aneinander gereiht das Fundament der neuen Mauer bilden sollten, aufgefüllt. Dann setzte man weitere Holzkästen auf und füllte diese mit feuchtem Stampflehm. Die Rückfront der Befestigung war mit einer steilen Holzbalkenlage verstärkt, die Vorderfront bildete im frühen 11. Jahrhundert eine wohl 4 m hohe Doppelwand aus senkrecht gestellten Holzplanken, die die Mauerhöhe überragte und hinter der die Verteidiger Schutz fanden. Nach einer weiteren Brandkatastrophe um die Mitte des 11. Jahrhunderts verstärkte man den Wall noch einmal, indem eine sehr steil ansteigende Grasplaggenschicht zum Wasser hin vorgelegt wurde. Bisher konnten zwei Tore nachgewiesen werden, die in das Innere der Befestigung führten.[15] Das eine war nach Westen gerichtet und verband die eigentliche Burg über eine Brücke mit dem Festland, durch das andere betrat oder verließ man die am Fuße der Burg gelegene Stadtsiedlung von oder nach Osten.[16] Dieses zweite Tor hat sich wegen seiner grundwassernahen Lage besonders gut erhalten. Der Bohlenbelag der Tordurchfahrt und die Holzeinfassung der Torwangen konnten mehr als 900 Jahre überdauern. So war es leicht festzustellen, daß auf dem Bohlenbelag Wagenspuren fehlten, die auf Warenverkehr über eine hier einstmals vorhandene Holzbrücke hingewiesen hätten. Vielmehr spricht die geringe Breite des Tores

[14] Johannes Schultze, *Die Mark Brandenburg*, Bd. 1: *Entstehung und Entwicklung unter den askanischen Markgrafen (bis 1319)*, Berlin 1961, S. 41 ff.

[15] A. v. Müller, *Die slawischen Burgen* ... (wie Anm. 10), in: *Ausgrabungen in Berlin* 2 (1971), S. 93.

[16] K. Muči, *Vorbericht* ... (wie Anm. 12), in: *Ausgrabungen in Berlin* 4 (1973) S. 117 ff.

von nur insgesamt 2 m neben anderen Beweisen für die Bewältigung des Verkehrs an dieser Stelle mit Booten oder Fähren. Das aber gäbe den ersten Hinweis auf die mögliche Bedeutung Alt-Spandaus auch als Warenumschlagplatz. Für das Vorhandensein eines Handwerkerzentrums lagen schon zu Zeiten der Phase 5, also im 10. Jahrhundert, genügend Anzeichen vor. Beim Stand dieser Erkenntnis mußte es Aufgabe der Ausgrabung sein, an günstiger Stelle einen Einblick in die Innenbebauung der befestigten Stadtsiedlung zu erlangen. Man begann 1974 mit den oben im Zusammenhang mit der Phase 2 schon erwähnten Ausgrabungen auf dem Burgwall 20. Hausschicht für Hausschicht, Zeitphase für Zeitphase, die sich bei systematischer Grabungsweise über- oder untereinander liegend voneinander trennen ließen, konnten freigelegt werden. Zuoberst lagen die am schlechtesten erhaltenen, durch Bauten der Kietzsiedlung aus dem 17. und 18. Jahrhundert zerstörten Häuser der jüngsten Phase 8 (2. Hälfte des 12. Jahrhunderts), auf die noch zurückzukommen sein wird. Darunter fanden sich Häuser der Phase 7 (1. Hälfte des 12. Jahrhunderts) mit ihren Holzfußböden und mit holzausgelegten Kellergruben. Die Keller waren in die Hausreste der Phase 6 (11. Jahrhundert) eingetieft. Und noch ein weiteres konnte beobachtet werden: Die einzelnen Häuser der Phase 6 und 7 standen eng nebeneinander mit den Giebelseiten auf Wegstreifen ausgerichtet, so daß sich eine dichte, stadtähnliche Bebauung in Straßenzeilen abzeichnete. Auch über das Aussehen der Häuser können Aussagen gemacht werden. Die Wände der Bauten bestanden mindestens vom 11. Jahrhundert an aus senkrechten Planken.

Dazu paßt nicht die schon im Jahre 1970 gemachte Entdeckung eines großen Blockbaus auf der Burg 7 im Norden der Insel. Er muß demnach bereits der 1. Hälfte des 12. Jahrhunderts angehören, und er erbrachte einen Brettspielstein aus Hirschgeweih von hoher künstlerischer Qualität. Unmittelbar neben diesem Haus fand sich eine etwa 4 m lange, 2 m breite und 1,50 m tiefe Grube, die einander abwechselnde Lagen von eingebrachtem Lehm und Tierknochen enthielt. Zwischen den Tierknochen lagerten immer wieder Scherben und größere Klumpen aus gegossener Bronze. Da die eigenartige Zusammensetzung des Fundstoffes und die Anordnung der Knochen eine Deutung als Abfallgrube ausschließen, muß in Erwägung gezogen werden, die Stelle als Opfergrube anzusprechen. Hinweise auf die Darbringung von Opfern, die zum Teil wenigstens mit dem hier geschilderten Befund in Einklang gebracht werden könnten, liegen in der zeitgenössischen Literatur vor. So schildert der dänische Chronist Saxo Grammaticus das große Fest des slawischen

Gottes Swantevit in Arkona, das Erntefest.[17] Danach beginnt die Bevölkerung der ganzen Insel Rügen einmal jährlich nach Einbringung der Ernte diese Feier vor dem Tempel des Gottes, wie es ausdrücklich heißt, nach Darbringung von Viehopfern mit einer festlichen Schmauserei im Namen der Religion. Bei diesem Schmaus soll es üblich gewesen sein, Nüchternheit hintanzusetzen. Es kann zwar nicht bewiesen werden, aber es ist auch nicht auszuschließen, daß die zur Spandauer Burg 7 gehörende Grube ein erster archäologischer Beleg für solche Feste ist. Die zerschlagenen Tierknochen in den verschiedenen Schichten der Grube können durchaus Hinweis auf einen derartigen Opfervorgang sein. Hinzukommt, daß in der Grube ebenfalls in verschiedenen Lagen flüssig gemachte Bronze ausgegossen worden ist. Sie fand sich allenthalben in größeren und kleineren Stücken. Bronze aber muß damals wertvoll gewesen sein, und man kann sich nicht vorstellen, daß dieses wertvolle Material in so großer Menge als Abfall einfach weggeworfen wurde. Das Vorkommen von größeren Mengen an Bronze in unserer Grube würde eher für eine Deutung als Opfergabe als gegen sie sprechen. In einem solchen Falle könnte der daneben liegende Blockbau durchaus die Wohnstatt des Priesters gewesen sein.

Mit der Phase 5 war, wie wir gesehen haben, die schon während der Phase 2 im 8. Jahrhundert bestehende „frühstädtische" Siedlung neben der Burg zu neuer Bedeutung gelangt. Im Schutze der Herrschaftsburg hatten sich Handwerker niedergelassen und wohl kaum viel später auch Kaufleute. Man muß sich spätestens an dieser Stelle fragen, welche Gründe zu einer solchen Entwicklung geführt haben. Die Burgen von Spandau sind zielbewußt über Jahrhunderte hinweg in gleicher Stelle errichtet worden, dort nämlich, wo ein schon im 9. Jahrhundert nachzuweisender Handelsweg von Magdeburg über Brandenburg und Spandau das Stammesgebiet der slawischen Heveller verläßt,[18] um von hier ab durch das Gebiet der slawischen Sprewanen über Köpenick nach Lebus an der Oder weiterzuführen. Was läge näher, als an einem so markanten

[17] Wenzelslegende des sogenannten Christian, zitiert nach: *Fontes historiae religionis Slavicae*, hrsg. von Karl Heinrich Meyer (= Fontes historiae religionum ex auctoribus Graecis et Latinis collectos, hrsg. von Carl Clemen, 4), Berlin 1931, S. 7; Cosmas von Prag, Chron. I 11, *a. a.* O., S. 20; Homiliarium quod dicitur Opatoviz, *a. a.* O., S. 23; Helmoldt von Bosau, Chron. I 52, *a. a.* O., S. 44; Saxo Grammaticus, Gesta Danorum, *a. a.* O., S. 50 (freundliche Hinweise von Wolfgang H. Fritze).

[18] Joachim Herrmann, *Magdeburg-Lebus. Zur Geschichte einer Straße und ihrer Orte*, in: *Veröffentlichungen des Museums für Ur- und Frühgeschichte Potsdam* 2 (1963), S. 89 ff.

Platz eine Kontrollstelle zu errichten, den Handel an diesen Platz zu binden und eine Art von Zoll zu erheben. Das scheinen die Hevellerfürsten und vor ihnen vielleicht schon ein bedeutender Adliger frühzeitig erkannt zu haben, denn diese begünstigte Situation hebt die Spandauer Burg vor anderen heraus und führte vielleicht früher als anderswo zu frühstädtischen Anfängen im Schutze des Burgherrn. Wir möchten aus dem Gesagten folgern, daß die Spandauer Burg mindestens vom 10. Jahrhundert an in den Händen der Hevellerfürsten war. Dazu passen auch die außergewöhnlich reichen Funde. Schon in den über dem Grundwasserspiegel gelegenen Kulturschichten gelang es, neben hochwertiger Tonware Gegenstände von hoher handwerklicher Qualität zu bergen. Besonders hervorzuheben sind in diesem Zusammenhang feinverzierte Kämme und der oben erwähnte Brettspielstein aus Hirschgeweih.[19] Die nächsten Parallelen zu diesem Spielstein stammen aus dem Gebiet westlich der Elbe, die Werkstatt, in der er gefertigt worden sein könnte, lag wohl im Kölner Raum. Von der Qualität her gehört das Exemplar zum Besten, was bisher bekannt ist, und zeitlich muß es, wie oben bereits angedeutet, der letzten slawischen Burg 7, die spätestens um 1157 ihr Ende fand, zugeordnet werden.

Diese und andere hervorragende Funde ließen gleichwertige Stücke auch in tieferen Schichten erwarten, in Horizonten, die bei einer Ausgrabung normalerweise nicht zu erfassen sind, weil sie unterhalb des Grundwasserspiegels liegen. Aus diesem Grunde entschloß man sich, in einem räumlich begrenzten Bereich in unmittelbarer Nachbarschaft der an gleicher Stelle befindlichen, aber aus verschiedenen Zeiten stammenden Toranlagen sowohl im Osten als auch im Westen der Burg den Grundwasserspiegel künstlich abzusenken. Der Erfolg blieb nicht aus. In den Uferzonen der Havel vor den Toren und unter sowie neben den ehemaligen Brückenführungen gelang es, wertvollen Fundstoff, vor allem aus organischem Material zu bergen. Neben Schuhen und anderen aus Leder gefertigten Teilen sind vor allem mehrere Eisenmesser mit Holzgriff zu nennen, die eine überaus reiche Flechtbandornamentik tragen. Hervorzuheben ist weiterhin eine hölzerne Schöpfkelle mit bandförmigem Griff und Flechtbandverzierung. Der Griff endet in einem plastischen Drachenkopf, ein Mäander umzieht den Rand. Das weitaus

[19] Peter Bloch, *Der Brettstein vom Spandauer Burgwall*, in: *Ausgrabungen in Berlin* 2 (1971), S. 96 f. Der Herleitung und der zeitlichen Einordnung P. Blochs hat neuerdings (*Ausgrabungen in Berlin* 4 [1973], S. 121) G. Rau widersprochen. Er möchte den Stein schon um 1100 datieren.

bedeutendste Stück ist jedoch zweifellos ein Holztablett von ovalrechteckiger Form. Der breite Rand trägt Kreuz-, Flechtband- und Tierornamentik. Diese prunkvoll ornamentierten Holzgegenstände können unmöglich im Besitz von einfachen Menschen gewesen sein. Von der Qualität her müssen sie den Vergleich mit den besten Arbeiten ihrer Zeit nicht scheuen. Ihr Vorhandensein auf der Spandauer Burg macht noch einmal deutlich, daß es sich nicht um einen gewöhnlichen Platz gehandelt haben kann. Ähnliches ist bisher vor allem von den Ausgrabungen in den mittelalterlichen Küstenstädten, besonders aus Nowgorod (Sowjetunion) bekannt.[20] Wie stark die Spandauer Burg mit den umliegenden Dörfern verbunden war, macht die Entdeckung eines kompletten, zu Burg 3 gehörenden Holzpfluges deutlich. Ein eisernes Pflugmesser, ein Sech, das im Bereich der „frühstädtischen" Siedlung gefunden wurde, unterstreicht diese Beobachtung. Große Mengen verbrannten Getreides legen den Schluß nahe, daß für die Bauern dieser Dörfer Ablieferungspflicht von Nahrungsmitteln bestand, landesherrliche Hebungen, die bis in die deutsche Zeit hinein fortlebten.

Bei den Funden der jüngeren Epochen handelt es sich vorwiegend um handwerkliche Erzeugnisse, vor allem um Kämme, Bronze- und Eisengegenstände und Lederwaren. Hinweise auf Glasproduktion, spätestens vom 11. Jahrhundert an, liegen vor. Das häufige Auftreten von Gewichten, die als Zubehör für Feinwaagen verwendet wurden, und von mehr oder weniger gut erhaltenen Münzen, ebenfalls vom 11. Jahrhundert an, zeigt die Bedeutung des Ortes als Handelsplatz.

Bei der endgültigen Besetzung des Havellandes durch den askanischen Markgrafen Albrecht den Bären um 1157 fand dieser die Spandauer Burg anscheinend unversehrt vor. Brandspuren, die auf die Vernichtung der Burg 7 hinweisen, fehlen. Daraus darf man schließen, daß bei den Kämpfen um das Havelland die Spandauer Burg jedenfalls nicht zerstört worden ist. Dennoch muß der Markgraf bald nach seinem Eintreffen in Spandau eine Umgestaltung der intakten Herrschaftsburg vorgenommen haben, denn die Ausgrabungen konnten eine letzte 8. Burganlage in der Art eines allerdings flachen Turmhügels belegen. Sie ist die einzige gewesen, deren Tor- und Brückenzufahrt in westlicher Richtung nicht an der gleichen Stelle wie bei ihren Vorgängern einmündete.

[20] Борис Александрович Колчин, Новгородские древности. Резное дерево. (Археология СССР; свод археологических источников, Е 1—55) (Boris Aleksandrovič Kolčin, *Novgorodskie drevnosti. Reznoe derevo.* (Archeologija SSSR; Svod Archeologičeskich Istočnikov, E 1—55), Moskau 1971.

Den westlichen Zugang zu dieser Anlage kennen wir bisher noch nicht, doch ist es unwahrscheinlich, daß er an der Stelle der älteren Brückenköpfe am Havelufer gegenüber der Burgwallinsel seinen Anfang genommen hat. Bei diesem Platz nämlich gelang es, einem zur 8. Burg und Siedlung von Spandau gehörenden Friedhof freizulegen. Wenn der Bestattungsplatz auch nicht vollständig erfaßt werden konnte, so liegen doch mehr als 80 meist gut erhaltene Skelette vor. Die Toten waren teils in Särgen, teils auf Totenbrettern, teils ohne jede Ummantelung einfach in der Erde beigesetzt. Die Körper wiesen Strecklage auf. Die Gräber nehmen darüber hinaus Rücksicht auf einen kleinen, zweischiffigen Holzbau, den man als Altarüberdachung deuten kann. Diese Tatsache und die Datierung in die 2. Hälfte des 12. Jahrhunderts machen es wahrscheinlich, daß es sich hier bereits um einen christlichen Friedhof handelt. Dem widersprechen auch nicht die wenigen Beigaben, meist Schmuck und Messer, die als persönliche Habe in einer Zeit des religiösen Umbruchs von Heidentum zu Christentum noch mit ins Grab gelangten. Wohl der bedeutendste Fund aus dem Gräberfeld war ein Eisenmesser, das in einer metallbesetzten Lederscheide steckte.

War es gelungen, einen Friedhof der letzten Siedlungsphase nachzuweisen, fragt man sich mit Recht, wo die Bewohner der älteren Anlagen ihre Toten bestatteten. Einen Hinweis auf ein weiteres Gräberfeld, das in etwa 500 m Entfernung südlich von dem eben beschriebenen gelegen haben muß, gaben einzelne Skelettfunde, die beim Straßenbau entdeckt worden sind. Doch ist eine genaue zeitliche Einordnung dieses Friedhofs bisher nicht möglich, Ausgrabungen auf dem Gelände müssen noch abgewartet werden.

Die langjährigen Ausgrabungen auf dem Spandauer Burgwall haben uns unter Einsatz aller benötigten technischen Hilfsmittel zum ersten Mal in dem Gebiet zwischen Elbe und Oder die Möglichkeit eröffnet, den geschichtlichen Ablauf eines Platzes vom 8., vielleicht schon vom 7. bis in das ausgehende 12. Jahrhundert gründlich kennenzulernen. Die zahlreichen, in allen Burgphasen vorhandenen Tongefäße oder deren Reste helfen uns darüber hinaus, die Entwicklung der Keramik nach Technik, Form und Verzierung zu studieren, ein Umstand, der nicht hoch genug eingeschätzt werden kann, denn bisher fehlte es an einer stratigraphischen Absicherung der aufgestellten keramischen Entwicklungsreihen. Man wird also zukünftig besser als zuvor mit Hilfe von zeitlich gesicherten Gefäßteilen andere Befunde datieren können. Schließlich ist die durch die Ausgrabung gewonnene historische Aussage von fundamentaler Bedeutung. Einmal gelang es, die Siedlungskontinuität an einem Platz von der frühslawischen bis in die frühdeutsche Zeit des ausgehenden 12. Jahrhunderts nachzuweisen und Antwort zu finden auf die Frage nach den Gründen für eine so konstante Besiedlung und für das Entstehen von Herrschaftsburg und Frühstadt; zum zweiten gaben die Untersuchungen auch Aufschluß über die Anfänge deutscher Herrschaft in der Zeit des an Schriftquellen so armen hohen Mittelalters im Raum östlich der Elbe.

Hatten die Ausgrabungen auf dem Burgwall südlich der heutigen Altstadt deutlich gemacht, daß die ersten askanischen Markgrafen in der zweiten Hälfte des 12. Jahrhunderts dortselbst eine Burg unterhielten, diese aber noch vor 1200 aufgegeben worden war, so stellte sich von selbst die Frage, wohin man den markgräflichen Sitz verlegte. Es lag nahe, dabei von vornherein an den Platz zu denken, der durch spätere urkundliche Überlieferung als markgräflicher[21] und in jüngerer Zeit als kurfürstlicher Wohnsitz bekannt war, an das Gebiet der heutigen Zitadelle. Doch unter welchen Teilen der weitläufigen Zitadelle waren die Reste der älteren Burg zu suchen, oder gab es sogar noch aufgehendes Mauerwerk, das in diese frühe Zeit zurückreichte? Ohne daß systematische Ausgrabungen stattgefunden hätten, entzündete sich innerhalb der Spandauer Heimatforschung an dieser Frage schon frühzeitig ein Meinungsstreit. Die einen, an der Spitze Albert Ludewig,[22] wollten in dem heute noch stehenden Palas und dem daneben ganz Spandau überragenden Juliusturm Bauwerke der frühaskanischen Zeit (etwa um 1200) sehen, andere meinten auf Grund bauhistorischer Gesichtspunkte, daß die Bauten erst im 14. Jahrhundert entstanden sein könnten.[23]

Archäologische Untersuchungen setzten auf dem Gelände der bis zum Jahre 1945 militärisch genutzten Zitadelle erst spät, im Sommer 1956 ein. Anlaß hierzu gab die vom Lehrstuhl für Baugeschichte an der Technischen Universität zu Berlin durchgeführte Bauaufnahme des aufgehen-

[21] Schon 1229 wird erwähnt, daß die Markgrafen Johann und Otto nach verlorener Schlacht gegen den Erzbischof von Magdeburg in Spandau Zuflucht suchten. *Regesten* ... (wie Anm. 3), Nr. 598.

[22] Albert Ludewig, *Askanierburg und Hohenzollernschloß Spandau. Eine baugeschichtliche Untersuchung*, in: *„Brandenburgia". Monatsblatt der Gesellschaft für Heimatkunde und Heimatschutz in der Mark Brandenburg Berlin* 50 (1941), S. 25; ders., *Die Spandauer Zitadelle, einst Berlins fester Stützpunkt* (= Spandauer Heimathefte 2), Berlin-Spandau 1958.

[23] Kurt Pomplun (*Kutte kennt sich aus. Berlin-Bummel mit Kurt Pomplun* [= Schriften zur Berliner Kunst- und Kulturgeschichte 13], 2. Aufl., Berlin 1971, S. 48) datiert den Juliusturm in diese Zeit.

den Palasmauerwerks. Durch die damit verbundenen Versuche, auch die untersten Mauerlagen zu erfassen, wurde das den Palas umgebende Erdreich an vielen Stellen abgegraben. Dies rief nun die Archäologen auf den Plan, und die noch begrenzten Untersuchungen des Jahres 1956 bildeten den Auftakt zu späteren langjährigen Ausgrabungen. Doch inzwischen erschien ein Bericht des Bauhistorikers Günter Stein,[24] der, ohne die Beendigung der archäologischen Untersuchung abzuwarten, seine Ergebnisse folgendermaßen zusammenfaßte: „Über einer zerstörten slawischen Siedlungsschicht Errichtung eines frühdeutschen Gebäudes auf Pfahlrost am Ende des 12. Jahrhunderts; es ist vermutlich der Palas der askanischen Burg gewesen. Schließlich Errichtung eines neuen Wohngebäudes in den Jahren 1521—23 auf den Resten des alten Baues sowie einer neuen Ringmauer auf den Resten der alten Umwehrung, und zwar unter Verwendung älterer Profilsteine der zuvor im Jahre 1510 vom Judenfriedhof geraubten Grabsteine."

Für seine zeitliche Einordnung des Gebäudes hatten heute in die Außenwand des Palas eingelassene und den Besuchern der Zitadelle ins Auge fallende jüdische Grabsteine eine besondere Bedeutung gewonnen. Die Steine waren eindeutig beim Bau des Palas mit verarbeitet worden, sie steckten teilweise tief im Mauerwerk. Was lag nun näher, als diese Tatsache mit einer Nachricht in Verbindung zu bringen, die sich auf das Jahr 1510 bezog. Hierzu berichtet der Spandauer Chronist Daniel Friedrich Schulze[25]: „In diesem Jahr hatten die Juden hier ein gleiches Schicksal mit allen andern in der ganzen Mark. (Nachdem an verschiedenen unter ihnen, darunter auch ein Jude Salomo aus dieser Stadt war, wegen vorgeblichem Mißhandeln der Hostien eine sehr scharfe und abschreckliche Execution war vollzogen worden, mußten sie mit abgeschworener Urphede sich aus dem Lande begeben.) Die hiesigen ließ der Rat nach Bernau fahren; ihre Schule und Hof wurden eingezogen; ihr Begräbnisplatz zu einem andern Gebrauch angewendet. Die Leichensteine sind hernach zum Festungsbau verbraucht worden."

Die Beweiskette für den Bau des noch heute sichtbaren Palas erst in der Zeit nach 1510 schien sich lückenlos zu schließen. Auch die Kämmereirechnungen der Jahre 1521 bis 1523, in denen von erheblichen Ausgaben

[24] Günter Stein, *Ein Schloßbau Joachims I. Baugeschichtliche Untersuchungen auf der Spandauer Zitadelle*, in: *Jahrbuch für brandenburgische Landesgeschichte* 8 (1957), S. 56; ders., *Zur baugeschichtlichen Bedeutung der jüdischen Grabsteine auf der Spandauer Zitadelle*, in: *Jahrbuch für brandenburgische Landesgeschichte* 23 (1972), S. 7.

[25] D. F. Schulze, *Zur Beschreibung ...* (wie Anm. 5), S. 34.

für den Neubau auf dem Gelände des kurfürstlichen Schlosses die Rede war,[26] konnten die Datierung des Palasbaues in die Zeit um 1520 bestätigen. Allein die Archäologen, deren Arbeiten weitergingen, äußerten schon bald Zweifel an den bauhistorischen Untersuchungsergebnissen. Zunächst fiel Wolfgang Gehrke[27] auf, daß sämtliche auf Grund ihrer Inschrift zeitlich festzulegenden jüdischen Grabsteine in die Epoche zwischen 1244 und 1347 gehören. Wenn diese Steine wirklich von der Plünderung des jüdischen Friedhofs aus dem Jahre 1510 stammen sollten, müßte wenigstens ein Grabstein aus der Zeit zwischen 1347 und 1510 seinen Weg auf die Zitadelle gefunden haben. Wolfgang Gehrke brachte die Plünderung des Friedhofes mit einem anderen Ereignis in Zusammenhang, nämlich mit dem ausgedehntesten mittelalterlichen Pogrom, der die Juden in ganz Europa um das Jahr 1348 traf. Wenn auch für Spandau in diesem Jahr eine Judenverfolgung nicht schriftlich überliefert ist, liegt es doch auf der Hand, wegen des jüngsten im Mauerwerk des Palas verbauten jüdischen Grabsteins von 1347 an eine Plünderung des Friedhofs im Zusammenhang mit diesem Ereignis zu denken.

Wir wissen heute, daß an der Stelle des Palas im 11. und 12. Jahrhundert eine slawische Siedlung bestand. Auch um 1200 hatten die askanischen Markgrafen die slawischen Bewohner des späteren Zitadellengeländes dort belassen. Anscheinend standen sie nunmehr im Dienste der deutschen Burgherren. Ein Hausrest,[28] der unter dem Kellerfußboden des Palas entdeckt wurde, macht die Anwesenheit eines Böttchers deutlich. Weitere Hausreste des ausgehenden 12. Jahrhunderts fanden sich 1975 auf der Nordseite des Palas. Wo aber Handwerker saßen, konnte nicht gleichzeitig der frühaskanische Wohnbau, der Palas, errichtet worden sein. Die älteste deutsche Burg auf dem Zitadellengelände dürfte demnach anderswo gelegen haben, vielleicht im Nordwesten der Zitadelle. Hierfür muß der Beweis aber durch Ausgrabungen erst noch erbracht werden.

Die Geschichte des Palas stellt sich heute folgendermaßen dar. Spätestens um das Jahr 1350 wurde auf der Südkante der alten Burginsel

[26] *A. a. O.*, S. 37 f.

[27] Wolfgang Gehrke ist seit längerer Zeit mit den archäologischen Untersuchungen des Staatlichen Vertrauensmannes für die kulturgeschichtlichen Bodenaltertümer des Landes Berlin auf der Zitadelle betraut.

[28] Wolfgang Gehrke, *Vorläufige Grabungsergebnisse im Palas der Spandauer Zitadelle und einige Bemerkungen zum hochmittelalterlichen Handwerk im Spandauer Raum*, in: *Ausgrabungen in Berlin* 2 (1971), S. 111 f.

(Zitadellengelände) unmittelbar am Inselufer eines vorbeifließenden Havelarmes mit dem Bau eines kombinierten Feldstein- und Ziegelpalas begonnen. Es ist jedoch nicht auszuschließen, daß dies an einer Stelle geschah, auf der für wahrscheinlich nur kurze Zeit schon vorher ein Feldsteinpalas mit geringfügig anderer Ausrichtung gestanden hat. Er kann, wenn überhaupt vorhanden, kaum vor Ende des 13. Jahrhunderts errichtet worden sein. Endgültiges über seine Existenz ist erst nach Abschluß der Untersuchungen zu sagen. Vorläufig liegen nur einige Hinweise auf das Vorhandensein eines älteren Baues in Form von Mauerresten vor. Der heute noch stehende Palas war als gotischer Bau anscheinend um 1370 fertiggestellt. Um 1520 erfolgte ein grundlegender Umbau im Stil der Renaissance. Man brach die gotischen Fensterleibungen heraus und warf sie unter sich in das damals noch immer vorbeifließende Havelwasser. So wie sie fielen, blieben die gotischen Formsteine bis zu ihrer Entdeckung durch die ausgrabenden Archäologen liegen. Trotz mancher Beschädigung erlauben sie uns die Rekonstruktion der gotischen Palasfenster. Doch schon bald nach dem Umbau von 1520 veränderte die kurfürstliche Burg ihr Aussehen grundlegend. Es begann der Festungsbau der Zitadelle.

Bei all diesen Ergebnissen kristallisiert sich jedoch immer deutlicher heraus, daß die askanische Befestigung, deren Dienstsiedlung im Bereich des Palas gelegen haben mag, nur einen kleinen Teil der heutigen Zitadelleninsel eingenommen haben kann. Sie ist vermutlich unter Markgraf Otto I. oder Otto II. auf der Nordwestspitze der damals größeren Havelinsel, die heute von der Altstadt, dem Behnitz und Teilen der Zitadelle überbaut ist (Abb. 1), in der zweiten Hälfte des 12. Jahrhunderts errichtet worden. Ihren Zugang hatte sie mit Sicherheit vom Behnitz aus über eine niedrig gelegene Landverbindung, die heute durch den Havellauf im Schleusenbereich durchbrochen ist. Ob an der Stelle, an der die frühaskanische Burg entstand, schon in früherer Zeit eine slawische Burg gestanden hat, ist bislang nicht nachweisbar. Das Vorhandensein einer solchen Anlage liegt jedoch im Bereich der Möglichkeit. Die bisher erfaßten Teile einer slawischen Besiedlung im Palasbereich mit ihren reichen Funden könnten durchaus auf eine Vorburgsiedlung schon in slawischer Zeit, also im 11. und frühen 12. Jahrhundert, hindeuten. Als nahezu gesichert dürfte jedoch der direkte Zusammenhang dieser Siedlung mit der zeitgleichen auf dem Behnitz sein.

Schon bevor die Ausgrabungstätigkeit auf dem Zitadellengelände soweit intensiviert werden konnte, daß Ergebnisse zur Entstehungsgeschichte der askanischen Burg gewonnen waren, hatten archäologische

Untersuchungen auf dem Behnitz stattgefunden.[29] Anlaß gaben Überlegungen des damaligen Bodendenkmalpflegers von Berlin [West], Prof. Dr. O.-F. Gandert, denen zufolge der Behnitz, der eine verhältnismäßig häufige urkundliche Erwähnung im Laufe des 13. und 14. Jahrhunderts erfahren hatte, vielleicht der Wohnsitz des askanischen Burgvogtes gewesen sein könnte.[30] Hierfür schien Gandert zunächst die erste Erwähnung des Behnitz aus dem Jahre 1240 zu sprechen, in der es heißt, die Markgrafen Johann und Otto legten der Stadt den Behns zu (der — dem Spandauer Chronisten Daniel Friedrich Schulze zufolge — damals locus oder ein Platz hieß, den der Vogt Albertus und sein Sohn Burchardus bisher besessen hatten, der nun vermutlich, nachdem sie ohne Erben abgegangen, dem Landesherrn zugefallen).[31] Die Ausgrabungen, von deren Ergebnissen bisher nur ein kleiner Teil veröffentlicht wurde,[32] machten deutlich, daß im Bereich der späteren Garnisonkirche eine vielfache ur- und frühgeschichtliche Besiedlung vorhanden war. Erstmals hatten sich dort jungsteinzeitliche, dann bronzezeitliche Bauern, schließlich auch in der Zeit nach Christi Geburt Germanen niedergelassen. In der sogenannten mittelslawischen Zeit, vermutlich während des 9. Jahrhunderts, erfolgte eine Neubesiedlung des Platzes. Im 11. und 12. Jahrhundert erreicht die slawische Siedlung ihren Höhepunkt. Es fällt auf, daß sämtliche auf dem Behnitz nachweisbaren Siedlungsepochen auch auf dem Gelände der heutigen Zitadelle durch mehr oder weniger reichen Fundstoff vertreten sind. Da die gleichen Siedlungsphasen außerdem auf dem schmalen Landstreifen zwischen Behnitz und Zitadelle, den sogenannten Ravellins, vorzukommen scheinen — erste kleinere Untersuchungen deuten dies an —, spricht alles, wie oben bereits erwähnt, für eine damals noch vorhandene Landverbindung (Abb. 1) zwischen Altstadt und Behnitz auf der einen Seite und dem Zitadellengelände auf der anderen.[33]

[29] Die Ausgrabungen ließ O.-F. Gandert am höchsten Punkt des Behnitz unmittelbar neben der nördlichen Wand der dortigen Garnisonkirche im Jahre 1968 ansetzen. Sie gewährten allerdings wegen des geringen Ausmaßes der Grabungsflächen noch keinen genügenden Einblick in die Geschichte dieses Platzes. Die Untersuchungen müssen zu gegebener Zeit noch fortgesetzt werden. Mit den Forschungen des Jahres 1968 waren Franz und Raimund Maczijewski beauftragt.

[30] Otto-Friedrich Gandert, *Neue archäologische Beobachtungen zur Frühgeschichte Spandaus*, in: *Berliner Blätter für Vor- und Frühgeschichte* 12 (1967/70), S. 145.

[31] D. F. Schulze, *Zur Beschreibung* ..., S. 2; *Regesten* ... (wie Anm. 3), Nr. 664.

[32] Raimund Maczijewski, *Drei archäologische Beiträge zur Frühgeschichte Spandaus*, in: *Ausgrabungen in Berlin* 2 (1971), S. 137 ff.

[33] Leider behandelt die geologische Karte dieses Gebiet sehr grob. Dennoch läßt sich die in Rede stehende Landverbindung erkennen.

Dann hätten wir es in den einzelnen Besiedlungsphasen nicht mit zwei oder gar drei zeitgleichen, nebeneinander liegenden Dörfern zu tun, sondern immer nur mit einem. Diese großen Siedlungen wären somit erst später durch den heutigen Havellauf zerschnitten worden. Als Zeitpunkt für die Trennung der großen Havelinsel in einen kleineren nördlichen (Zitadelle) und einen größeren südlichen Teil (Behnitz und Altstadt) kommt das Jahr 1232 in Frage. Wenn auch nicht im Original vorhanden, so ist zu diesem Jahr doch die sehr alte Übersetzung eines oben schon erwähnten markgräflichen Gnadenbriefes für die Stadt Spandau überliefert,[34] in dem neben anderen Rechten den Spandauern die Genehmigung erteilt wird, eine Fluth-Renne zu bauen. Man hat lange gerätselt, was mit der Fluth-Renne gemeint sei und wo sie gelegen hat. Es liegt jedoch nahe, bei einer Flutrinne an einen künstlichen Kanal zu denken, der geeignet ist, das Wasser der Havel nach Belieben zu stauen oder zu schnellerem Fließen zu veranlassen. Es müßte zu diesem Zweck eine Schleuse eingebaut gewesen sein; sie hätte einer Regulierung der Wasserverhältnisse sowohl für den Schiffsverkehr als auch zum besseren Betrieb von Mühlen dienen können. Und in der Tat wird in späterer Zeit, im Jahre 1520, die Fluth-Renne noch einmal erwähnt in Zusammenhang mit einem Kammersteg,[35] der damals auf das Vorhandensein einer Schleuse schließen läßt. Es spricht daher vieles dafür, die Flutrinne von 1232 an der Stelle der heutigen Schleuse anzunehmen. Schaut man sich die Situation im jetzigen Schleusenbereich an, so kann nicht übersehen werden, daß dort das Havelbett einen unnatürlichen Eindruck macht. Das Wasser zwängt sich zwischen hohen und engen Ufern hindurch, während breite Niederungsgebiete westlich und östlich einen bequemeren Durchlaß gewährleistet hätten. Hinzu kommt, daß ein bis zum Jahre 1520 noch vorhandener breiter Havelarm südlich des Palas nachgewiesen werden konnte, der wohl bis 1232 einen der Hauptarme des Flusses gebildet hatte und erst danach mehr und mehr an Bedeutung verlor.

Bis zu diesem Zeitpunkt einer möglichen Trennung der großen Havelinsel an der Stelle des heutigen Haveldurchflusses hat, wie den Urkunden zu entnehmen ist, eine enge Verbindung des Dorfes und des Adelssitzes Behnitz — vermutlich gehörten beide dem markgräflichen Burgvogt — mit der askanischen Burg bestanden. Nach 1232 wären dann aber beide Lokalitäten, nämlich Behnitz und Burg, durch die Flutrinne voneinander

[34] *Regesten* ... (wie Anm. 3), Nr. 607.

[35] D. F. Schulze, *Zur Beschreibung* ... (wie Anm. 5), S. 37.

getrennt worden. Darauf könnte auch jene oben schon genannte Urkunde des Jahres 1240 hinweisen, in der von der Beilegung des Behns zur Stadt Spandau gesprochen wird. Das Dorf war nunmehr räumlich nur noch mit der Stadt verbunden. Noch einmal wird der Behns im Jahre 1329[36] erwähnt. Anscheinend hatte sich hier, wie in vielen mittelalterlichen Dörfern, ein Adelssitz herausgebildet, der aber im Gegensatz zum gleichnamigen Dorf noch unabhängig von der Stadt war, dennoch aber innerhalb des Stadtgebietes lag. Und im Jahr 1345 sagt eine andere Urkunde aus,[37] daß besagter Adelssitz über dem (Dorf) Behns in der Stadt auf dem Berge läge. Mit dem Berg kann nur die höchste Erhebung auf dem Behnitz, auf dem die Garnisonkirche steht, gemeint sein. In der Tat fanden sich hier die Reste eines Blockhauses aus dem 14. Jahrhundert und ein dazugehöriger, gut erhaltener Feldsteinbrunnen, der durch denkmalpflegerische Maßnahmen wieder gut sichtbar gemacht worden ist. Man darf somit davon ausgehen, daß der Adelssitz oder ein Teil davon mit diesem Befund wiederentdeckt wurde. Anzeichen für das Vorhandensein des alten Vogtsitzes aus dem späten 12. und frühen 13. Jahrhundert haben sich bisher jedoch nicht gewinnen lassen, woraus man entnehmen möchte, daß der Vogt wohl auf der askanischen Burg selbst gelebt haben muß.

Zu einem Dorf, wie es auf dem heutigen Behnitz schon früh nachgewiesen wurde, gehören Äcker. Ein Teil dieser Äcker läßt sich aus den noch im 18. Jahrhundert vorhandenen Grundstücksgrenzen ablesen (Abb. 4). Sie reichen teilweise vom heutigen Behnitz unter der Straße am Juliusturm hindurch bis an die Grenze der mittelalterlich-städtischen Bebauung an der Havelstraße. Hier endete beim Mauerbau um 1320 das bebaute Stadtgebiet Spandaus. Doch schon im Jahre 1349 müssen die alten Äcker des Dorfes Behns für einen weiteren künstlichen Wasserlauf durchstochen gewesen sein, der nun auch Altstadt und Behnitz voneinander trennte. In einer Urkunde vom Jahre 1349 heißt es unter anderem (die Markgrafen) „erlaubten ihnen (den Spandauern) eine Walkmühle zu bauen auf der Fluth-Renne, die auf dem Kolk liege". Auf Grund dieser Nachricht hat man früher des öfteren die Lage der schon 1232 erwähnten Flutrinne bestimmen wollen, indem man davon ausging, daß sich beide Erwähnungen auf den gleichen Wasserlauf bezögen. Hingegen läßt der ausdrückliche Zusatz „die auf dem Kolk liege" auch die Möglichkeit offen, daß man 1349 die Flutrinne auf dem Kolk ausdrücklich von einer anderen unterscheiden wollte. Diese zweite Flutrinne müßte

[36] *A. a.* O., S. 6.
[37] *A. a.* O., S. 7.

dann wie den durchschnittenen, aber ursprünglich zusammenhängenden Feldgrundstücken nördlich und südlich dieser Flutrinne zu entnehmen ist, jüngeren Datums sein. Sie kann erst nach der Zuweisung des Dorfes Behns zur Stadt Spandau, also nach 1240, gegraben worden sein. Wenn die Stadtmauer, deren Reste auf dem Behnitz noch heute sichtbar sind, um 1320 datiert, dann hat man diese zweite Flutrinne jedoch wohl erst kurz vor Errichtung der 1349 erwähnten Walkmühle, vielleicht sogar zu deren Betriebe gestochen. Der Grund für den Bau einer zweiten Flutrinne, nunmehr allerdings eindeutig auf Spandauer Stadtgebiet, mag die Tatsache sein, daß an der älteren Flutrinne bereits die nachweislich markgräflichen Mühlen lagen.

Im Gebiet der Altstadt von Spandau begannen die Ausgrabungen mit der Entdeckung von zahlreichen Brunnen, die bei der Bebauung des Alten Marktes nach dem Zweiten Weltkrieg ans Tageslicht kamen.[38] Bereits damals zeigte sich, daß sich die alten Grundstücksgrenzen mit den heutigen zu decken schienen. Zur Beantwortung der Frage nach dem Alter dieser frühen Bebauungsreste mußten die Tongefäße oder deren Scherben herangezogen werden, die aus der Benutzungszeit der Brunnen stammten. Sie ließen keinen Zweifel daran, daß im Bereich des Alten Marktes die älteste Besiedlung während der ersten Hälfte des 13. Jahrhunderts einsetzte. Nur eine einzige Scherbe war eindeutig älter und gehörte in die Zeit um 1200 oder gar davor. Sie gab den ersten Hinweis auf einen noch älteren Siedlungsteil, der an anderer Stelle, aber wohl in der Nähe zu suchen wäre. Grundstück für Grundstück wurde nach und nach untersucht. Dabei war es nicht möglich, nach wissenschaftlichen Gesichtspunkten vorzugehen, vielmehr bestimmte die Bauplanung im Rahmen des Wiederaufbaus den Fortgang der Forschungen. Dennoch gelang es auch hier, wie auf dem Burgwall und der Zitadelle, allmählich so viele Einblicke zu gewinnen, daß sich auf Grund der Ausgrabungen ein neues Bild von der Entstehung Spandaus abzeichnete.

Als Auftakt der systematischen Untersuchungen konnte auf dem Grundstück Mauerstraße/Ecke Lindenufer eine Stadtbefestigung aus Graben und dahinterstehender Palisade freigelegt werden,[39] die hier um 1220 errichtet worden war. Um 1240 verlegte man die Befestigung ein klein wenig landeinwärts und damit höher auf die Altstadtinsel hinauf.

[38] Erwin Reinbacher, *Beiträge zur Frühgeschichte Spandaus*, in: *Prähistorische Zeitschrift* 38 (1960), S. 240 ff.

[39] Raimund Maczijewski, *Spandauer Altstadt-Grabungen am Lindenufer*, in: *Ausgrabungen in Berlin* 3 (1972), S. 97 ff.

Diese jüngere Wehranlage muß nach 1300 beseitigt worden sein. Vermutlich geschah dies wohl zwischen 1319 und 1326, als die Spandauer die neue Stadtmauer bauten, was die Urkunden zu erkennen geben; 1319 heißt es: daß sie (die Bürger), so lange sie ihre Mauern bauten und die Stadt befestigten, frei von aller Landbehde und Kontributionen seien, und 1324 wird ihnen genehmigt, den von den Spandauer Juden zu entrichtenden Zins für zwei Jahre zur Befestigung der Stadt zu verwenden. Auffällig ist, daß das von Graben und Palisade geschützte Gelände an dieser Stelle nicht bewohnt, sondern nur landwirtschaftlich genutzt war. Erst nach Abbau der jüngeren Palisadenbefestigung wird jenes Gebiet ausplaniert und im Schutze der neuen, weiter nach Osten vorgeschobenen Stadtmauer erstmals mit einigen Anwesen, aber keineswegs dicht besiedelt. Häuser, Ställe und Rückstände von handwerklichen Tätigkeiten geben zu der Vermutung Anlaß, daß sich in diesem neuen Stadtteil eine Art Ackerbürgertum entwickelte, das neben Viehhaltung und handwerklicher Produktion die innerhalb, aber auch außerhalb der Stadt liegenden Gärten und Felder bestellte. Erst im 18. Jahrhundert scheint auch hier eine dichtere Bebauung eingesetzt zu haben.

Bis dahin war es jedoch nicht gelungen, den älteren Altstadtkern aus dem frühen 13. oder ausgehenden 12. Jahrhundert zu erfassen. Er lag anscheinend weder am Alten Markt noch im weiter westlich gelegenen Bereich. Es blieb das Gebiet in unmittelbarer Nähe der Nikolaikirche. So begannen die Ausgrabungen während des Jahres 1973 in der Mönchstraße. Unter frühneuzeitlichen oder gar modernen Störungen stieß man an dieser Stelle auf unversehrte ältere Schichten. Sie stammten aus dem 15. und 14. Jahrhundert und überlagerten einen älteren Graben sowie Reste von mehreren Holzbauten. Die Grundrisse dieser Häuser waren durch den Graben, der die Altstadtinsel quer durchlief und den südlichen Teil mit dem Alten Markt von dem nördlichen mit der Nikolaikirche trennte, abgeschnitten. Der Graben konnte mit Hilfe des darin liegenden Scherbenmaterials in das 13. Jahrhundert datiert werden. Daraus ergab sich, daß die von ihm geschnittenen älteren Bauten bereits der ersten Hälfte des 13. Jahrhunderts angehören mußten. Starke Holzkohleschichten machten deutlich, daß sie durch Brand zu Grunde gegangen waren. In einer noch tieferen Schicht gelang es schließlich, weitere Häuser mit senkrecht stehenden Holzplankenwänden freizulegen. Den dazugehörigen Funden nach müssen sie schon in der zweiten Hälfte des 12. Jahrhunderts gebaut worden sein, womit sie zeitgleich mit der letzten Stadtsiedlung auf dem Gelände des Burgwalles wären. Während aber dort auf dem Burgwall, wie die Funde deutlich gemacht haben, vorwiegend slawische Handwerker und Kaufleute lebten, zeigen besonders die Gefäßreste neben der Nikolaikirche, daß es sich hier um Bewohner deutscher Herkunft gehandelt haben wird. Wir dürfen daher davon ausgehen, in dieser frühen Siedlung eine erste deutsche Kaufmannsniederlassung zu sehen. Sie lag abseits der damals noch auf dem Burgwallgelände bestehenden älteren Stadt Spandau und entstand neben einem slawischen Dorf mit Namen Behns. Für die Deutung dieser frühesten Befunde in der Altstadt Spandau als deutsche Kaufmannsniederlassung spricht auch der Name der Kirche selbst, Sankt Nikolai. Wie vielerorts, zum Beispiel auch in Berlin, entwickelte sich die deutsche Stadt Spandau demnach aus einer Nikolaisiedlung um die gleichnamige Kirche.[39a]

Rätselhaft blieb zunächst jedoch die in der ersten Hälfte, spätestens um die Mitte des 13. Jahrhunderts erfolgte Teilung der Altstadtinsel, wodurch der Nikolaikirchenbereich unter Nichtachtung der älteren, allerdings zu diesem Zeitpunkt durch Brand vernichteten Nikolaisiedlung vom übrigen Inselbereich abgetrennt wurde. Neuerliche Untersuchungen in der Kammerstraße/Ecke Fischerstraße konnten dieses Rätsel jedoch einer Lösung näherbringen. Auf dem Grundstück in der Kammerstraße erreicht der geschilderte Graben das Havelufer und knickt hier nach Süden ab. Es zeigt sich dort aber, was in der Mönchstraße nicht mehr zu beobachten war, daß er zu einer etwa 3 m starken Holz-Erde-Mauer gehörte. Ihre Bauweise entspricht den jüngeren Holz-Erde-Mauern auf dem Gelände des Burgwalles. Welche Höhe die Mauer einst besaß, wissen wir nicht, mit 3 m muß man aber wohl rechnen, und man wird annehmen dürfen, daß auf ihr eine Plankenwand oder Palisade gestanden hat. Die Außenseite in Richtung auf die Nikolaikirche trug einen Lehmverputz. Dieses Bauwerk kann nur als eine Stadtbefestigung bezeichnet werden. Es steht in unmittelbarer Verbindung mit der schon oben geschilderten Befestigung aus Graben und Palisade im Bereich des Lindenufers. Die alte Stadtbefestigung aus der Zeit zwischen 1240 und 1320 folgt mit der Holz-Erde-Mauer der Linie Kammer-, Mönch- und Ritterstraße. Etwas östlich der Fischerstraße zur Havel hin ist von der Stadtbefestigung bisher nur der Graben erfaßt worden. Ob hier hinter dem Graben, wie am Lindenufer/Ecke Mauerstraße, eine Palisade stand, oder die Holz-Erde-Mauer umknickte, kann erst nach Beendigung der

[39a] Karlheinz Blaschke, *Nikolaipatrozinium und städtische Frühgeschichte*, in: *Zeitschrift der Savigny-Stiftung für Rechtsgeschichte*, Kanon. Abt. 53 (1967), S. 273 ff.; ders., *Nikolaikirchen und Stadtentstehung im pommerschen Raum*, in: *Greifswald-Stralsunder Jahrbuch* 9 (1970/71), S. 21 ff.

laufenden Ausgrabungen gesagt werden. Wirft man nun einen Blick auf die älteste Karte von Spandau aus der Zeit um 1650 (Abb. 5), so fällt auf, daß damals die Bebauung nach Südwesten hin nur bis zur Charlottenstraße und nach Nordwesten bis zur Kinkelstraße reicht. Eine dichte Bebauung bestand weiterhin um den Nikolaikirchenbereich. Der größte Teil des Geländes zwischen diesem Bebauungskern und der umgebenden Stadtmauer war hingegen Gartenland. Auch die ausgeprägten Eckausbildungen der Straßen Charlottenstraße/Ecke Kinkelstraße und Kinkelstraße/Ecke Ritterstraße sind auffällig und machen es wahrscheinlich, daß nach der Zerstörung einer ersten deutschen Kaufmannsniederlassung um die Nikolaikirche um 1240 eine planmäßige Stadtanlage zwischen Mönch- und Charlottenstraße erfolgte (Abb. 6). Die Nikolaikirche kann dann allerdings ursprünglich nicht die Stadtkirche dieser Plananlage gewesen sein. Darauf scheint auch die urkundliche Überlieferung hinzuweisen, die deutlich macht, daß St. Nikolai mit dem vor der Stadt gelegenen, 1239 gestifteten Nonnenkloster in engem Zusammenhang steht.[40] Erst im Jahre 1240 wird den Spandauer Bürgern die alte, aus der Zeit der Kaufmannsniederlassung stammende Marktkirche St. Nikolai zugesprochen, „die die Markgrafen vordem dem Kloster zugeeignet hatten". Anscheinend kam diese Regelung bis 1541 nicht zum Tragen, denn erst in diesem Jahr mußte das Jungfernkapitel dem Rat der Stadt Spandau das Patronat abtreten.[41] Es ist demnach wahrscheinlich, daß nach der Brandkatastrophe, der die älteste Kaufmannsniederlassung um die Nikolaikirche zum Opfer fiel und die wohl auch die alte Nikolaikirche vernichtete, diese zerstört oder wiederaufgebaut dem Jungfrauenkloster unterstand. Vielleicht ist das ein Grund gewesen, ihren Platz bei der Stadtplanung von 1240 zunächst außerhalb der neuen Stadtmauern vorzusehen. Jener Zustand wird bis zum Beginn des 14. Jahrhunderts, bis zur Beseitigung der alten Holz-Erde-Mauer, angedauert haben. Überall dort, wo die Fundamente der Holz-Erde Mauer sinnvollerweise zum Ausgleich der Höhenunterschiede auf der Insel benutzt werden konnten, hat man nachfolgend auf ihnen jüngere Häuser errichtet. Es bleibt die Frage, warum die Spandauer bei der Anlage ihrer neuen Stadt mit dem Zentrum des Alten Marktes[42] keine eigene Kirche gebaut haben. Jeden-

[40] *Regesten* ... (wie Anm. 3), Nr. 664, siehe dazu Anm. 4; vgl. die Bemerkungen von H. Krabbo zum Regest Nr. 655.

[41] *A. a. O.*, Nr. 664.

[42] Mit der Lage des alten Spandauer Marktes hat sich neuerdings Thomas Richert, *Zur Topographie des Spandauer Marktes*, in: *Jahrbuch für brandenburgische Landesgeschichte* 22 (1971), S. 155 ff., befaßt. Er kommt zu dem Schluß, daß der ältere Markt nicht an der Stelle des heutigen Alten Marktes zu suchen ist. *Regesten* ..., Nr. 2822.

falls ist von einer solchen nichts bekannt. Doch gilt es zu bedenken, daß die Zuweisung der Nikolaikirche erst an das Kloster (1239) und ein Jahr später an die Stadt einen lange währenden Rechtsstreit hat auslösen können. Möglicherweise verzichtete man auf Spandauer Seite aus diesem Grunde auf den kostspieligen Neubau einer Kirche in der Hoffnung, doch noch zu der bestehenden Nikolaikirche zu kommen. Als um 1320 die neue Stadtmauer gebaut wurde, die den Nikolaikirchenbezirk mit einschließt, schien der mögliche Streit dann beigelegt, wenn auch wohl auf der Basis eines Vergleiches, denn die Kirche lag von nun an zwar im Stadtgebiet, das Patronat übte aber nach wie vor das Kloster aus.

Unter einer Stadtbefestigung stellen wir uns gewöhnlich eine Stein- oder Ziegelmauer vor. Hier nun bestand die Umwehrung aus einer Palisade. Das ist nicht verwunderlich und paßt durchaus auch in das Bild anderer Städte. Für Spandau wird im Jahre 1320 die Befestigung mit „Mauern und Planken“ angegeben,[43] wobei als Mauer auch eine solche aus Holz und Erde bezeichnet werden konnte. Andererseits ist es allerdings auch nicht ausgeschlossen, daß sich die Nachricht auf die damals vielleicht in Teilen bereits fertiggestellte spätere Ziegelmauer bezog. Andere Befestigungsbereiche der Stadt bestanden aber vielleicht noch aus einer Holzpalisade. Es wird nun Aufgabe einer zukünftigen Forschung sein, im Bereich südlich der alten Stadtmauer, die von der Kammerstraße über die Mönchstraße in nordwestlicher Richtung verlief, und in unmittelbarer Nähe der Nikolaikirche Bereiche städtischer Bebauung aus dem 12. und 13. Jahrhundert freizulegen, um die letzten Unklarheiten, die für die frühe Stadtgeschichte heute noch bestehen, zu beseitigen.

Fassen wir die Ergebnisse der archäologischen und historischen Forschung zur frühen Geschichte von Burg und Stadt Spandau zusammen, so ergibt sich folgendes Bild. Aus einer unbefestigten slawischen Siedlung des 7., vielleicht des beginnenden 8. Jahrhunderts entwickelt sich im 8. Jahrhundert ein früher befestigter Adelssitz mit einer daneben liegenden, befestigten „frühstädtischen“ Siedlung. Diese wird nach ihrer Zerstörung für kurze Zeit aufgegeben, im ausgehenden 10. Jahrhundert aber im Schutze der noch immer vorhandenen Burg erneuert. Sie gewinnt als Handwerker- und Kaufmannsniederlassung an einem günstigen Havelübergang, den anscheinend auch die alte Handelsstraße Magdeburg-Lebus kreuzte, zunehmend an Bedeutung. Auch die askanischen Mark-

[43] Adriaan v. Müller, *Archäologische Forschungen zur mittelalterlichen Geschichte Spandaus*, in: *Brandenburgische Jahrhunderte. Festgabe für Johannes Schultze zum 90. Geburtstag* (= Veröffentlichungen des Vereins für Geschichte der Mark Brandenburg, Bd. 35), hrsg. von Gerd Heinrich und Werner Vogel, Berlin 1971, S. 15 f.

grafen des 12. Jahrhunderts maßen diesem Platz zunächst so große Bedeutung bei, daß sie die Burg noch einmal nach 1157 umbauten und erneuerten. Doch wohl schon nach 1170 ließen sich abseits der damaligen Stadt Spandau (auf dem Gelände des Burgwalles gelegen) deutsche Kaufleute etwa 1,5 km havelaufwärts auf einer größeren, höher aus der Havelniederung herausragenden Insel nieder. Sie gründeten eine Nikolaisiedlung. Etwa zu gleicher Zeit begannen die Markgrafen auf der Nordspitze dieser gleichen Insel, auf dem Gelände einer slawischen Siedlung, deren Rest als slawisches Dorf Behns weiterbestand, mit dem Bau einer neuen Burg. Noch vor 1200 muß der Umzug von der alten Burg auf dem Burgwall in die neue Burg auf dem Gelände der heutigen Zitadelle erfolgt sein. Auch die Bewohner Altspandaus verließen zu diesem Zeitpunkt ihre Häuser auf dem Burgwall und scheinen sich, zum Teil jedenfalls, in dem weitläufigen Gebiet der heutigen Altstadt angesiedelt zu haben. Spätestens um 1220 wurde dort eine erste einfache Stadtbefestigung errichtet und um 1240 erneuert und teilweise verstärkt, wobei die zu diesem Zeitpunkt durch Brand zerstörte älteste Nikolaisiedlung von der neuen Stadtmauer überbaut worden ist. Die Nikolaikirche stand wohl etwa 80 Jahre außerhalb der Stadt. Burg und Stadt werden nach 1232 durch einen neuen Haveldurchstich voneinander getrennt. Seit 1240 gehörte der Behnitz zur Stadt, beide wurden aber erst um 1320 durch die Stadtmauer enger miteinander verbunden.

Die Stadt in ihren durch die Grabungen ermittelten frühen Grenzen von 1240 macht den Eindruck, als wäre sie größer geplant worden als nötig. Vielleicht hatte man ihr seitens der Markgrafen ursprünglich eine größere Rolle zugedacht, die sie dann an das aufstrebende Berlin abtreten mußte. Die Askanier hatten sich wohl schon seit 1200 mit ihren Widersachern, den Markgrafen von Meißen, auseinanderzusetzen. Es ging in erster Linie um politische und wirtschaftliche Machtpositionen als Basis für einen Vorstoß an die Oder und zur Ostsee. Ein natürlicher Stützpunkt auf dem Wege nach dort war die alte spreeslawische Metropole Köpenick, die jedoch anscheinend von den Meißener Markgrafen besetzt wurde, ehe die Askanier so weit nach Osten vorstoßen konnten. Sie haben daher vermutlich die Gründung einer anderen Stadt, Berlins nämlich, forciert, wodurch handelspolitisch den Meißener Plänen zweifellos ein Schlag versetzt worden sein muß. Aber auch die eigene Stadt Spandau nahm durch diese Entwicklung schweren Schaden. Wirtschaftlich machte Spandau nicht mehr die Fortschritte, die man sich erhofft hatte, bis es schließlich für lange Zeit, vermutlich vom 14. Jahrhundert an, in seiner Entwicklung völlig stagnierte.

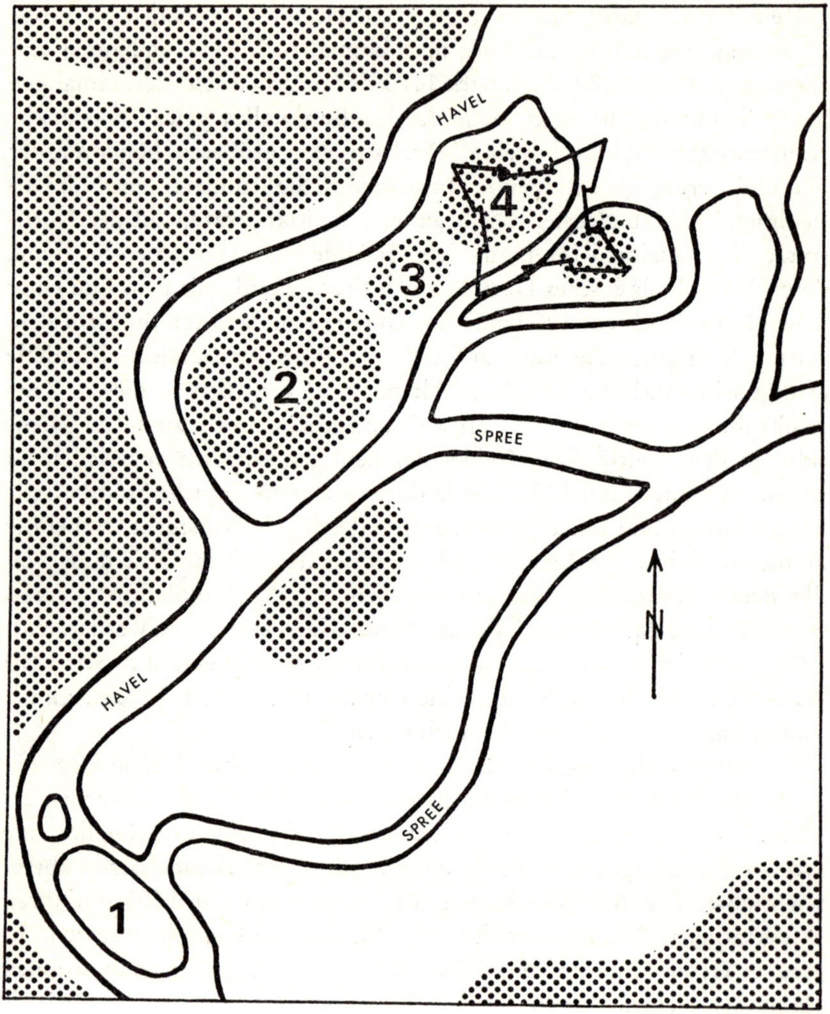

Abb. 1. *Berlin-Spandau.* 1 = Burgwall, 2 = Altstadt, 3 = Behnitz, 4 = Zitadelle. Altstadt und Zitadellengelände bildeten um 1200 mit großer Wahrscheinlichkeit noch eine Insel. Heute sind beide Teile durch die Havel getrennt.

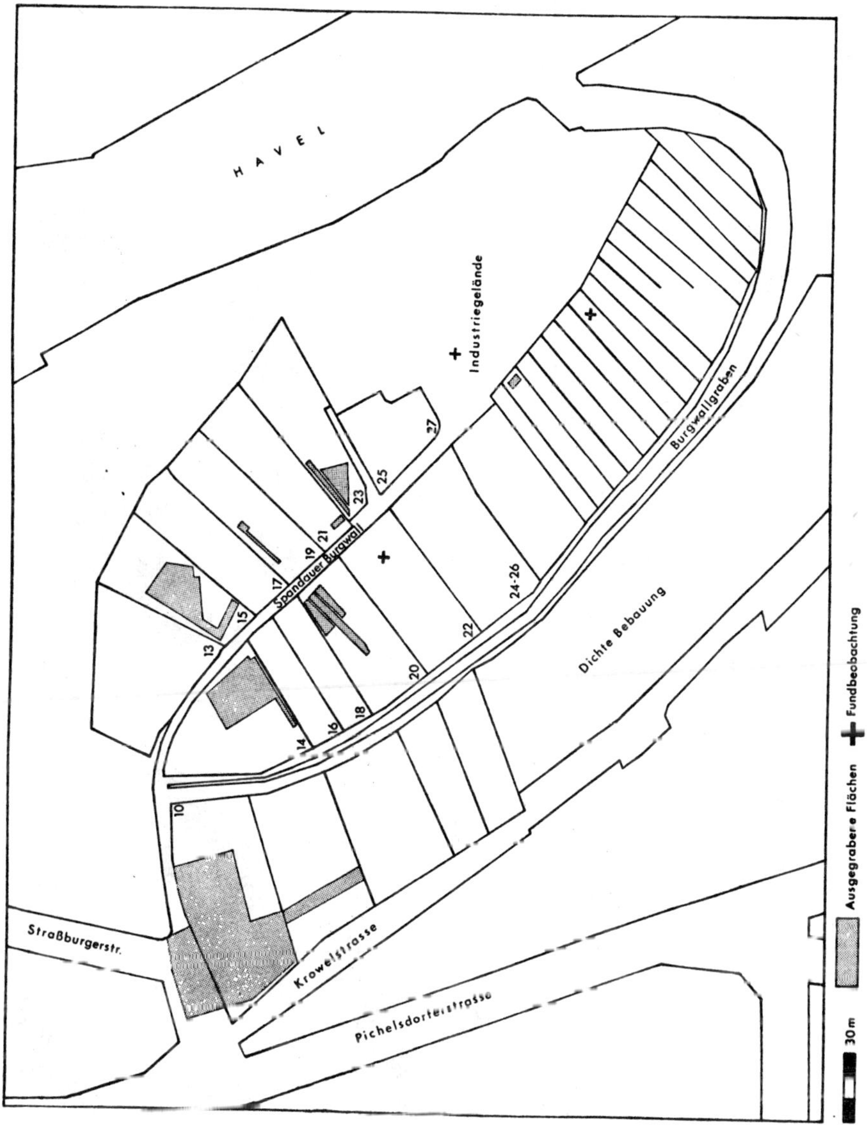

ABB. 2. *Berlin-Spandau.* Burgwall, Grundstücksplan mit eingezeichneten Grabungsflächen.

Abb. 3. *Berlin-Spandau.* Burgwall und Stadt, Rekonstruktion der Phase 6 b (11. Jahrhundert).

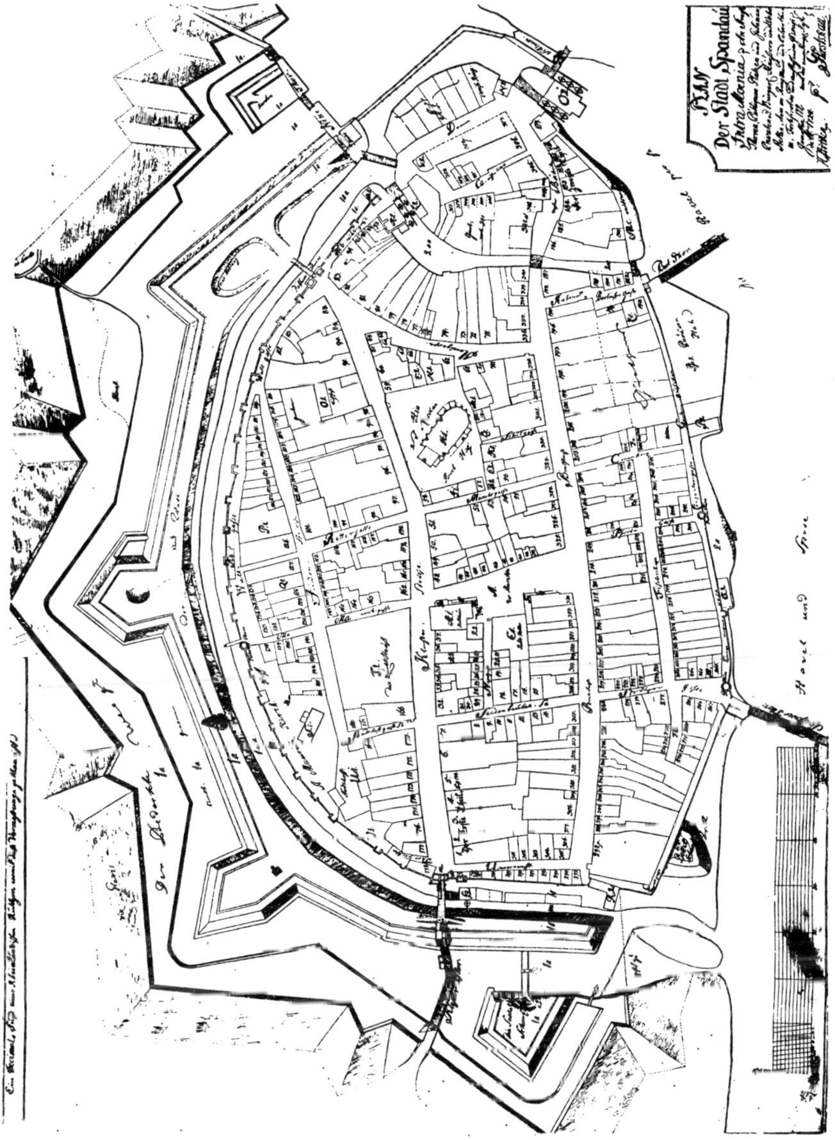

ABB. 4. *Berlin-Spandau.* Karte aus dem 18. Jahrhundert mit Grundstückseinteilung (rechts im Bild der Behnitz mit den radial angeordneten Feldern, die von einem künstlichen Wasserlauf, der kleinen Flutrinne, durchschnitten sind).

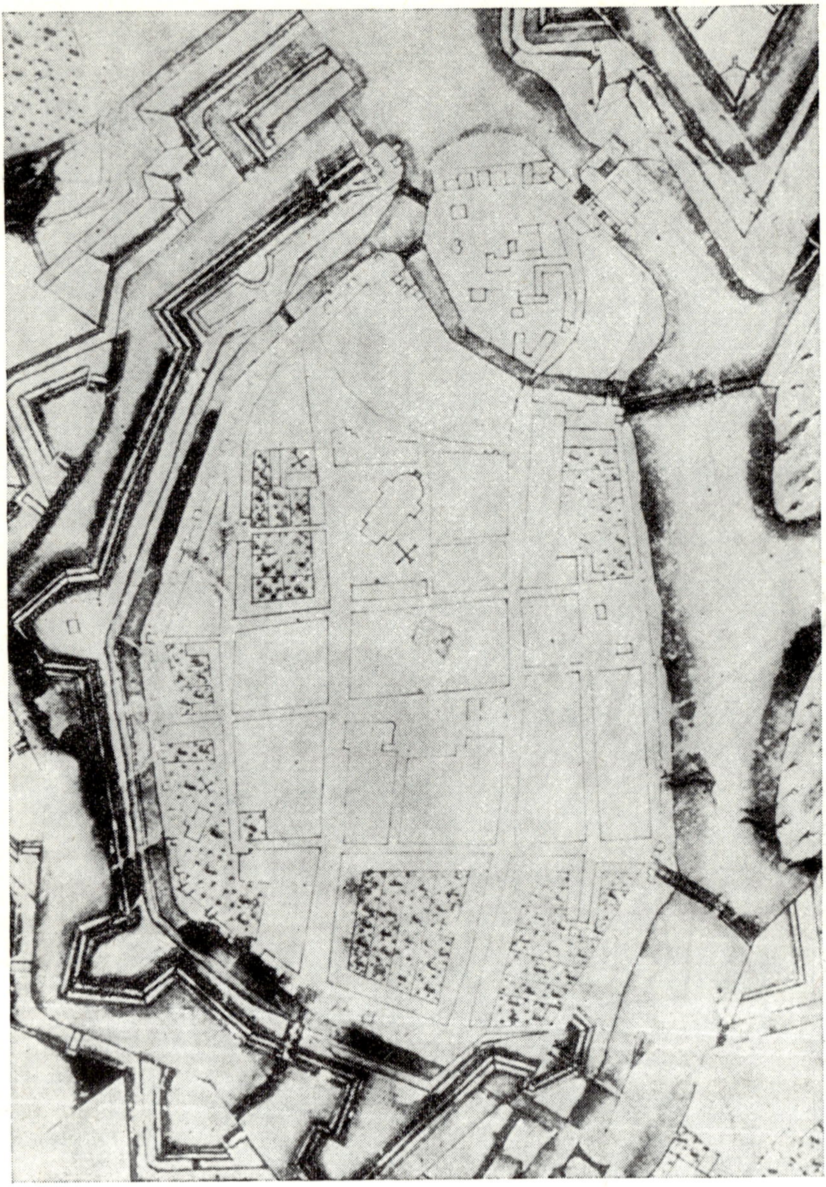

Abb. 5. *Berlin-Spandau.* Karte aus der Zeit um 1650.

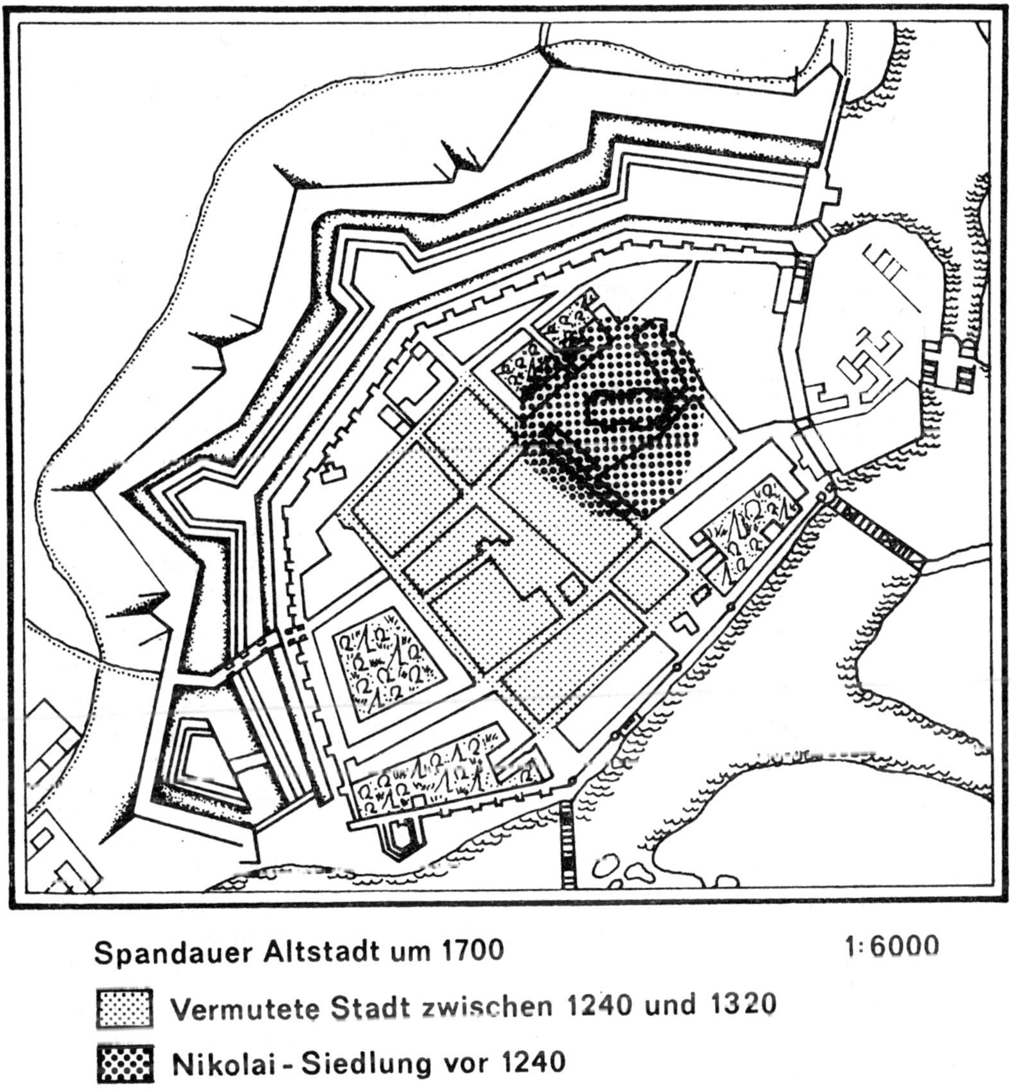

ABB. 6. *Berlin-Spandau.* Altstadt, Karte aus der Zeit um 1650. Deutlich hebt sich der ältere Stadtkern heraus. Eingezeichnet ist die älteste Nikolaisiedlung um die Nikolaikirche und die Stadt aus der Zeit zwischen 1240 und 1320.

Władysław Filipowiak

Aus den archäologischen Forschungen über die mittelalterlichen Städte Pommerns

Die nachstehenden Ausführungen sollen, besonders was die Kontinuität zwischen den frühmittelalterlichen und mittelalterlichen Städten betrifft, nur ganz allgemein an die vorangegangenen Referate anknüpfen. Die folgenden Bemerkungen stützen sich auf Forschungen, die zuletzt in Pommern durchgeführt wurden.

Das Phänomen der Kontinuität läßt sich auf der Grundlage von Ergebnissen für die genau erforschten Stadtzentren von Wolin und Kamień beziehungsweise auch von Szczecin und Stargard am besten untersuchen (Abb. 1 und 2).

Es ist bekannt, daß Wolin als Handwerks- und Handelszentrum im 9. Jahrhundert entstand. Die Periode seiner intensivsten Entwicklung reichte vom 10. bis zur Mitte des 11. Jahrhunderts, und noch im 12. Jahrhundert hatte es eine ernstzunehmende wirtschaftliche Bedeutung aufzuweisen. In Kamień entstand neben der Burg des 9. Jahrhunderts im 11. Jahrhundert eine Burgsiedlung. In der ersten Hälfte des 12. Jahrhunderts ist durch archäologische und schriftliche Quellen ein vollentwikkeltes Stadtzentrum bezeugt. Anfänge und Entwicklungsprozeß der beiden nahe gelegenen Städte sind wahrscheinlich unterschiedlich verlaufen, doch besaßen sie einige gemeinsame Merkmale, nämlich ihre Topographie und ihre wirtschaftliche Funktion. Die tatsächlichen Unterschiede zwischen beiden Städten betreffen ihre Entstehungsperiode, besonders was die Anfänge Wolins angeht, bei dessen früher Entstehung die günstige Lage, unter anderem auch die Kreuzung von Wasser- und Landwegen, eine große Rolle gespielt hat. Wie archäologische Forschungen ergaben, verlief hier ein Handelsweg, dessen Anfänge auf die frühe Eisenzeit zurückgehen. Ich hebe diese Tatsache hier deshalb hervor, weil mir scheint, daß das Netz der Hauptverkehrswege und ihrer Verbindungen mit dem weiten, wirtschaftspolitisch bedeutenden Hinterland einen erheblichen Einfluß auf die Entwicklung der pommerschen Städte vor allem im Mittelalter ausgeübt hat. Es scheint auch, daß der Verlauf des Haupthandelsweges in Ost-West-Richtung entlang der Ostseeküste den entscheidenden Einfluß auf die Entstehung der frühmittelalterlichen Stadtzentren auf dem westlichen Ufer der Odermündung — das heißt auf Wolgast und Usedom ausübte. Es muß noch erläutert werden, daß die erwähnte Stadt Kamień, die etwas abseits von den Haupthandelslinien lag, ihre rasche Entwicklung an der Schwelle vom 11. zum 12. Jahrhundert der Tatsache verdankte, daß sie eine Residenz der pommerschen Herzöge war. Dies läßt sich auch den schriftlichen Quellen seit 1124 entnehmen. Es ist interessant, daß Szczecin und Stargard, die als Burgen mit Burgsiedlungen mit ihren Anfängen in das 9. Jahrhundert zu datieren sind, sich im Laufe des 10. Jahrhunderts zu Stadtzentren mit bedeutendem Handwerk und Handel entwickelt haben. Besonders Stargard änderte, wie die Forschung in diesem Jahr gezeigt hat, am Ende des 10. Jahrhunderts seinen Charakter und erfuhr durch das mit einem Wall befestigte Suburbium eine entsprechende Erweiterung. Die beiden Stadtzentren waren uns — ähnlich wie bei Kamień — bisher nur aus schriftlichen Quellen des 12. Jahrhunderts bekannt.

In diesem kurzen Abriß der Geschichte einiger pommerscher Städte, und zwar besonders der Städte Szczecin und Stargard (Abb. 3 und 4), wurde bereits auf die Tatsache hingewiesen, daß die qualitativen Veränderungen ihrer Struktur in die zweite Hälfte des 10. Jahrhunderts fallen und wir zur selben Zeit in Wolin die größte Intensität des Handels beobachten können, die bis zum Anfang des 11. Jahrhunderts andauert. Es scheint, daß diese Tatsache mit einer neuen politischen Lage, das heißt mit der Zugehörigkeit Pommerns zu Polen zusammenhängt. Das Resultat dieser neuen politischen Lage war die Eröffnung neuer Absatzgebiete und Handelswege auch für die Stadt Wolin. Vor allem aber erhielt Stargard einen neuen Verkehrsknotenpunkt, da hier ein neuer Weg von Wolin und Poznań hindurchführte und ein weiterer Szczecin mit den östlichen Gebieten von Pommern verband.

Bekanntlich hat man in der älteren Literatur die Ansicht vertreten (R. Kiersnowski, K. Ślaşki), daß der ehemalige Haupthandelsweg, der parallel zur Ostseeküste über die Inseln Wolin und Usedom verlief, im 12. und 13. Jahrhundert in ein Gebiet unterhalb des Stettiner Haffs verlegt worden sei und die Städte Szczecin und Stargard durchquert hätte. Diese Auffassung wird nicht nur von den Ergebnissen der archäologischen Erforschung dieses Weges bestätigt, sondern auch von der späteren Entwicklung Szczecins und Stargards sowie von der gleichzeitigen Stagnation der Entwicklung Wolins und Kamieńs im 12. bis 15. Jahrhundert. Bedeutung und wirtschaftliche Lage der zuletzt genannten Städte konnten nicht einmal durch die Lokation gerettet werden, wobei noch zu bemerken ist, daß alle vier Städte ungefähr zur gleichen Zeit ihre Lokation erhielten, Wolin im Jahre 1273, Kamień 1274, Szczecin 1237 bis 1243 und Stargard 1253.

Sehr bemerkenswert ist die Kontinuität der Raumverhältnisse in den genannten Städten. Die mittelalterlichen Wehrmauern von Wolin und Kamień wurden an derselben Stelle errichtet, wo sich die frühmittelalterlichen Wälle befanden, die man als Fundamente für die neuen Befestigungen benutzt hat. Daraus läßt sich folgern, daß die Städte im allgemeinen grundsätzlich denselben Umfang behielten. Einem Wandel unterliegt teilweise die innere Bebauung. Die Straßen schlossen sich an das frühere Verkehrsnetz an, was wahrscheinlich durch den Verlauf der Stadtbefestigungen und den Verkehr (Stadttore) bedingt war. Es vergrößerten sich jedoch die Bebauungsparzellen, und innerhalb der Stadtmauer wurde der Marktplatz verlegt, der jetzt den zentralen Mittelpunkt der räumlichen Stadtgestaltung bildete.

Die offenen Vorstädte blieben dieselben, aber im Falle von Wolin, das im frühen Mittelalter zwei Vorstädte hatte, wird für das Mittelalter nur eine Fischervorstadt verzeichnet. Die Bevölkerungsdichte der beiden Städte sank im Mittelalter. Die Historiker haben berechnet, daß Kamień im 15. Jahrhundert nur 500 Einwohner zählte, obwohl es zu dieser Zeit ein Bischofssitz war. Es kann angenommen werden, daß auch Wolin zur selben Zeit nicht viel größer war.

Ganz anders verlief die räumliche Entwicklung von Szczecin und Stargard. Eine rasche wirtschaftliche Entwicklung im 13. und 14. Jahrhundert trug dazu bei, daß diese Städte den Bereich der mittelalterlichen Befestigungen sprengten, da ihre Flächen sich mehrmals vergrößerten (Abb. 3 und 4). Die neuen Stadtbefestigungen, die Ende des 13. Jahrhunderts, also einige Jahre nach der Lokation, errichtet wurden, schlossen neben den offenen Vorstädten (wie zum Beispiel in Stargard) auch unbebaute Flächen ein, die erst im Laufe des 14. Jahrhunderts besiedelt wurden. Offenbar erlaubte es die gute Wirtschaftskonjunktur, eine weitere Urbanisierung in der Nachbarschaft der Städte in Aussicht zu nehmen. In dem genannten Fall blieb der Marktplatz außerhalb der frühmittelalterlichen Befestigungen, aber noch im Bereich der neuen Stadtmauern. Im 13. bis 15. Jahrhundert entwickelten sich Szczecin und Stargard zu den größten städtischen Zentren in Pommern. Sie konkurrierten zwar miteinander, infolge von günstigeren Möglichkeiten im Seehandel überflügelte Szczecin Stargard schließlich.

Die hier vorgetragenen Beispiele für die wichtigsten städtischen Zentren in Pommern, bei denen sich eine ungebrochene Kontinuität der städtischen Siedlung in der Zeit vom Früh- zum Hochmittelalter feststellen läßt, erlauben es, einige Unterschiede im Hinblick auf die Raumverhältnisse herauszuarbeiten, die durch die wirtschaftlichen Verhältnisse und die Verkehrslage der Städte bedingt waren. Aus ihnen läßt sich folgern, daß viele städtische Zentren nicht nur archäologisch erforscht werden müssen, besonders dort, wo schriftliche Quellen nur sehr unzureichend Auskunft geben, sondern im Einzelfall auch einer besonderen Betrachtung unter Einbeziehung des aktuellen Standes der Forschung bedürfen.

Als Beispiel dafür kann die Stadt Cedynia genannt werden, die an einem Oderübergang und einem wichtigen Verkehrsweg liegt, der aus Pommern bis an die Mittelelbe führte. Neben der Burg aus der Zeit vom 9. bis 13. Jahrhundert entsteht hier ein Suburbium, das sich seit dem 9. Jahrhundert räumlich ausdehnt und den Charakter eines Handwerker- und Handelszentrums annimmt (Abb. 5). Eine besonders intensive Entwicklung der Stadt ist für die Zeit vom 12. bis zum 13. Jahrhundert zu verzeichnen, dies zeigt auch die ausnahmsweise reiche Ausstattung von 800 Gräbern. Zahlreiche Schmucksachen aus Silber, Münzen und importierte Erzeugnisse liefern Beweise für die intensive Beteiligung der Bewohner von Cedynia am Handel, und Funde aus der Siedlung selbst lassen auf ausgedehntes eigenes Handwerk schließen. Vom 11. bis zum 13. Jahrhundert nahm die im Tal am Fuße der Burg gelegene Siedlung einen relativ großen Raum ein. Sie war aber, was bemerkenswert ist, niemals befestigt. Der Bau einer Befestigungsanlage wurde durch die Art des Geländes mit seinen hohen Böschungen sehr erschwert. Das Lokationsdatum der Stadt ist nicht bekannt, und in den schriftlichen Quellen findet sich außer der Nennung von Kastellanen, die seit dem 12. Jahrhundert erwähnt sind, zum Jahr 1299 und 1356 die Bezeichnung oppidum für die Stadt. Nur das Stadtsiegel, das wahrscheinlich vom Ende des 14. Jahrhunderts stammt, beweist, daß Cedynia eine Stadt war, da es die Inschrift Civitas Cedene trägt. Cedynia war also eine Stadt, die sich ohne Befestigungen im Schatten einer größeren Burg beziehungsweise eines Schlosses, das bis zum Jahre 1401 noch existierte, entwickelt hat.

Bemerkenswert ist die Tatsache, daß sich die Fläche der heutigen Stadt mit dem Bereich der frühmittelalterlichen Siedlung im 12. und 13. Jahrhundert deckt.

Der Siedlungskomplex Cedynia weist ein interessantes Beispiel einer sogenannten Kietz-Siedlung auf (Abb. 5, 3). Führt man diese Erwägungen (nach H. Ludat und B. Krüger) weiter, so müßte man annehmen, daß es sich hier um eine Siedlung gehandelt hat, die 500 Meter südlich von der Stadt an dem ehemaligen Odersumpfgebiet lag. Die archäologischen Funde an dieser Stelle erlauben es, diese Siedlung ungefähr vom 11. Jahrhundert an bis in die Neuzeit zu datieren, wobei besonders darauf hinzuweisen ist, daß an dieser Stelle auch heute noch eine Siedlung liegt. Das beweist also, daß gleichzeitig mit der Stadt wahrscheinlich bis zum 18. Jahrhundert, als dieses Gebiet entwässert und das Oderbett teilweise reguliert wurde, eine Fischersiedlung bestanden hat.

Im Siedlungskomplex Cedynia scheint jedoch die Stadt später als Burg und Suburbium entstanden zu sein, die auf das 9. Jahrhundert zu datieren sind. Cedynia selbst kann wahrscheinlich als eine etwas später im Zusammenhang mit der Entwicklung eines Zentrums gegründete Satellitenstadt angesehen werden, was auch bei anderen frühmittelalterlichen Stadtzentren in Pommern, wie zum Beispiel bei Wolin, Szczecin und Kamień, zu beobachten ist.

Die vorliegenden Bemerkungen haben notwendigerweise einen allgemeinen Charakter. Es lag jedoch in meiner Absicht, nur die Grundzüge der jüngsten Forschungsergebnisse darzustellen, zu einem Teil die komplizierte Entwicklungsgeschichte einiger pommerscher Städte aufzuhellen und zu dokumentieren, wie viele neue Quellen die Archäologie besonders dort noch zu liefern hat, wo schriftliche Quellen nur in sehr geringer Zahl verfügbar sind.

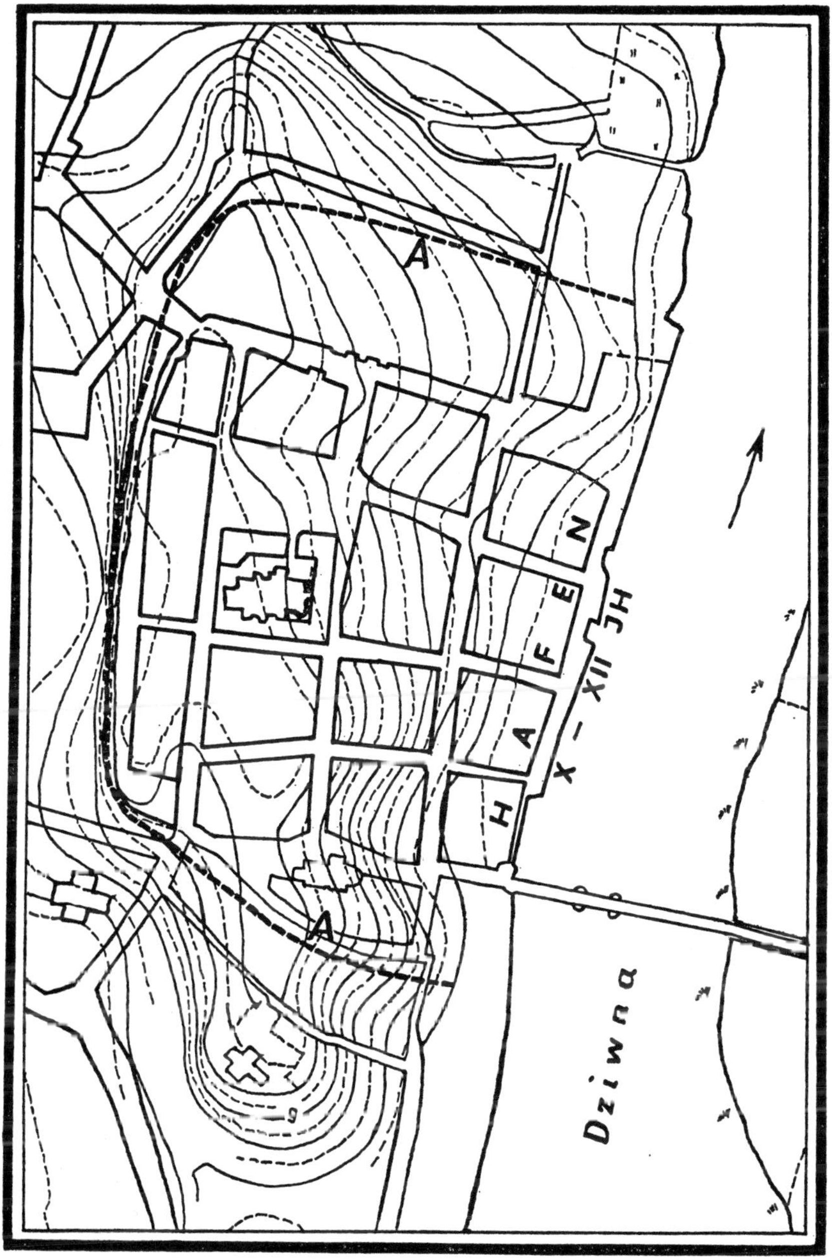

Abb. 1. *Wolin*. A = frühmittelalterliche und mittelalterliche Stadtbefestigungen.

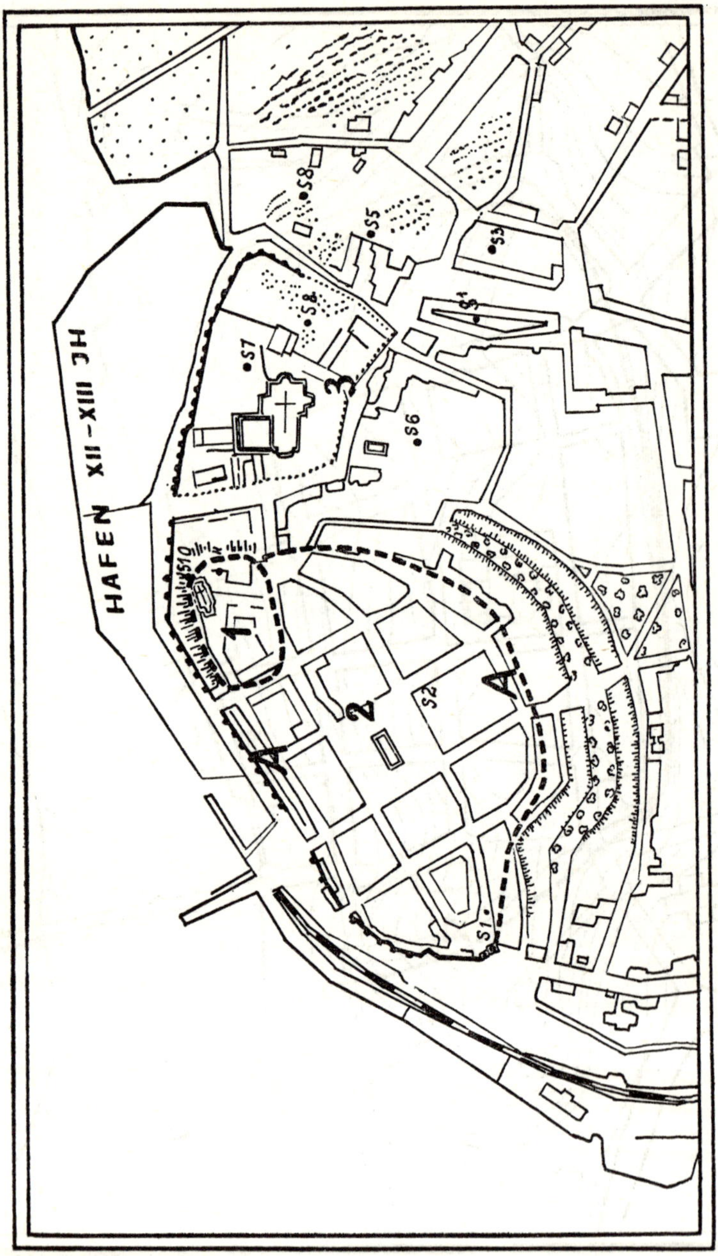

Abb. 2. *Kamień*. 1 = Burgwall, 2 = frühmittelalterliche und mittelalterliche Stadt, 3 = frühmittelalterliche Vorstadt; A = frühmittelalterliche und mittelalterliche Stadtbefestigungen.

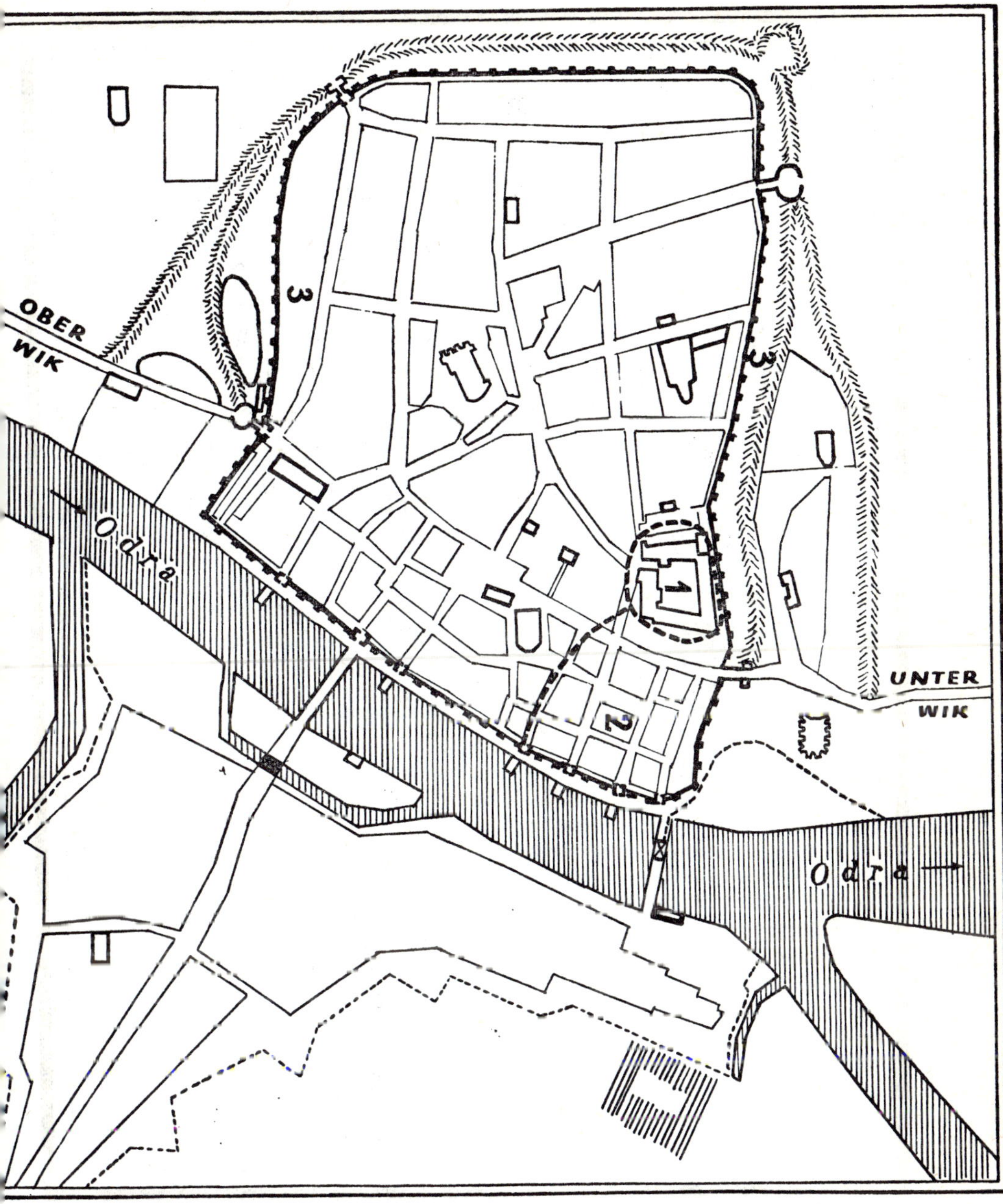

ABB. 3. *Szczecin.* 1 = Burgwall, 2 = frühmittelalterliche Vorstadt mit Befestigungen, 3 = mittelalterliche Stadtbefestigungen.

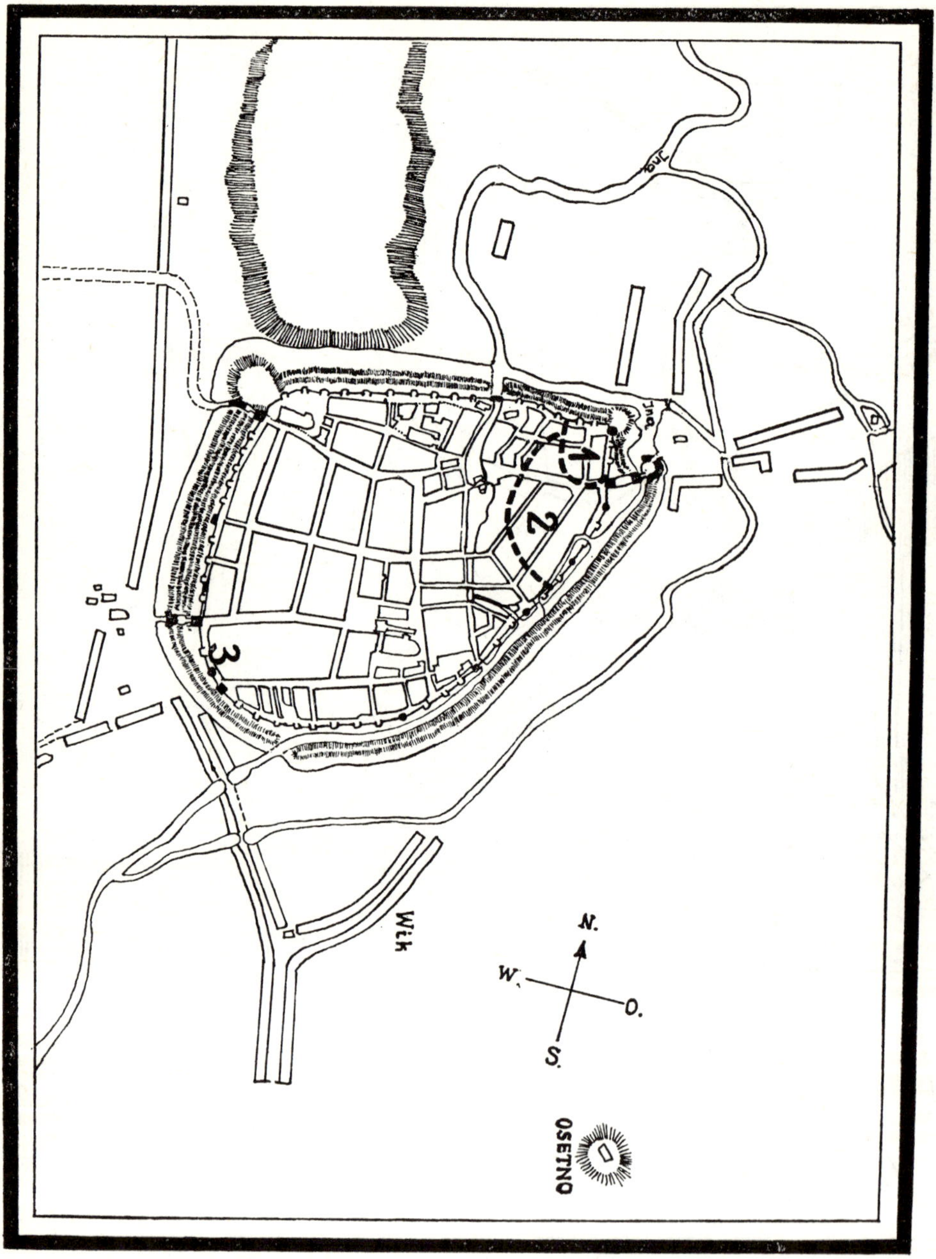

ABB. 4. *Stargard.* 1 = Burgwall, 2 = frühmittelalterliche Vorstadt mit Befestigungen, 3 = mittelalterliche Stadtbefestigungen.

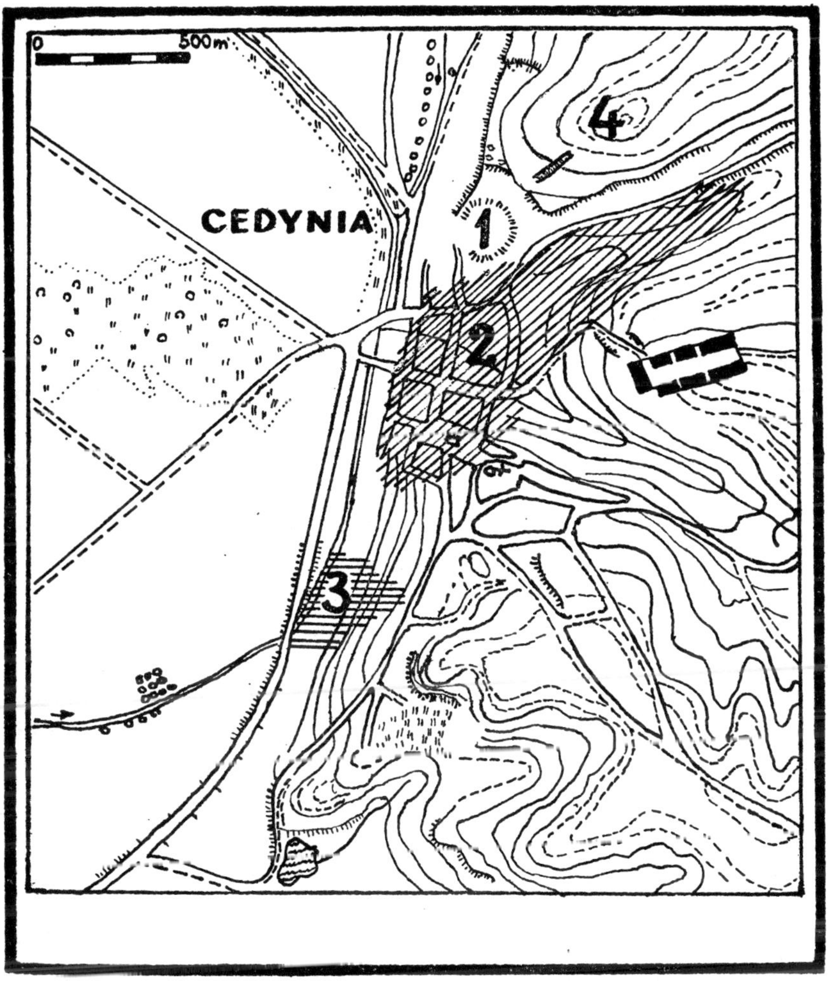

ABB. 5. *Cedynia.* 1 = Burgwall, 2 = unbefestigte frühmittelalterliche und mittelalterliche Stadt, 3 = Kietz (?), 4 = frühmittelalterliches und mittelalterliches Gräberfeld.

DISKUSSIONSBEITRÄGE

LECH LECIEJEWICZ

Mit seinem Hinweis auf das bis jetzt noch nicht hinreichend geklärte Problem des sozialen Status der Suburbienbewohner ist Professor Zernack vollständig im Recht. Gleichzeitig sollte diese Frage auch unter dem Gesichtspunkt der Chronologie der Ereignisse betrachtet werden: Zur Zeit der Bildung des Staatswesens im 10./11. Jahrhundert und in der Zeit des entwickelten Nahmarktes im 12./13. Jahrhundert haben sich die Verhältnisse unterschiedlich gestaltet. In diesem Zusammenhang lohnt es sich, einiges über die Erkenntnismöglichkeiten der Archäologie im Bereich dieser Problematik zu sagen. Ich stimme mit Herrn Zernack darin völlig überein, daß archäologische Entdeckungen, die für die Rekonstruktion der Siedlungsverhältnisse und der Wirtschaftsstruktur sehr wichtig sind, nur höchst mittelbar oder auch überhaupt nichts über die soziale Lage der Suburbienbewohner aussagen. Jedoch können wir meines Erachtens bei einem Vergleich von Ergebnissen archäologischer Analysen mit den Ergebnissen von Untersuchungen anderer Art zu einigen positiven Resultaten kommen. Wie bekannt, wissen wir dank der Aussagen einiger schriftlicher Überlieferungen und deren Ortsnamenkunde manches über die Organisation der Dienstsiedlung des Přemyslidenstaates in Böhmen und bei den Piasten in Polen; darüber hat Professor Labuda schon ausführlicher gesprochen. Die Spuren eines solchen Organisationsmodells fehlen jedoch im Raum Pommerns und Polabiens. Wahrscheinlich hängt das mit einer unterschiedlichen Wirtschaftsfunktion der Suburbien in diesen beiden Gebieten zusammen. Eine genaue Analyse der archäologischen Entdeckungen auf dem Territorium Polens weist darauf hin, daß in Wehrsiedlungen dieses Typus in den Kulturschichten von der zweiten Hälfte des 10. bis zum Ende des 11. Jahrhunderts die Spuren handwerklicher Werkstätten meistens fehlen. Ich möchte an dieser Stelle zum Beispiel auf die Entdeckungen in Opole (Oppeln) hinweisen, wo ein Gebiet von über 1000 m^2 untersucht wurde; es kann also keine Rede von Zufall sein.

In den Wohnhütten des ausgehenden 10. und 11. Jahrhunderts treffen wir verhältnismäßig viele Ausrüstungsgegenstände für Krieger an; Spuren handwerklicher sowie kaufmännischer Tätigkeiten innerhalb der Befestigungen treten jedoch erst im 12. Jahrhundert auf. Grundsätzlich stimmen damit die in den anderen Suburbien dieser Zeit gemachten Beobachtungen überein. Man kann annehmen, daß in diesen hauptsächlich die fürstliche Gefolgschaft ihren Sitz hatte, die sich höchstens zeitweise mit Produktionstätigkeiten beschäftigte. Dagegen wurde das im Rahmen der Dienstsiedlungsorganisation erfaßte Handwerk in Siedlungen betrieben, die in der Nähe der fürstlichen Burgen lagen; manchmal — wie aus der Toponymie zu ersehen ist — ziemlich weit von diesen Burgen entfernt.

In den frühen Städten Polabiens und Pommerns treten schon im 10. bis 11. Jahrhundert zahlreiche Spuren handwerklicher Produktion auf (Brandenburg/Havel, Wolin [Wollin], Szczecin [Stettin], Kołobrzeg [Kolberg], Gdańsk [Danzig] und andere). Dort haben wir es eindeutig mit einem etwas anders gestalteten Modell der Wirtschaftsorganisation zu tun; die dienstbare Bevölkerung, wenn man sie so nennen will, war eher mit den örtlichen Fürsten und Magnaten verbunden, die Abhängigkeitsformen waren — nach den Verhältnissen an der Odermündung im 12. Jahrhundert zu urteilen — wohl auch etwas lockerer. Sogar in Gdańsk (Danzig), das seine Entstehung in der zweiten Hälfte des 10. Jahrhunderts wahrscheinlich den Piasten verdankte, ist es nicht gelungen, das in den anderen Teilen des Polanen-Staates übliche System einzuführen. Es sei daran erinnert, daß auch auf dem Gebiet Großmährens, wo Spuren von Dienstsiedlungen fehlen, im 9. Jahrhundert eine beträchtliche Konzentration von handwerklicher Produktion in den frühstädtischen Siedlungen, wie zum Beispiel in Stare Město, Nitra und anderen Orten, zu beobachten ist.

Gehen wir nun zur Problematik der weiteren Entwicklungsphase des frühen Städtewesens im 12. und zu Anfang des 13. Jahrhunderts über. Die spärlichen, aber doch eindeutigen schriftlichen Überlieferungen aus dem Gebiet Mecklenburgs und Pommerns beweisen — wie es scheint —, daß die Bevölkerung der Suburbien, die manchmal auch „Wiken" genannt werden, in den Rahmen der fürstlichen Verfassungsstruktur völlig einbezogen und durch das fürstliche Recht erfaßt war, so daß man von ihrem gesonderten sozialen Status nicht sprechen kann. Sie muß also als dienstbare Bevölkerung betrachtet werden, obwohl ihre Tätigkeit zu dieser Zeit mehr mit dem Nahmarkt als mit den Bedürfnissen des Fürstenhofes, seiner Beamten und seiner Umgebung verbunden war.

Um auf die „Kietzfrage" zurückzukommen, können wir in diesem Sinne den Status der dort wohnenden Bevölkerung als ein Relikt der Vergangenheit betrachten. Wie vorsichtig man hier vorgehen sollte, zeigt uns die Geschichte des Terminus vicus, mit dem man die genannte Siedlungsstruktur manchmal auch bezeichnete. Wie ich seinerzeit nachzuweisen versuchte, wurden in der zweiten Hälfte des 12. und in der ersten Hälfte des 13. Jahrhunderts in Nord-Polabien und Pommern mit dieser Bezeichnung zweifellos die offenen suburbanen Siedlungen benannt. Im Verlauf des späteren Mittelalters waren die Wiken, wie die jüngsten Untersuchungen des Herrn Kollegen W. Filipowiak in Polen (in der DDR hat diese Frage Herr H.-D. Warnke eingehend bearbeitet) ergeben haben, vorwiegend nur noch einfache Dorfsiedlungen, manchmal sogar ausgesprochene Wüstungen. Daraus läßt sich eine wichtige methodische Folgerung ableiten: die Bedeutung eines jeden Terminus — und mittelbar damit verbunden auch des Wesens einer Institution oder Siedlungsform — sollte für jede sich in der Vergangenheit abzeichnende Entwicklungsphase (und auch für jede Region) gesondert untersucht werden, wobei berücksichtigt werden muß, daß auch die Bezeichnungen im Verlauf der allgemeinen Wandlungen ihren Sinn geändert haben.

*

Das Kastellaneisystem knüpfte zwar an die frühere Burgverfassung an, doch die Stärkung der fürstlichen Macht in Westpommern brachte wesentliche Änderungen mit sich. Ein gutes Beispiel ist hier die Geschichte Szczecins (Stettins); es hat sich zur Zeit der Missionstätigkeit Ottos von Bamberg in den zwanziger Jahren des 12. Jahrhunderts noch eine beachtliche politische Selbständigkeit bewahrt und stellte zusammen mit Wolin (Wollin) die für die Odermündung charakteristische Verfassungsform der sogenannten Stadtrepublik dar. Die vor kurzem ausführlich im zweiten Band der *Archaeologia urbium (Pologne)*, Wrocław, zugänglich gemachten Ergebnisse der auf dem Terrain des Suburbiums, dem sogenannten Gemüsemarkt, durchgeführten archäologischen Untersuchungen zeigen, daß dieser noch im 9. Jahrhundert ein Überschwemmungsgebiet der Oder gewesen ist; um die Wende vom 9. zum 10. Jahrhundert entstanden dort Uferbefestigungen und in der zweiten Hälfte des 10. Jahrhunderts wurde das Gebiet dicht bebaut; der damals eingeführte Bebauungsplan hielt sich ohne nennenswerte Änderungen bis zur ersten Hälfte des 12. Jahrhunderts. Die Kleinfunde deuten darauf hin, daß die Einwohner dieses Viertels Fischfang, Handwerk und Handel trieben oder im Kriegsdienst standen. Um die Mitte des 12. Jahrhunderts erfolgte eine charakteristische Wandlung. Das Terrain wurde nivelliert und nach einem neuen Plan bebaut, der im Prinzip bis zur Lokation nach Magdeburger Recht erhalten blieb. Im archäologischen Material mehren sich die Spuren von Fischerei und Handwerk; die Ausstattungsgegenstände der Kaufleute und Krieger dagegen verschwinden fast gänzlich. Die soziale Struktur der Einwohner wandelte sich eindeutig. Ich glaube, daß dies als Ausdruck der Veränderungen interpretiert werden kann, die durch die pommerschen Fürsten nach der Festigung ihrer Macht in der Stadt im Laufe der ersten Hälfte des 12. Jahrhunderts eingeführt wurden. Dies wäre ein interessantes und wohl auch überzeugendes Beispiel dafür, in welcher Form eine archäologische Methode bei der Erforschung der in der städtischen Sozialtopographie stattfindenden Veränderungen, die durch die aus anderen Quellen bekannten Systemwandlungen entstanden, behilflich sein kann.

Benedykt Zientara

Die bisherige Diskussion war hauptsächlich den frühen Perioden der städtischen Entwicklung gewidmet. Ich möchte Ihre Aufmerksamkeit auf das letzte Stadium dieser Entwicklung, auf die sogenannte Lokation lenken.

Die Bemerkungen dazu sollen an die Forschungen von Richard Koebner zur Terminologie der ostmitteleuropäischen Siedlungsbewegung anknüpfen. Wie bekannt, hat er zwei verschiedene Bedeutungen des Terminus locatio unterschieden: 1. eine siedlungstechnische, das heißt Gründung einer Ortschaft, 2. eine rechtliche, das heißt Übertragung des deutschen Rechts auf eine bereits existierende Siedlung. Die zweite Bedeutung wurde mit der Zeit vorherrschend, und in der späteren Periode der Kolonisationsbewegung verstand man unter dem Terminus locatio die Verleihung des deutschen Rechts. Ergänzend kann man sagen, daß die Lokation im siedlungstechnischen Sinne nicht nur die Gründung einer neuen Siedlung bedeuten kann, sondern auch eine urbanistische Regulierung der bestehenden nach dem ideellen Vorbild der Stadt, das sich während der Kolonisationszeit in Ostdeutschland entwickelt hat.

Die zahlreich vorhandenen „Lokationsurkunden" mit ihrer rechtlichen Terminologie und Phraseologie haben die ältere Geschichtsschreibung veranlaßt, die Lokation mit der Entstehung der Stadt gleichzusetzen. Heute sind wir — glaube ich — einig, daß in der Mehrheit der Fälle die Lokation nur einen letzten Sprung in der Stadtentwicklung bildet: Die Stadt im ökonomischen Sinn wurde zu einer Stadt im Rechtssinn. Die Bedeutung dieses Ereignisses im Leben der Stadt ist nicht zu leugnen, und manche deutschen Forscher möchten deshalb den Terminus „Stadt" auch in Zukunft nur für die Lokationsstädte beibehalten. Um eine allgemeine Diskussionsgrundlage zu schaffen, müssen wir also eine genauere Terminologie erarbeiten. Von den neueren Vorschlägen zur Terminologie der Stadtentwicklung möchte ich besonders den Terminus „vorkommunale Stadt" von Bernhard Töpfer nennen. Dieser scheint mir besonders gelungen, weil er auch gut auf analoge Erscheinungen im westlichen Deutschland paßt.

Die Lokation selbst wird noch sehr oft als ein einmaliger Akt angesehen, der die ganze rechtliche, soziale und wirtschaftliche Struktur der Siedlung umbildet. Der Herrscher verleiht die Urkunde, die Lokatoren übernehmen die Führung der Ereignisse, bald entsteht eine neue Stadt mit gradlinigen Straßen, mit Marktplatz, Pfarrkirche und Stadtmauer, mit Schöffenbank und Stadtrat, sogar mit einer ganz neuen Bevölkerung.

Eine genauere Untersuchung der Entwicklung verschiedener Städte zeigt jedoch, daß auch die Entstehung einer Rechtsstadt ein langer und komplizierter Prozeß gewesen ist. Schon seit langem wußte man doch, daß die Stadtrechtsverleihung an Stettin nicht auf einmal erfolgt ist: Zwei Urkunden zu den Jahren 1237 und 1243 lassen uns die beiden Etappen dieser Entwicklung genau erkennen, und diese Entwicklung selbst begann viel früher, nämlich zu dem Zeitpunkt, als sich um die Jakobi-Kirche eine deutsche, wahrscheinlich autonome Gemeinde innerhalb der slavischen Stadt ausbildete.

Sogar die Städte mit wilder Wurzel entstanden nicht aus dem Nichts: Goldberg in Schlesien (heute Złotoryja) entwickelte sich aus der Ansiedlung einer Gruppe von deutschen Berg- und Kaufleuten, die schon eine Zeitlang existiert hatte, als ihr von Herzog Heinrich dem Bärtigen das magdeburgische Recht verliehen wurde.

Übrigens war die Verleihung des deutschen Rechts an die Städte Polens keine einfache Frage. Aleksander Gieysztor hat gezeigt — und verschiedene Bemerkungen Heinrich Appelts in seinem Schlesischen Urkundenbuch haben das bestätigt —, daß fast alle sogenannten Lokationsurkunden dieser Städte aus der Zeit vor dem Mongoleneinfall Fälschungen sind. Heinrich der Bärtige hat viele Städte loziert, aber er hat ihnen nur einzelne, begrenzte Rechte, kein Lokationsprivileg im späteren Sinne verliehen. Dabei sind verschiedene Möglichkeiten in Betracht gezogen worden: Neumarkt zum Beispiel sollte zuerst eine villa forensis nach flämischem Recht, nicht eine Stadt nach magdeburgischem Muster werden. Über die Streitigkeiten Heinrichs mit den Bürgern über die Stadtautonomie habe ich in jüngster Zeit in meiner Monographie über Heinrich den Bärtigen geschrieben. Jedenfalls war die Selbstverwaltung der schlesischen Städte zu seiner Zeit eng begrenzt und einer strengen Kontrolle durch den Herrscher unterworfen. Erst nach dem Mongolensturm änderten sich die Verhältnisse.

Um die Stadtautonomie nach magdeburgischem Muster zu vermeiden, versuchte Heinrich das flämische Recht, das bisher ein reines Dorfrecht war, an die Stadtverhältnisse anzupassen. Unklarheit über die rechtlichen Unterschiede zwischen Stadt und Dorf kann man in der Terminologie der schlesischen fürstlichen Kanzlei beobachten, weil in den Urkunden anstatt civitas sehr oft der Terminus villa fori, forum oder ganz einfach villa auftaucht. Wollte der Herzog den Terminus civitas, der damals schon eine Stadt mit Selbstverwaltung zu bezeichnen begann, vermeiden?

Zur selben Zeit beschritt Herzog Konrad von Masovien einen anderen Weg. Er wollte das polnische Ritterrecht den Stadtverhältnissen anpassen, indem er 1237 eine autonome Gemeinde in Płock mit diesem Recht schuf. Aus dem immer noch rätselhaften Text der Urkunde läßt sich herauslesen, daß auch bei dieser Lokation Elemente des deutschen Rechts (im Sinne Kötzschkes also des freiheitlichen Siedlungsrechts) eingebracht und verankert wurden.

Diese beiden Beispiele zeigen, daß die polnischen Herzöge in der ersten Hälfte des 13. Jahrhunderts die Institutionen des deutschen Stadtrechts und der Stadtverfassung sorgfältig geprüft haben, bevor sie Elemente dieser Institutionen, und zwar nur die, die sie für nützlich hielten, in ihren Städten einführten. Wir wissen sehr wenig über die Bürgergemeinde in Krakau (mit einem eigenen Schultheißen), die vor dem Mongolensturm existiert hat, aber ein Lokationsprivileg im späteren Sinne ist auch ihr sicher nicht verliehen worden. Erst nach dem ersten Mongoleneinfall fanden sich die inzwischen relativ machtlosen Fürsten mit dem Gedanken der Stadtautonomie ab, und die Bürgerschaft selbst begann zu entscheiden, welches Recht sie haben wollte. Der Herzog, der die Bürger als Verbündete gegen die Magnaten brauchte, mußte sich ihren Forderungen beugen und sein Einverständnis mit der Stadtrechtsurkunde bezeugen.

Die gezeigte Entwicklung erlaubt uns zu erkennen, daß auch in Polen die Stadtrechtsverleihung meist kein einmaliger Akt, sondern ein ziemlich langer und komplizierter Weg gewesen ist, auf dem die Stadt zur Autonomie gelangte. In späterer Zeit können wir besonders in Masovien beobachten, daß die Einführung des vollen Stadtrechts manchmal über hundert Jahre lang dauert. Warschau, das schon 1339 eine Stadt mit Stadtmauer, Marktplatz und mit eigenem Vogt gewesen ist, erhielt erst 1413 das volle magdeburgische Recht.

Wolfgang H. Fritze*

Herr Zernack hat in seinem gedankenreichen einleitenden Vortrag für die Erforschung der Ausbreitung eines „deutschrechtlichen" Städtewesens zwischen Elbe und Weichsel ein Zurücktreten der volksgeschichtlichen Motivation hinter ein strukturgeschichtliches Erkenntnisinteresse gefordert. Gleichzeitig hat er auf die Fragen hingewiesen, die mit der Erforschung dessen verbunden sind, was als Germania Slavica bezeichnet werden kann, vor allem also die Fragen nach dem Fortleben des slawischen Ethnikums in der Zeit der deutschen Ostsiedlung, nach seinen Funktionen innerhalb der neuen wirtschaftlichen und sozialen Strukturen und nach der Bedeutung der von ihm geschaffenen „vorkolonialen" Institutionen für die Entwicklung der Folgezeit.

Mir scheinen alle diese Forderungen im höchsten Maße berechtigt. In der speziellen Frage nach der Kontinuität im Urbanisierungsprozeß im östlichen Mitteleuropa meinte Herr Zernack — und auch in diesem Punkte möchte ich mich ihm anschließen —, die Forschung müsse stets den gesamten „Verbund von Wirkungsfaktoren" im Auge haben. Auch führe es nicht weiter, nur einzelne Plätze isoliert zu untersuchen, vielmehr müsse nach der Ausbildung und Entwicklung struktureller Typen in einem größeren räumlichen Rahmen gefragt werden, die nicht in jedem Einzelfall in reiner Form sich darstellen müssen.

In der Diskussion schien mir dann weiter der Beitrag von Herrn Zientara wichtig, der darauf aufmerksam machte, daß der „präkommunalen" slawischen Stadt die vollentwickelte Rechtsstadt meist nicht unmittelbar gefolgt sei, daß vielmehr gewöhnlich eine Reihe von Zwischenstufen zu beobachten seien, so daß ein genetischer Prozeß erkennbar werde. Man

* Diese schriftliche Fassung des Diskussionsbeitrages von Wolfgang H. Fritze faßt zwei Beiträge zum Vortrag von Prof. Zernack mit einem größeren Beitrag zur Schlußdiskussion zusammen. Der Autor behält sich weitere Überlegungen zum Thema vor.

könnte hinzufügen, daß auch das Modell der Rechtsstadt selber in der Zeit der deutschen Ostsiedlung einen Entwicklungsprozeß durchgemacht hat; das Magdeburger Recht der zweiten Hälfte des 12. Jahrhunderts ist nicht identisch mit dem der Zeit um 1300.

Herr Zernack hat nun auch bereits Elemente der „präkommunalen“ slawischen Stadt genannt, von denen die Entwicklung der Rechtsstadt ausgegangen ist. Es empfiehlt sich vielleicht, sie kurz noch einmal in die Erinnerung zu rufen, so wie sie sich einer Betrachtung darstellen, die den gesamten Raum zwischen Elbe und Oder im Auge hat. Wir finden also 1. die Burg als herrschaftliches Zentrum und 2. ihr angeschlossene Dienstsiedlungen verschiedener Art und Funktion. In Alt-Lübeck birgt die Vorburg nach dem archäologischen Befund neben einer Siedlung von unbestimmtem Charakter eine Handwerker-Siedlung,[1] und ähnliche Beobachtungen sind auch an anderen slawischen „Burgstädten“ gemacht worden. Allerdings hat Herr Leciejewicz sehr mit Recht darauf hingewiesen, daß die Suburbien der frühpiastischen und frühpřemyslidischen Burgstädte einen anderen Charakter besaßen als die des polabopomoranischen Raumes. Aus den Alt-Lübecker Beobachtungen können also generalisierende Schlüsse nur für das Gebiet der Polabopomoranen gezogen werden. Aus diesem Raum besitzen wir auch ein überaus aufschlußreiches schriftliches Zeugnis. Eine Urkunde des Jahres 1301 unterscheidet im samboridischen Danzig, das seiner Struktur nach sich dem polabopomoranischen Raum zuordnet, wie Herr Leciejewicz festgestellt hat, die milites, die homines und die piscatores des castrum Gdanensis, daneben die consules et cives der civitas.[2] Zum samboridischen castrum Danzig gehörten also Burgmannen, Hörige — zu ihnen zählten neben einfachem Gesinde zweifellos auch Handwerker, wie die polnischen Grabungen im Gebiet der Danziger Vorburg (Hakelwerk) gezeigt haben[3] — und Fischer. Die

[1] Dazu Werner Neugebauer, *Der Burgwall Alt-Lübeck. Geschichte, Stand und Aufgaben der Forschung*, in: *Offa* 21/22 (1964/65), S. 181 ff., S. 248 ff.; Werner Neugebauer, *Das Suburbium von Alt Lübeck*, in: *Zeitschrift des Vereins für lübeckische Geschichte und Altertumskunde* 39 (1959): *Lübisches Mittelalter. Festgabe zum 800-jährigen Bestehen Lübecks seit der Neugründung unter Heinrich dem Löwen 1159—1959*, S. 11 ff.; Werner Neugebauer, *Übersicht über die Ergebnisse der Ausgrabungen in Alt Lübeck*, in: *Zeitschrift für Archäologie* 2 (1968), S. 75 ff.

[2] *Preuss. UB* I/2, nr. 762.

[3] Dazu knapp zusammenfassend in dem Artikel *Gdańsk* die Abschnitte von Konrad Jażdżewski und Jerzy Stankiewicz, in: *Słownik starożytności słowiańskich (Lexicon antiquitatum slavicarum)*, hrsg. von Władysław Kowalenko, Gerard Labuda, Tadeusz Lehr-Spławiński, Bd. 2 (F—K), Wrocław-Warszawa-Kraków 1964, S. 87 ff.; siehe auch die Forschungsberichte von Erich Keyser, *Die polnischen Ausgrabungen in Alt-*

Danziger Vorburg umschloß demnach Dienstsiedlungskomplexe verschiedener Art und Funktion — ähnlich wie der Grabungsbefund es für Alt-Lübeck erweist.

Diese Vielfalt im Gesamtgefüge einer Vorburgsiedlung im polabopomoranischen Gebiet muß man im Auge behalten, wenn man an das Kietz-Problem herantritt: Ein Kietz der spätslawischen Zeit[4] wird in der Regel nur einen Teil des gesamten suburbium gebildet haben. Soweit wir sehen können, waren die Kietze ausgesprochene Gesindesiedlungen[5] und trugen somit nur einen kleinen Teil der Funktionen einer spätslawischen Vorburgsiedlung.[6]

Drittens finden wir in unserem Raum auch den Markt, den schriftliche Quellen für polnische Burgstädte bezeugen,[7] aber auch für slawische Plätze Ostholsteins und Mecklenburgs,[8] wenn uns hier sein besonderes Recht auch nicht bekannt wird.

Danzig, in: *Zeitschrift für Ostforschung* 12 (1963), S. 315 ff., und *Neue polnische Forschungen zur Geschichte Danzigs und Pomerellens bis zum 13. Jahrhundert*, in: *Zeitschrift für Ostforschung* 16 (1967), S. 676 ff.

[4] An der Lehre von Herbert Ludat, *Die ostdeutschen Kietze* (= Veröffentlichungen des Vereins für Geschichte der Mark Brandenburg), Bernburg 1936, nach der die ostdeutschen Kietzsiedlungen aus dem Strukturzusammenhang der westslawischen Dienstsiedlungsorganisation erwachsen sind, ist gegen den Widerspruch von Bruno Krüger, *Die Kietzsiedlungen im nördlichen Mitteleuropa. Beiträge der Archäologie zu ihrer Altersbestimmung und Wesensdeutung* (= Deutsche Akademie der Wissenschaften zu Berlin. Schriften der Sektion für Vor- und Frühgeschichte 11), Berlin 1962, unbedingt festzuhalten; vgl. die Rezension dieses Buches von Wolfgang H. Fritze in: *Jahrbuch für die Geschichte Mittel- und Ostdeutschlands* 12 (1963), S. 286 ff. B. Krüger, *Die Kietzsiedlungen* . . ., S. 37 ff., S. 52 ff., nennt eine Reihe von Kietzorten mit spätslawischem Fundmaterial, darunter die beiden Brandenburger Domkietze und den Kietz von Lebus.

[5] Gegen die ältere These von den Kietzen als bloßen Fischersiedlungen H. Ludat, *Die ostdeutschen Kietze* . . . (wie Anm. 4), S. 131 ff. *A. a. O.*, S. 151 ff., der Nachweis der rechtlichen Zugehörigkeit der Kietze zu einer benachbarten Burg; *a. a. O.*, S. 181 ff., zur Verpflichtung der Kietzer zu Gesindediensten auf der Burg; *a. a. O.*, S. 184 ff., zum Charakter der Kietze als Gesindesiedlungen und ihrer Unterscheidung von den Berufsgruppensiedlungen der polnischen Dienstsiedlungsorganisation.

[6] Dem entspricht, daß bei einer Reihe von brandenburgischen Orten suburbium und Kietz topographisch voneinander getrennt liegen, siehe W. H. Fritze, Rezension des Buches von B. Krüger, *Die Kietzsiedlungen* . . ., in: *Jahrbuch für die Geschichte Mittel- und Ostdeutschlands* 12 (1963) (wie Anm. 4), S. 289.

[7] Dazu besonders Karol Buczek, *Targi i miasta na prawie polskim. (Okres wczesnośredniowieczny)* (= Polska Akademia Nauk. Oddział w Krakowie. Prace Komisji Nauk Historycznych, Nr. 11), Wrocław-Warszawa-Kraków 1964; dort auch die ältere Literatur (K. Tymieniecki, R. Grodecki, K. Maleczyński, Z. Wojciechowski).

[8] Siehe Wolfgang H. Fritze, *Probleme der abodritischen Stammes- und Reichsver-*

Die drei bisher genannten Elemente sind aus slawischen Strukturen heraus entwickelt worden, sie können als autochthone Bildungen bezeichnet werden. Allem Anschein nach gilt das nicht von dem vierten Element der „präkommunalen" slawischen Burgstadt, der Kaufmannssiedlung. Die Institution des Berufskaufmannes ist in das östliche Mitteleuropa anscheinend aus dem Westen importiert worden, der sie als Erbe der Spätantike empfangen und umgebildet hat.[9] Zwar wird in den „Burgstadt-Staaten" des Odermündungsraumes (Wollin, Stettin) im 11. und 12. Jahrhundert der Fernhandel von einheimischen Kräften getragen, doch handelt es sich dabei um Angehörige der grundbesitzenden burgstädtischen Aristokratie, die als Händler mit den „Bauernkaufleuten" Gotlands, nicht aber mit den westlichen Berufskaufleuten verglichen werden können.[10] Zudem nimmt der Odermündungsraum strukturell eine Sonderstellung im östlichen Mitteleuropa ein. Wo uns in den alten slawischen Burgstädten eigentliche Kaufmannssiedlungen begegnen, handelt es sich, soweit wir sehen können, um westliche, vor allem deutsche Kaufleute. Das früheste bekannte Beispiel (Ende des 11. Jahrhunderts) bietet bekanntlich Prag; an der südlichen Ostseeküste ist Alt-Lübeck zu nennen, das im frühen 12. Jahrhundert eine colonia mercatorum mit einer eigenen Kirche besitzt.[11] Im Prozeß der Entstehung der Rechtsstadt dürfte den als Personenverbände rechtlich organisierten Kaufmannssiedlungen im östlichen Mitteleuropa keine geringere Bedeutung zukommen als im Westen Europas.[12] Doch bleibt zu beachten, daß sie einerseits ihre Ent-

fassung und ihrer Entwicklung vom Stammesstaat zum Herrschaftsstaat, in: *Siedlung und Verfassung der Slawen zwischen Elbe, Saale und Oder*, in Verbindung mit H. Jankuhn, W. Schlesinger und E. Schwarz hrsg. von Herbert Ludat, Giessen 1960, S. 197 mit Anm. 471; Lech Leciejewicz, *Miasta Słowian Północnopołabskich*, Wrocław 1968, S. 133 ff.

[9] Dazu besonders Hans Planitz, *Handelsverkehr und Kaufmannsrecht im fränkischen Reich*, in: *Festschrift Ernst Heymann. Zum 70. Geburtstag am 6. April 1940 überreicht von Freunden, Schülern und Fachgenossen*, Weimar 1940, S. 175 ff. (gegen Henri Pirenne); vgl. Hans Planitz, *Die deutsche Stadt im Mittelalter. Von der Römerzeit bis zu den Zunftkämpfen*, Graz-Köln 1954, S. 30 ff., 54 ff.

[10] Siehe Kazimierz Wachowski, *Słowiańszczyzna zachodnia*. Wyd. 2. Wstępem poprzedził Gerard Labuda (= Prace Instytutu Zachodniego 16), Poznań 1950 (Erstdruck 1903), S. 230 f.; Lech Leciejewicz, (Inst. Historii Kultury Materialnej Polskiej Akad. Nauk), *Początki nadmorskich miast na Pomorzu Zachodnim*, Wrocław-Warszawa-Kraków 1962, S. 182 ff.

[11] Prag: *CDEB* I Nr. 290. Alt-Lübeck: Helmoldus Boz., Cron. Slav. I 48.

[12] Die Bedeutung der Kaufmannssiedlung für das städtische Werden im altsorbischen Raum im 12. Jahrhundert legten dar Walter Schlesinger, *Die Anfänge der Stadt Chemnitz und anderer mitteldeutscher Städte. Untersuchungen über Königtum und Städte während des 12. Jahrhunderts*, Weimar 1952, und kürzlich Karlheinz Blaschke, *Studien*

stehung der Initiative der einheimischen herrschaftlichen Gewalten verdankten und daß sie andererseits die Entstehung slawischer Marktorte zur Voraussetzung hatten.

Aus diesen Elementen ist im 12. und 13. Jahrhundert im östlichen Mitteleuropa in einem vielfach mehrere Etappen durchlaufenden Prozeß die Rechtsstadt erwachsen. Als wichtigste Bildungen im Verlauf dieser „Neuregulierung" oder, wie ich lieber sagen würde, dieser strukturellen Umbildung sind die Entwicklung des Rechtes einer villa forensis zu betrachten, an das sich das Recht des Weichbildes erweiternd anschließt, und die Entwicklung eines Kommunalverbandes aus dem Stande der persönlich freien, auf freiem Eigen sitzenden Bürger.

Fragen wir nun, wie es mit den bezeichneten Phänomenen und Prozessen in der Mark Brandenburg steht, so hat Herr Zernack bereits eine größere Zahl slawischer herrschaftlicher Zentren in diesem Gebiet genannt. Über ihre Struktur wissen wir aus schriftlichen Quellen kaum etwas. Immerhin läßt sich sagen, daß in Brandenburg vor 1150 Münzen geprägt worden sind.[13] Damit ist auch die Funktion des Platzes als Marktort so gut wie gesichert, und zwar um so mehr, als Brandenburg an der alten, archäologisch nachweisbaren Fernhandelsstraße von Magdeburg nach Lebus und Posen lag.[14] Auch gewerbliche Produktionsstätten konnten in der Vorburg auf der Dominsel nachgewiesen werden.[15] Das Suburbium

zur Frühgeschichte des Städtewesens in Sachsen, in: *Festschrift für Walter Schlesinger*, Bd. 1, hrsg. von Helmut Beumann (= Mitteldeutsche Forschungen 74/I), Köln-Wien 1973, S. 333 ff.

[13] Emil Bahrfeldt, *Das Münzwesen der Mark Brandenburg*, [1:] *Von den ältesten Zeiten bis zum Anfange der Regierung der Hohenzollern*, Halle a. S. 1889, S. 57 ff.; Arthur Suhle, *Die Münzprägung in Brandenburg von den Anfängen bis zum Tode Ottos I. (1184)*, in: *Jahrbuch für brandenburgische Landesgeschichte* 6 (1955), S. 46 ff.; Hans-Dietrich Kahl, *Slawen und Deutsche in der brandenburgischen Geschichte des zwölften Jahrhunderts. Die letzten Jahrzehnte des Landes Stodor*, Bd. 1 (= Mitteldeutsche Forschungen 30/1), Köln-Graz 1964, S. 273 ff.

[14] Joachim Herrmann: *Magdeburg-Lebus. Zur Geschichte einer Straße und ihrer Orte*, in: *Veröffentlichungen des Museums für Ur- und Frühgeschichte Potsdam* 2 (1963), S. 89 ff. Vgl. zur Marktfunktion des spätslawischen Brandenburg auch Eckhard Müller-Mertens, *Untersuchungen zur Geschichte der brandenburgischen Städte im Mittelalter*, in: *Wissenschaftliche Zeitschrift der Humboldt-Universität zu Berlin. Gesellschafts- und sprachwissenschaftliche Reihe*, 5. Jg. (1955/56), Nr. 3, S. 201.

[15] Siehe Klaus Grebe, *Die Ergebnisse der Ausgrabungen in Brandenburg (Havel)*, in: *Germanen — Slawen — Deutsche. Forschungen zu ihrer Ethnogenese*, hrsg. vom Vorstand der Fachgruppe Ur- und Frühgeschichte der Deutschen Historiker-Gesellschaft, Redaktionsleitung Bernhard Gramsch (= Deutsche Historiker-Gesellschaft. Protokoll der IV. Tagung der Fachgruppe Ur- und Frühgeschichte vom 7. bis 10. November 1966 in Potsdam), Berlin 1968, S. 113 ff.

Brandenburgs hat anscheinend nicht nur diese Vorburg auf der Insel umfaßt; auch die noch vom letzten Hevellerfürsten Pribyslav-Heinrich errichtete St. Gotthardt-Kirche, am Nordufer der Havel, also gegenüber der Brandenburger Burg- bzw. Dom-Insel, gelegen, gehörte zu ihm[16] und im weiteren Sinn auch die villa Parduin, in der oder neben der die Kirche errichtet worden ist.[17] Es ist nicht ausgeschlossen, daß die villa Parduin, die entgegen älteren Meinungen nicht identisch mit dem späteren Altstädter Kietz war, sondern einen Kern der späteren Altstadt bildete,[18] als deutsche Kaufmannssiedlung[19] noch in voraskanischer Zeit entstanden ist. Parduin, 1166 als villa bezeichnet,[20] figuriert 1173 bereits als civitas mit Hofstellen,[21] 1179 verfügt der Ort über eine Salzzollstelle,[22] 1209 wird ein Hospital dort erwähnt.[23] 1217 erscheint die civitas Parduin als villa forensis, und zwar in einer Urkunde des Bischofs von Brandenburg;[24] der rechtliche Status des Ortes war demnach damals nicht eindeutig.[25]

1170 erteilt der Markgraf den Kaufleuten von Brandenburg Handelsprivilegien,[26] und da in dieser Zeit die Namen Brandenburg und Par-

[16] *Heinrici de Antwerpe, can. Brandenb., Tractatus de urbe Brandenburg* c. 3, neu hrsg. und erl. von Gottfried Sello, in: 22. *Jahresbericht des Altmärkischen Vereins für vaterländische Geschichte und Industrie zu Salzwedel, Abth. für Geschichte,* H. 1, (1888), S. 11.

[17] Das bezeugen eine Reihe von Urkunden der 2. Hälfte des 12. Jahrhunderts, zuerst die Urkunde Bischof Wilmars von Brandenburg für das Domkapitel von Brandenburg 1166: Riedel, *CDBr.* A VIII, p. 107, nr. 19.

[18] Der Altstädter Kietz scheint erst in askanischer Zeit entstanden zu sein, siehe B. Krüger, *Die Kietzsiedlungen* ... (wie Anm. 4), S. 48. Er kann deshalb weder mit dem spatslawischen Suburbium noch mit der bei der Gotthardt-Kirche, also innerhalb der späteren Altstadt, gelegenen villa Parduin identisch sein.

[19] Der Name Parduin ist deutsch bzw. niederländisch, wie Anneliese Bretschneider, *Der Ortsname Parduin,* in: *Veröffentlichungen des Museums für Ur- und Frühgeschichte Posdam* 6 (1971), S. 117 ff., nachwies.

[20] So in der oben Anm. 17 zitierten Urkunde.

[21] Riedel, *CDBr* A VIII, p. 109, nr. 22. [22] Riedel, l. c., p. 112, nr. 25.

[23] Riedel, l. c., p. 126, nr. 40. [24] Riedel, l. c., p. 133, nr. 48.

[25] Zur Bedeutung des Terminus villa forensis siehe Walter Schlesinger, *Forum, villa fori, ius fori. Einige Bemerkungen zu Marktgründungsurkunden des 12. Jahrhunderts aus Mitteldeutschland* [Erstdruck 1960], wieder abgedruckt in: Walter Schlesinger, *Mitteldeutsche Beiträge zur deutschen Verfassungsgeschichte des Mittelalters,* Göttingen 1961, S. 275 ff.; Walter Schlesinger, *Der Markt als Frühform der deutschen Stadt,* in: *Vor- und Frühformen der europäischen Stadt im Mittelalter. Bericht über ein Symposium in Reinhausen bei Göttingen in der Zeit vom 18. bis 24. April 1972,* hrsg. von Herbert Jankuhn, Walter Schlesinger, Heiko Steuer, T. 1 (= Abhandlungen der Akademie der Wissenschaften in Göttingen, Phil.-hist. Klasse 3,83), Göttingen 1973, S. 262 ff.

[26] Riedel, *CDBr* A IX, p. 1.

duin wechselnd gebraucht werden, ist kaum zu bezweifeln, daß die Brandenburger Kaufleute von 1170 in Parduin, also in der späten Altstadt, saßen. Viel spricht dafür, daß die vermutbare Kaufmannssiedlung von Parduin bereits in die Zeit vor 1150 zurückreicht. Auf jeden Fall wird deutlich, daß die Altstadt Brandenburg aus der villa Parduin mit ihrer alten Gotthardt-Kirche erwachsen ist, und zwar in einem allmählichen Entwicklungsgang. Erwähnung verdient auch die schon 1249 in die Altstadt einbezogene villa Luckenberg,[27] für die schon 1173 eine zur Parochie von Parduin gehörende Nicolai-Kirche bezeugt ist;[28] auch hier wäre eine frühe Kaufmannssiedlung nicht ausgeschlossen.

Ähnlich aufschlußreich ist die Entwicklung in Jüterbog, das als zentraler Ort bereits im frühen 11. Jahrhundert genannt wird.[29] 1161 wird es als Mittelpunkt eines burgwardium genannt;[30] vermutlich war es der Hauptort des ganzen slawischen Siedlungsgebietes zwischen den Flüßchen Nuthe und Nieplitz, das sich nicht mit Sicherheit einem der bekannten slawischen Stammesverbände der Mark Brandenburg zuweisen läßt. Jüterbog hatte eine — freilich nur erschließbare — slawische Burg. Östlich der auf dem heutigen Schloßberge gelegenen Burg finden wir das Dorf Damm, 1174 anscheinend von den Burgmannen besetzt, offenbar eine Vorburgsiedlung.[31] In ihm errichtet Erzbischof Wichmann von Magdeburg, seit 1157 der Landesherr der provincia Jüterbog, das Prämonstratenserstift Unser Lieben Frauen (die sogenannte Dammkirche), dem er 1173 die Seelsorge der gesamten provincia überträgt.[32] 1174 besteht unmittelbar östlich der Siedlung Damm eine villa Jüterbog, die ein ius fori besitzt und deren Einwohner als cives bezeichnet werden und Fernhandel treiben. Wie alt diese villa war, könnten allenfalls archäologische Untersuchungen klären. Bei der Lage Jüterbogs an einer von Halle an die Oder ziehenden Fernhandelsstraße ist das Bestehen eines Marktes hier bereits in der Zeit vor 1157 wahrscheinlich; schon Otto von Bamberg hat sich darum bemüht, einen Handelsverkehr zwischen Halle und Stettin einzuleiten, und Halle wird 1174 unter den Handelsplätzen genannt, die von den Jüterboger Kaufleuten bevorzugt aufgesucht werden.

Stadtrecht erhält Jüterbog 1174 noch nicht; Inhaber der Gerichtsbarkeit ist der auf der Burg sitzende landesherrliche Vogt. Ein Rat ist erst

[27] Riedel l. c., p. 2.

[28] Riedel, *CDBr* A VIII, p. 109; cf. p. 112.

[29] Thietmar von Merseburg, Chron. VI, 33.

[30] Riedel, *CDBr* A VIII, p. 104.

[31] *UB Erzstift Magdeburg* I, nr. 343.

[32] Riedel, *CDBr* A VIII, p. 111.

zu Ende des 13. Jahrhunderts bezeugt. Auch eine eigene Pfarrkirche erhält Jüterbog erst zu dieser späten Zeit; vorher liegt die Funktion der Pfarrkirche für Burg und Stadt Jüterbog bei der Marien(Damm-)kirche. In Jüterbog hat somit die Entwicklung der Rechtsstadt deutlich an vorhandene slawische Bildungen angeknüpft; ihr Verlauf ist schrittweise vor sich gegangen.

Anders ist — auf den ersten Blick jedenfalls — die Entwicklung in Spandau verlaufen. Aus schriftlichen Quellen wissen wir über das slawische Spandau gar nichts. Die archäologischen Grabungen haben, wie Herr v. Müller uns vorgeführt hat, einen großen Siedlungskomplex vor der Burg nachgewiesen, der sich nicht auf den engeren Burgbereich, eine Havelinsel, beschränkt hat, sondern auch ein Gelände auf dem westlichen Havelufer einbezog. In ihm saßen jedenfalls auch Handwerker mit ihren Werkstätten. Da „Alt-Spandau" an der gleichen alten Fernhandelsstraße lag wie Brandenburg und zudem an einem wichtigen Flußübergang, so ist die Existenz eines voraskanischen Marktes hier äußerst wahrscheinlich.

Das hochmittelalterliche Spandau, das uns zuerst in einer markgräflichen Urkunde von 1232 entgegentritt, und zwar bereits als civitas mit Stadtrecht, hat räumlich nicht unmittelbar an „Alt-Spandau" angeknüpft; schon die Urkunde von 1232 ergibt eindeutig die Lage der neuen civitas im Gebiet der heutigen Altstadt von Spandau, also in einer gewissen räumlichen Distanz zu Alt-Spandau. Danach könnte es scheinen, als habe das askanische Spandau genetisch keinen Zusammenhang mit der voraskanischen Burgstadt.

Doch muß man sich hier vor vorschnellen Schlüssen hüten. Die Anlage der civitas auf einem nördlich der slawischen Burgstadt gelegenen Gelände muß wohl in Verbindung mit der Anlage der Doppelstadt Berlin-Cölln um die gleiche Zeit gebracht werden. Die um 1200 von den Askaniern begründete Doppelstadt an der unteren Spree sollte den von Westen (Magdeburg — Brandenburg) und den von Südwesten (Halle — Jüterbog) nach Osten (Köpenick — Lebus) und Nordosten (Wriezen — Stettin) führenden Handel auf sich ziehen und nach Nordosten (Stettin) weiterlenken — in Konkurrenz gegen das damals wohl wettinisch beherrschte Köpenick. Deshalb war es für die askanischen Stadtgründer unerläßlich, die Stadt Berlin auf dem nördlichen Spree-Ufer anzulegen, und diese Lage der neuen Stadt wiederum bedingte eine Verlegung des Handelsweges Spandau — Berlin vom südlichen auf das nördliche Spree-Ufer, wie archäologisch wahrscheinlich gemacht werden konnte. Die Verlegung des Handelsweges mußte nun eine Verlegung auch des Marktortes Spandau in nördlicher Richtung angezeigt erscheinen lassen.

Diese Beobachtungen und Überlegungen machen es möglich und, wie ich meine, wahrscheinlich, daß die Anlage der werdenden Rechtsstadt Spandau in räumlicher Distanz zum „präkommunalen“ Alt-Spandau als Siedlungsverlegung zu betrachten ist — ähnlich wie im Falle Alt-Lübeck —, nicht aber als ein Neubeginn „aus wilder Wurzel“.

So unbefriedigend also auch die Quellenlage für die Erforschung des mittelalterlichen Urbanisierungsprozesses im Gebiet der Mark Brandenburg ist, so läßt sich m. E. doch mit einiger Sicherheit sagen, daß auch hier die „präkommunale“ slawische Burgstadt bestanden und daß die Entwicklung der hochmittelalterlichen Rechtsstadt an sie angeknüpft hat. Darüber soll freilich nicht übersehen werden, daß es in der Mark Brandenburg auch eine ganze Reihe von Stadtgründungen „aus wilder Wurzel“ gegeben hat, wie z. B. die askanische Gründung von Berlin-Cölln oder die piastische von Frankfurt/Oder. Auch bleibt es, wie mir scheint, eine Grundfrage, welche Bedeutung wir der „Neuregulierung“ bzw. der strukturellen Umbildung vorhandener alter Einrichtungen beimessen wollen, die mit der „Lokation“, der Ausbildung der Rechtsstadt, gegeben war.

ZUSAMMENFASSUNG

Klaus Zernack

Wir stehen heute vormittag am Schluß unserer intensiven, reichhaltigen und außerordentlich konzentrierten Diskussion, und ich begrüße die Möglichkeit sehr, noch eine kurze Bilanz unserer Erörterungen zu ziehen. Als Eingangsreferent dieser Tagung kann ich natürlich meine Befriedigung über die strikt eingehaltene Programmatik, auf die ich mit meinem Referat hinzulenken versuchte, nicht verhehlen. Es hat sich auf das glücklichste gefügt, daß der weitere Ablauf der Tagung im Zeichen von beispielhafter Konkretisierung an den Plätzen Spandau und Posen auf der einen Seite und an reichen Ausblicken in andere Stadtlandschaften in den Diskussionsbeiträgen andererseits gestanden hat. Vertiefung und Horizonterweiterung würde ich mithin als den großen Gewinn aus diesen zweitägigen Gesprächen mitnehmen.

Der Ausblick auf die anderen mitteleuropäischen Frühstadtlandschaften kam besonders unserer Erörterung des Kietzproblems zugute. In der Diskussion ist ein reiches Spektrum an Dienstsiedlungstypen erörtert worden, so daß klar wurde, daß wir es in der Kietzfrage nur mit einer spezifischen Erscheinungsform des Dienstsiedlungsfaktors zu tun haben. Nicht alle Ausprägungen von Dienstsiedlungen in Ostmitteleuropa haben stadtbildend gewirkt. Die frühen přemyslidischen Einrichtungen etwa mit ihren spezialisierten Handwerkersiedlungen stehen sicher in einem anderen Verhältnis zu dem Umkreis stadtbildender Faktoren als die brandenburgischen Kietze, und auch die speziell militärischen Dienstsiedlungen, auf die Herr Labuda in der Diskussion hingewiesen hat, gehören einem anderen Wirkungszusammenhang an. Auch die Kietze sind keine dienstsiedlerische Universaleinrichtung, sondern haben ihre speziellen Züge, die wohl vornehmlich im Burgdienst und in Transportfunktionen sowie anderen Versorgungsaufgaben für die Burg zu suchen sind. Die Diskussion hat nun doch deutlich bestätigt, daß aus einer mit Sicherheit konstatierbaren starken Vermehrung solcher Einrichtungen in der frühen Phase der askanischen Kolonisation nicht geschlossen werden darf, daß die Einrichtung überhaupt erst jetzt geschaffen worden ist. Das geht schon daraus hervor, daß institutionell Neues, Kolonisationszeitliches, in der Verfassung der Kietze allenfalls in dem Schulzenamt zu sehen ist, ansonsten aber doch die altertümlichen Züge vorherrschen. Sicher haben die Askanier kietzgeschichtlich eine starke Wirkung gehabt, aber man wird doch sagen müssen: in sekundärer Hinsicht. Sie haben im Zuge der Kolonisation, zusammen mit der Begründung einer vermehrten Zahl von administrativen Zentren, auch die Zahl der Kietze beträchtlich vermehrt.

Dem aktuellen Forschungsstande gemäß spielten terminologische Problemstellungen auch in unserer Diskussion eine beträchtliche Rolle. Dabei wurde sowohl die Frage der historiographischen Terminologie, das heißt also der modernen Fachsprache des Historikers, als auch die Quellenterminologie, der historische Sprachgebrauch selbst, erörtert. Es besteht sicher Einigkeit darin, daß universalgeschichtliche historiographische Begriffe wie Urbanisierung und Strukturverbesserung mit großer Behutsamkeit benutzt werden müssen. Dennoch scheint mir der Ablauf der Diskussion erbracht zu haben, daß wir in der Lage sind, mit diesen historiographischen Begriffen wissenschaftlich umzugehen. Darüber hinaus ergab die Diskussion eine große Fülle von Nuancierungsangeboten in bezug auf die Handhabung der stadtgeschichtlichen Problem- und Sachtermini, was sich gerade für unsere Kontinuitätsfragestellung vielfach als hilfreiche „Gedankenbrücke" erwies. Daß man im Umkreis der vorkolonialen Stadt unter unterschiedlichen Problemaspekten auch die Stadtterminologie präzise abwandeln müsse, haben die Diskussionsbeiträge von Herrn Trawkowski und Herrn Zientara außerordentlich eindrucksvoll herausgestellt. Mit der Unterscheidung von vorkolonialen Aspekten, von vorkommunalen und vorlokatorischen, ist sicher historiographisch enorm viel anzufangen. Und ebenso muß man auf die wohl auch schon in der Zeit selbst liegende terminologische Differenzierung des Wikbegriffs in den verschiedenen Landschaften achten, worauf Herr Leciejewicz und Herr Filipowiak in ihren Diskussionsbeiträgen ja hingewiesen haben.

Sehr deutlich kam heraus, wie eng der Zusammenhang dieser Fragen mit der Kontinuitätsfragestellung überhaupt ist. Es wurde mit Recht nachdrücklich unterstrichen, daß ja auch die locatio noch nicht die volle kommunale Autonomie der Stadt mit sich bringt, daß der zeitlich ausgedehnte Verlauf der Entstehung der Stadt im Rechtssinne, genauer gesagt im vollen Rechtssinne, nunmehr doch sehr deutlich allen vor Augen steht. Ich für meinen Teil würde daran festhalten, daß einzelne Institutionen völlig geändert werden können und einen revolutionären Umbruch im Lokationsakt erfahren können. Insofern wäre den Hinweisen von Herrn Heinrich auf die Beispiele Prenzlau und Rathenow nachdrücklich zuzustimmen. Trotzdem ist der Vorgang der Entstehung der Rechtsstädte und der kommunalen politischen Gebilde Prenzlau und Rathenow in einem längerwährenden Prozeß der Rechtsstadtregulierung zu sehen, den man nicht punktuell wird erfassen können. Mit Recht hat Herr Trawkowski darauf hingewiesen, daß die volle Autonomie erst mit dem Auskauf des Vogtamtes aus landesherrlicher Hand durch die Bürgergemeinde erreicht ist. Und Herr Labuda hat nachdrücklich betont, daß manche Differenzen zwischen der deutschen und der polnischen Forschung in diesen Fragen wohl im wesentlichen darin bestehen, daß sich die deutsche Forschung stellenweise mit zu großer Ausschließlichkeit auf eine topographische Fixierung der Kontinuitätsfragestellung eingestellt habe. Man müsse aber Kontinuitätsfragen sowohl in topographisch-punktueller als auch in topographisch-regionaler Hinsicht immer im Zusammenhang betrachten.

Ohne Frage gibt es, darin waren sich die Teilnehmer der Diskussion einig, völlig neue Institutionen und Vorkehrungen im Kolonisationsprozeß. Herr Fritze hat zum Beispiel auf den Berufskaufmann als neue Einrichtung des vordringenden Kolonisationsprozesses deutlich hingewiesen. Aber ebenso deutlich ist herausgestellt worden, daß ein einziger institutioneller Aspekt noch keine Diskontinuität im strukturgeschichtlichen Sinne ausmacht. Die Funktionshäufung im urbanen Entwicklungsmilieu macht das aus, was man doch wohl als einen kontinuierlichen Prozeß ansehen muß. Die Häufung des Neuen in allen funktionalen Aspekten wäre erforderlich, um von einem revolutionären Umbruch im strukturgeschichtlichen Sinne zu sprechen.

Schließlich hat die Diskussion auch noch verdeutlichen und unterstreichen können, welche starke Rolle der Handel und die Zunahme von Handelskommunikation im Vorgang des großregionalen Strukturwandels spielt. Am Beispiel der Nikolaisiedlungen, die wir wiederum nun in dem Spandauer Anschauungsmaterial sehr eindrucksvoll in den Mittelpunkt unserer handelsgeschichtlichen Überlegungen stellen konnten, ist dies sehr deutlich geworden. Die bedeutende Zunahme und Verdichtung der Handelskommunikationslinien unseres Beobachtungsgebietes im 11. und 12. Jahrhundert ist deutlich konstatierbar und unterscheidet diese Zeitepoche doch in beträchtlichem Maße von der handelsgeschichtlich weniger intensiven Frühphase des 9. bis 10. Jahrhunderts. Es ging nicht darum, auch das ist nachdrücklich festzuhalten, diese Frühphase überhaupt zur handelsgeschichtlichen quantité négligeable zu machen, es ging um den Intensitätsunterschied der beiden Perioden.

Wenn ich am Anfang der Tagung die gute internationale Gesprächsatmosphäre der Reichenau-Tagungen beschworen hatte, so läßt sich am Schluß der Tagung feststellen, daß die Berliner Begegnung dem in nichts nachstand. Ihre große wissenschaftliche Intensität aber verdankt sie ganz ohne Zweifel der glücklichen Verknüpfung mit dem enorm eindrucksvollen stadtgeschichtlichen Anschauungsmaterial der polnischen Städteausstellung im Museum und der archäologischen Befunde der Spandauer Grabung.

ANHANG

VERZEICHNIS DER TEILNEHMER

Baumgart, Peter (geb. 1931), Dr. phil. (FU Berlin, 1956), o. Prof. an der Universität Würzburg. Veröffentlichungen u. a.: Die Anfänge der Universität Helmstedt (1964).

Benninghoven, Friedrich (geb. 1925), Dr. phil. (Hamburg, 1958), Direktor des Geheimen Staatsarchivs Preußischer Kulturbesitz Berlin. Veröffentlichungen u. a.: Rigas Entstehung und der frühhansische Kaufmann (1961); Der Orden der Schwertbrüder (1965).

Błaszczyk, Włodzimierz (geb. 1929), Dr. phil. (Thorn, 1974), Direktor des Archäologischen Museums in Posen. Veröffentlichungen u. a.: Grabungsergebnisse im Raum der St. Gothard-Kirche in der Altstadt von Poznań, in: Fontes archaeologiae Posnaniensis 23 (1973); Die Anfänge der polnischen Städte im Lichte der Bodenforschung, Ausstellungsführer, Poznań-Berlin (1974).

Bohm, Eberhard (geb. 1939), MA (FU Berlin, 1965), Leiter der Bibliothek des Fachbereichs 13 an der FU Berlin.

Büsch, Otto (geb. 1928), Dr. phil. (FU Berlin, 1952), o. Prof. für Neuere Geschichte und Sozial- und Wirtschaftsgeschichte an der PH Berlin, Privatdozent an der FU Berlin, Beauftragter für das Konsultationsprogramm der Historischen Kommission zu Berlin. Veröffentlichungen u. a.: Militärsystem und Sozialleben im alten Preussen (1962); Industrialisierung und Geschichtswissenschaft (1969).

Engel, Helmut (geb. 1935), Dr. phil. (Göttingen, 1966), Honorarprofessor, Landeskonservator beim Senator für Bau- und Wohnungswesen in Berlin. Veröffentlichungen u. a.: Zeitschriftenbeiträge.

Escher, Felix (geb. 1945), Wiss. Ass. am Friedrich-Meinecke-Institut, Abt. Historische Landeskunde, an der FU Berlin.

Filipowiak, Władysław (geb. 1926), Dr. (Warschau, 1967), Direktor des Nationalmuseums in Stettin. Veröffentlichungen u. a.: Wolinianie I (1962); Kamień wczesnodziejowy (1959); Wyspa Wolin w prahistorii i we wczesnym średniowieczu (1973).

Fritze, Wolfgang H. (geb. 1916), Dr. phil. (Marburg, 1952), Professor am Friedrich-Meinecke-Institut der FU Berlin. Veröffentlichungen u. a.: Zur Geschichte des abendländischen Frühmittelalters und zur Frühgeschichte der Slawen.

Gandert, Otto-Friedrich (geb. 1898), Dr. phil. (Halle/Saale, 1925), Honorarprofessor, Direktor a. D. des Staatlichen Museums für Vor- und Frühgeschichte Berlin. Veröffentlichungen u. a.: Älteste Geschichte des Berliner Raumes, in: Heimatchronik Berlin (1962); Neue archäologische Beobachtungen zur Frühgeschichte Spandaus, in: Berliner Blätter für Vor- und Frühgeschichte 12 (1972); Mittel- und Spätslawische Zeit, Karte im Historischen Handatlas von Brandenburg und Berlin (1975).

Gehrke, Wolfgang (geb. 1929), Technischer Konservator, Staatlicher Vertrauensmann für die kulturgeschichtlichen Bodenaltertümer des Landes Berlin. Veröffentlichungen u. a.: Grabungsergebnisse im Palas der Spandauer Zitadelle, in: Ausgrabungen in Berlin 2 (1971) und Einige Bemerkungen zum hochmittelalterlichen Handwerk.

Gill, Gudrun (geb. 1942), Sachbearbeiterin und Sekretärin im Konsultationsbüro der Historischen Kommission zu Berlin.

Heinrich, Gerd (geb. 1931), Dr. phil. (FU Berlin, 1959), o. Professor für Historische Landeskunde an der Pädagogischen Hochschule Berlin. Veröffentlichungen u. a.: Die Grafen von Arnstein (1961); Historischer Handatlas von Brandenburg und Berlin (1963 ff.); Quelleneditionen zur älteren und jüngeren brandenburgischen und preußischen Geschichte; Handbuch der historischen Stätten Deutschlands, Bd. 10: Berlin und Brandenburg (mit Neumark) (1973).

Kernd'l, Alfred (geb. 1929), Wiss. Oberrat, Archäologe beim Amt für Bodendenkmalpflege in Berlin. Veröffentlichungen u. a.: Studien über Heinrich Heine in Rußland I/II (1955/56); Ein bronzezeitlicher Opferplatz im Gross-Glienicker See (1973).

Kotowski, Georg (geb. 1920), Dr. phil. (FU Berlin, 1951), o. Professor am FB 15 der FU Berlin. Veröffentlichungen u. a.: Friedrich Ebert (1963).

Kühne, Thomas (geb. 1946), Wiss. Ass. der Abteilung für die Geschichte der deutsch-polnischen Beziehungen an der Historischen Kommission zu Berlin.

Kurze, Dietrich (geb. 1928), Dr. phil. (FU Berlin, 1955), o. Professor am Friedrich-Meinecke-Institut der FU Berlin. Veröffentlichungen u. a: Johannes Lichtenberger († 1503) (1960); Pfarrerwahlen im Mittelalter (1966); Quellen zur Ketzergeschichte Brandenburgs und Pommerns im Mittelalter (1975).

Labuda, Gerard (geb. 1916), Dr., o. Professor für mittelalterliche Geschichte an der Adam-Mickiewicz-Universität Posen. Veröffentlichungen u. a.: Studia nad początkami państwa polskiego (1946); Fragmenty dziejów Słowiańszczyzny zachodniej, I—III, (1975); Polska granica zachodnia (1971).

Leciejewicz, Lech (geb. 1931), Dr. habil., Professor am Istytut Historii Kultury Materialnej PAN in Breslau. Veröffentlichungen u. a: Paczątki nadmorskich miast na Pomorzu Zachodnim (1962); Miasta Słowian północnopołabskich (1968); Słowiańszczyzna Zachodnia (1976).

Letkemann, Peter (geb. 1938), Dr. phil. (Bonn, 1965), Archivoberrat am Geheimen Staatsarchiv Preußischer Kulturbesitz, Berlin. Veröffentlichungen u. a.: Die preußische Verwaltung des Regierungsbezirks Danzig 1815—1870 (1967).

Look, Hans-Dietrich (geb. 1927), Dr. phil. (Berlin, 1956), Professor am Friedrich-Meinecke-Institut der FU Berlin. Veröffentlichungen u. a.: Quisling, Rosenberg und Terboven (1970).

Ludat, Herbert (geb. 1910), Dr. phil. habil. (Berlin, 1935/1940), o. Professor an der Justus-Liebig-Universität Giessen. Veröffentlichungen u. a.: Deutsch-slawische Frühzeit und modernes polnisches Geschichtsbewußtsein (1969); An Elbe und Oder um das Jahr 1000. Skizzen zur Politik des Ottonenreiches und der slawischen Mächte in Mitteleuropa (1971).

Łuka, Leon Jan (geb. 1918), Dr. phil. (Posen, 1961), Direktor des Archäologischen Museums in Danzig. Veröffentlichungen u. a.: Kultura wschodniopomorska Gdańskim I (1966).

Maczijewski, Raimund (geb. 1941). Technischer Konservator. Staatlicher Vertrauensmann für die kulturgeschichtlichen Bodenaltertümer des Landes Berlin. Veröffentlichungen u. a.: Archäologische Forschungen in der Spandauer Altstadt (Grabungen 1967—75) (1975); Slawische Funde aus Berlin (West) in: Corpus der slawischen Funde auf dem Gebiet der DDR (1976),

Meyer, Klaus (geb. 1928), Dr. phil. (FU Berlin, 1971), Professor am ZI1 (Osteuropa-Institut) der FU Berlin. Veröffentlichungen u. a.: Theodor Schiemann als politischer

Publizist (1956); Bibliographie zur osteuropäischen Geschichte (1972).

Momper, Walter (geb. 1945), Dipl. Politologe (Berlin, 1969), Geschäftsführer der Historischen Kommission zu Berlin. Veröffentlichungen u. a.: Basisarbeit — Theorie und Praxis (1971); Bürger und Sanierung (1975).

v. Müller, Adriaan (geb. 1928), Dr. phil. (Bonn, 1953), Professor, Museumsdirektor der Staatlichen Museen für Vor- und Frühgeschichte Berlin. Veröffentlichungen u. a.: Zur hochmittelalterlichen Besiedlung des Teltow (1975); Zur Entwicklung der Stadt Spandau im frühen und hohen Mittelalter (1976).

Müller, Dolores (geb. 1931), MA (Krakau, 1956), Sachbearbeiterin und Sekretärin der Abteilung für Geschichte der deutsch-polnischen Beziehungen an der Historischen Kommission zu Berlin.

Philipp, Werner (geb. 1908), Dr. phil. (Hamburg, 1932), o. Professor em. am ZI1 (Osteuropa-Institut) der FU Berlin. Veröffentlichungen u. a.: Ansätze zum geschichtlichen und politischen Denken im Kiewer Rußland ([2]1967); Russias Position in Medieval Europe, in: Russia. Essays in History and Literature (1972).

Pitz, Ernst (geb. 1928), Dr. phil. (Hamburg, 1953), o. Professor für mittelalterliche Geschichte an der TU Berlin. Veröffentlichungen u. a.: Die Zolltarife der Stadt Hamburg (1961); Papstreskript und Kaiserreskript im Mittelalter (1971).

Quirin, Heinz (geb. 1913), Dr. phil. (Göttingen, 1948), o. Professor und Direktor der Abteilung Historische Landeskunde am Friedrich-Meinecke-Institut der FU Berlin. Veröffentlichungen u. a. zur Geschichte der Ostsiedlung, zur vergleichenden historischen Landeskunde, zur thematischen Kartographie und zur Geschichte des späten Mittelalters.

Ribbe, Wolfgang (geb. 1940), Dr. phil. (Berlin, 1971), Ass.Professor und Privatdozent am Friedrich-Meinecke-Institut der FU Berlin. Veröffentlichungen u. a.: Quellenpublikationen und Forschungen zur brandenburgischen Landesgeschichte.

Schich, Winfried (geb. 1938), Dr. phil. (FU Berlin, 1975), Ass.Professor am Friedrich-Meinecke-Institut der FU Berlin. Veröffentlichungen u. a.: Studien zum Verhältnis von Topographie und Bevölkerungsstruktur der Stadt Würzburg im Mittelalter (1976).

Schmidt, Christian D. (geb. 1940), MA (FU Berlin, 1972), Wissenschaftlicher Mitarbeiter am Seminar für osteuropäische Geschichte an der FU Berlin.

Schulze, Hans K. (geb. 1932), Dr. phil. (FU Berlin, 1962), Professor für mittelalterliche Geschichte an der Philipps-Universität in Marburg/Lahn. Veröffentlichungen u. a.: Adelsherrschaft und Landesherrschaft (1963); Die Grafschaftsverfassungen der Karolingerzeit (1973).

Schwineköper, Berent (geb. 1912), Dr. phil. (Göttingen, 1937), Honorarprofessor und Stadtarchivdirektor in Freiburg i. Br. Veröffentlichungen u. a.: Der Handschuh im Recht (1937); Gesamtübersicht über die Bestände des Landeshauptarchivs (Magdeburg (1952 ff.); Germania Sacra (Magdeburg) (mit G. Wentz) (1972).

Simsch, Adelheid (geb. 1939), Dr. phil. (FU Berlin, 1969), Ass. Professorin am ZI 6 (Zentralinstitut für sozialwissenschaftliche Forschung) an der FU Berlin. Veröffentlichungen u. a.: Die Handelsbeziehungen zwischen Nürnberg und Posen im europäischen Wirtschaftsverkehr (1970).

Struve, Karl W. (geb. 1917), Dr. phil. (Kiel, 1952), Leitender Museumsdirektor und Direktor des Landesamtes für Vor- und Frühgeschichte in Schleswig-Holstein. Veröffentlichungen u. a.: Die slawischen Burgen in Wagrien, in: Offa (1961); Slawische Funde westlich des Limes Saxoniae, in: Offa (1971); Ziele und Ergebnsise von Untersuchungen auf drei slawischen Burgwällen Ostholsteins, in: 25 Jahre DFG, III, (1975).

TRAWKOWSKI, Stanisław (geb. 1920), Dr., o. Professor für mittelalterliche Geschichte am Institut für Geschichte der Polnischen Akademie der Wissenschaften. Veröffentlichungen u. a.: Jak powstawała Polska (^{5}1969); Między herezją i ortodoksją. Rola społeczna premonstratensów w XII w. (1964).

VOGEL, Werner (geb. 1930), Dr. phil. (FU Berlin, 1957), Archivdirektor am Geheimen Staatsarchiv Preußischer Kulturbesitz Berlin. Veröffentlichungen u. a.: Der Verbleib der wendischen Bevölkerung in der Mark (1960); Führer durch die Geschichte Berlins (1966); Grundriß zur deutschen Verwaltungsgeschichte 1815—1945, Brandenburg V.

WEINRICH, Lorenz (geb. 1929), Dr. phil. (FU Berlin, 1954), Professor am Friedrich-Meinecke-Institut der FU Berlin. Veröffentlichungen u. a.: Urkunden und erzählende Quellen zur deutschen Ostsiedlung im Mittelalter I (^{2}1975), II (1970); Stein QMA Bd. 26 (mit H. Helbig).

WINZ, Helmut (geb. 1908), Dr. phil. (Berlin, 1932), o. Professor em. an der Pädagogischen Hochschule Berlin.

WÖLK, Wolfgang (geb. 1944), Wiss. Ass. im Konsultationsbüro der Historischen Kommission zu Berlin.

ZERNACK, Klaus (geb. 1931), Dr. phil. (Münster, 1957), o. Professor an der Universität Frankfurt/Main. Veröffentlichungen u. a.: Studien zu den schwedisch-russischen Beziehungen in der 2. Hälfte des 17. Jhds. (1958); Die burgstädtischen Volksversammlungen bei den Ost- und Westslawen (1967).

ZIENTARA, Benedykt (geb. 1928), Dr. hab. (Warschau, 1961), Professor für mittelalterliche Geschichte an der Universität Warschau. Veröffentlichungen u. a.: Die Agrarkrise in der Uckermark im 14. Jhd. (1961); Henryk Brodaty (1975).

ZIMMERMANN, Gerhard (geb. 1909), Dr. phil. (Breslau, 1937), Archivdirektor a. D. des Geheimen Staatsarchivs Preußischer Kulturbesitz Berlin. Veröffentlichungen u. a.: Das Breslauer Domkapitel im Zeitalter der Reformation und Gegenreformation (1938).

ZIPFEL, Friedrich (geb. 1920), Dr. phil. (FU Berlin, 1952), Professor am Friedrich-Meinecke-Institut der FU Berlin. Veröffentlichungen u. a.: Kirchenkampf in Deutschland (1964).

ORTSREGISTER

EINZELVERÖFFENTLICHUNGEN DER HISTORISCHEN KOMMISSION ZU BERLIN

Band 1

Wirtschafts- und sozialgeschichtliche Probleme der frühen Industrialisierung

Herausgegeben von WOLFRAM FISCHER

Groß-Oktav. XII, 542 Seiten. 1968. Ganzleinen

(Publikationen zur Geschichte der Industrialisierung)

Band 2

KARL-DIETRICH ABEL

Presselenkung im NS-Staat

Eine Studie zur Geschichte der Publizistik in der nationalsozialistischen Zeit

Mit einem Vorwort von HANS HERZFELD

Groß-Oktav. XI, 172 Seiten. 1968. Ganzleinen

Band 3

WERNER SCHOCHOW

Deutsch-jüdische Geschichtswissenschaft

Eine Geschichte ihrer Organisationsformen unter besonderer Berücksichtigung der Fachbibliographie

Mit einem Geleitwort von GUIDO KISCH

Groß-Oktav. XIII, 327 Seiten. 1969. Ganzleinen

Band 4

PETER CZADA

Die Berliner Elektroindustrie in der Weimarer Zeit

Eine regionalstatistisch-wirtschaftshistorische Untersuchung

Mit einem Vorwort von WOLFRAM FISCHER

Groß-Oktav. XIX, 367 Seiten, 78 Tabellen, 23 Figuren und 3 Karten im Text, 24 Tabellen im Statistischen Anhang. 1969. Ganzleinen

Band 6

Untersuchungen zur Geschichte der frühen Industrialisierung vornehmlich im Wirtschaftsraum Berlin/Brandenburg

Mit Beiträgen von OTTO BÜSCH, INGRID THIENEL, KARIN WEIMANN, STEFI JERSCH-WENZEL, JÜRGEN BERGMANN, GÜNTER LIEBCHEN, JÜRGEN KOCKA, HARTMUT KAELBLE, HANS-PETER HELBACH, DIETER BERGMANN, ILSEDORE RARISCH, PETER LUNDGREEN

Herausgegeben von OTTO BÜSCH

Groß-Oktav. XX, 660 Seiten, 35 Tabellen, 6 Karten, eine mehrfarbige, großformatige Karte in Tasche. 1971. Ganzleinen

(Publikationen zur Geschichte der Industrialisierung)

EINZELVERÖFFENTLICHUNGEN
DER HISTORISCHEN KOMMISSION ZU BERLIN

Band 7

Rudolf Wissell

Des alten Handwerks Recht und Gewohnheit

Zweite, erweiterte und bearbeitete Ausgabe in sechs Bänden

Herausgegeben von Ernst Schraepler

Band 1: Groß-Oktav. XII, 528 Seiten, 17 Abbildungen, 9 Tabellen. 1971. Ganzleinen
Band 2: Groß-Oktav. X, 592 Seiten, 9 Abbildungen, 35 Tabellen. 1974. Ganzleinen

Band 8

Gerhard Masur

Geschehen und Geschichte

Aufsätze und Vorträge zur europäischen Geistesgeschichte

Mit einem Vorwort von Hans Herzfeld

Groß-Oktav. 192 Seiten. 1971. Ganzleinen

Band 9

Otto Büsch

Industrialisierung und Gewerbe im Raum Berlin/Brandenburg 1800—1850

Eine empirische Untersuchung zur gewerblichen Wirtschaft einer hauptstadtgebundenen Wirtschaftsregion in frühindustrieller Zeit

Mit einer Statistik und einer mehrfarbigen, großformatigen thematischen Karte zum Jahr 1849 in Tasche

Groß-Oktav. XVI, 380 Seiten. 1971. Ganzleinen

(Publikationen zur Geschichte der Industrialisierung)

Band 10

Karl Birker

Die deutschen Arbeiterbildungsvereine 1840—1870

Mit einem Vorwort von Ernst Schraepler

Groß-Oktav. XII, 244 Seiten. 1973. Ganzleinen

(Publikationen zur Geschichte der Arbeiterbewegung)

Band 11

Jürgen Bergmann

Das Berliner Handwerk in den Frühphasen der Industrialisierung

Mit einer Einführung von Otto Büsch

Groß-Oktav. XVI, 401 Seiten, 31 Tabellen. 1973. Ganzleinen

(Publikationen zur Geschichte der Industrialisierung)

Band 12

Wolfgang Ribbe

Die Aufzeichnungen des Engelbert Wusterwitz

Überlieferung, Edition und Interpretation einer spätmittelalterlichen Quelle zur Geschichte der Mark Brandenburg

Groß-Oktav. XIII, 245 Seiten. 1973. Ganzleinen

BEIHEFTE
ZUR INTERNATIONALEN WISSENSCHAFTLICHEN KORRESPONDENZ
ZUR GESCHICHTE DER DEUTSCHEN ARBEITERBEWEGUNG
Herausgegeben von Henryk Skrzypczak

Heft 1

Hedwig Wachenheim

Vom Großbürgertum zur Sozialdemokratie

Memoiren einer Reformistin

Bearbeitet von Susanne Miller

Groß-Oktav. XI, 155 Seiten, 1 Frontispiz. 1973. Linson-Broschur

Heft 2

Die frühsozialistischen Bünde in der Geschichte der deutschen Arbeiterbewegung

Vom „Bund der Gerechten" zum „Bund der Kommunisten"
1836—1847
Ein Tagungsbericht

Bearbeitet und herausgegeben von Otto Büsch, Hans Herzfeld in Verbindung mit Stefi Jersch-Wenzel, Monika Wölk, Wolfgang Wölk. Mit Beiträgen von Frolinde Balser, Jürgen Bergmann, Otto Büsch, Jacques Droz, Walter Grab, Jacques Grandjonc, Georges Haupt, Karin Hausen, Hans Herzfeld, Horst Lademacher, Peter Lösche, Shlomo Na'aman, Rudolf Neck, Hans Pelger, Gerhard A. Ritter, Reinhard Rürup, Francis Sartorius, Ernst Schraepler, Jean Stengers, Klaus Tenfelde

Groß-Oktav. XV, 209 Seiten, 1 Karte. 1975. Linson-Broschur

Heft 3

Dirk H. Müller

Idealismus und Revolution

Zur Opposition der Jungen gegen den Sozialdemokratischen Parteivorstand
1890 bis 1894

Groß-Oktav. VIII, 186 Seiten. 1975. Linson-Broschur

Heft 4

Shlomo Na'aman

Von der Arbeiterbewegung zur Arbeiterpartei

Der Fünfte Vereinstag der Deutschen Arbeitervereine zu Nürnberg
im Jahre 1868
Eine Dokumentation

Groß-Oktav. Etwa 200 Seiten. 1976. Linson-Broschur

COLLOQUIUM VERLAG · BERLIN 45

Jahrbuch für die Geschichte Mittel- und Ostdeutschlands

Publikationsorgan der
Historischen Kommission zu Berlin

Herausgegeben von
WILHELM BERGES, HANS HERZFELD, HENRYK SKRZYPCZAK

Redaktion: Sabine Wilke

Das Gebiet der historischen Landeskunde Mittel- und Ostdeutschlands ist ein Forschungsbereich, dem das Interesse der Geschichtswissenschaft auf vielfältige Weise zugewandt bleibt. Unter den verschiedenen Publikationsmitteln, die in abgestufter und quantitativ unterschiedlich umfangreicher Weise die wissenschaftlichen Ergebnisse dieses Zweigs der Historik einer gelehrten oder interessierten Öffentlichkeit zugänglich machen, nimmt das *Jahrbuch* mit seiner Untergliederung in Aufsatzteil, Rezensionen und Zeitschriftenumschau einen hervorragenden Platz als Forschungs- und Informationsorgan ein. Außer Aufsätzen und Miscellen, die die gesamte Vergangenheit der thematisch abgegrenzten Region umfassen, bietet das *Jahrbuch* neben rund 150 Einzelbesprechungen je Band eine ergänzende Bibliographie zum Berichtszeitraum, die auch populärwissenschaftliche Veröffentlichungen und Dokumentationen berücksichtigt. In der Zeitschriftenumschau werden jährlich etwa 500 deutschsprachige und eine Fülle von polnischen, sowjetischen, tschechoslowakischen, englischsprachigen und anderen ausländischen Zeitschriften ausgewertet. Mit diesem weitgespannten Angebot hat sich das *Jahrbuch* in der Öffentlichkeit eine Anerkennung erworben, die nicht zuletzt darauf zurückzuführen sein dürfte, daß für die Geschichte des mittel- und ostdeutschen Gesamtgebiets derzeit kein deutsches Periodikum von auch nur annähernd vergleichbarer Informationsdichte existiert.

Die Bände I—X sind im Max Niemeyer Verlag, Tübingen, erschienen, die Bände XI—XX im Verlag Walter de Gruyter & Co., Berlin — New York.

Band XXI (1972). VII, 701 Seiten. 1972. Ganzleinen
Band XXII (1973). VII, 584 Seiten. 1973. Ganzleinen
Band XXIII (1974). 538 Seiten. 1974. Ganzleinen
Band XXIV (1975). 496 Seiten. 1975. Ganzleinen

COLLOQUIUM VERLAG · BERLIN